PENSE-BÊTE

subjonctif	imparfait	conditionnel présent	futur simple
-e	-ais	-ais	-ai
-es	-ais	-ais	-as
-e	-ait	-ait	-a
-ions	-ions	-ions	-ons
-iez	-iez	-iez	-ez
-ent	-aient	-aient	-ont

Der Stamm wird abgeleitet vom:

présent: 3. Person Plural:	présent: 1. Person Plural:	infinitif:
ils parlent	nous parlons	parler
ils réagissent	nous réagissons	réagir
ils perdent	nous perdons	perdre

Ausnahmen:

acheter que j'achète, que nous achetions
ebenso: amener, harceler, se lever
aller que j'aille, que nous allions
appeler que j'appelle, que nous appelions
avoir que j'aie, qu'il ait, que nous ayons
boire que je boive, que nous buvions
croire que je croie, que nous croyions
devoir que je doive, que nous devions
envoyer que j'envoie, que nous envoyions
ebenso: nettoyer, s'ennuyer
essayer que j'essaie, que nous essayions
ebenso: payer
être que je sois, qu'il soit, que nous soyons
faire que je fasse, que nous fassions
falloir qu'il faille
jeter que je jette, que nous jetions
mourir que je meure, que nous mourions
pleuvoir qu'il pleuve
pouvoir que je puisse, que nous puissions
préférer que je préfère, que nous préférions
ebenso: espérer, exagérer, s'inquiéter, récupérer, répéter
prendre que je prenne, que nous prenions
ebenso: apprendre, comprendre
protéger que je protège, que nous protégions
recevoir que je reçoive, que nous recevions
ebenso: décevoir
savoir que je sache, que nous sachions
tenir que je tienne, que nous tenions
venir que je vienne, que nous venions
ebenso: devenir, prévenir
voir que je voie, que nous voyions
vouloir que je veuille, que nous voulions

Ausnahme:

être j'étais

Ausnahmen *(conditionnel présent, futur simple)*:

	conditionnel	futur
acheter	j'achèterais	j'achèterai
aller	j'irais	j'irai
amener	j'amènerais	j'amènerai
appeler	j'appellerais	j'appellerai
avoir	j'aurais	j'aurai
courir	je courrais	je courrai
décevoir	je décevrais	je décevrai
devenir	je deviendrais	je deviendrai
devoir	je devrais	je devrai
être	je serais	je serai
s'ennuyer	je m'ennuierais	je m'ennuierai
envoyer	j'enverrais	j'enverrai
essayer	j'essaierais	j'essaierai
faire	je ferais	je ferai
falloir	il faudrait	il faudra
harceler	je harcèlerais	je harcèlerai
jeter	je jetterais	je jetterai
se lever	je me lèverais	je me lèverai
mourir	je mourrais	je mourrai
nettoyer	je nettoierais	je nettoierai
payer	je paierais	je paierai
pleuvoir	il pleuvrait	il pleuvra
pouvoir	je pourrais	je pourrai
prévenir	je préviendrais	je préviendrai
recevoir	je recevrais	je recevrai
savoir	je saurais	je saurai
tenir	je tiendrais	je tiendrai
venir	je viendrais	je viendrai
voir	je verrais	je verrai
vouloir	je voudrais	je voudrai

Nouvelle édition

Französisch für Gymnasien

 **Charnières** *Nouvelle édition*

Lehrwerk für den Französischunterricht an Gymnasien

Im Auftrag des Verlages erarbeitet von
Gertraud Gregor, Catherine Jorißen, Catherine Mann-Grabowski, Lara Nikolic, Dirk Philipp, Fidisoa Raliarivony-Freytag und Aisha Hellberg (Grammaire) sowie Erik Wagner (Bilan)

und der Redaktion Französisch
Julia Goltz (Projektleitung), Iris Gleimann, Yvonne Hildebrandt, Barbara Jantzen, Marie-France Lavielle und Vivien Mersmann

Beratende Mitwirkung:
Rita Beyer (Püttlingen), Otto-Michael Blume (Hilden), Dr. Martin Braun (Nürnberg), Anne Delacroix (Magdeburg), Hermann Demharter (Heidelberg), Herta Fidelak-Beilke (Oberhausen), Marliese Frings-Mock (Köln), Anette Fritsch (Mittenaar), Renate Gegner (Nürnberg), Madeleine Hütten (Stuttgart), Thilo Karger (Frankfurt am Main), Prof. Ulrike Klotz (Stuttgart), Jens-Uwe Klün (Stockstadt am Rhein), Jutta Hanna Knoop (Hannover), Dr. Hans-Ludwig Krechel (Königswinter), Martina Mäsch-Donike (Düren), Klaus Mengler (Buseck), Prof. Dr. Jürgen Mertens (Ludwigsburg), Anke Rogge (Bonn), Peter Schmachtel (Lübeck), Heidi Schmitt-Ford (Bad Kreuznach), Michael Stenz (Straßburg), Silke Topf (Frankfurt am Main), Verena Unmüßig (Heidelberg), Peter Winz (Wermelskirchen), Stefanie Wölz (Sinsheim)

Illustrationen: Laurent Lalo
Karten: Lennart Fischer
Gesamtgestaltung und technische Umsetzung: werkstatt für gebrauchsgrafik, Berlin

Begleitmaterial zu *À plus!* **Charnières** *Nouvelle édition:*

Schülerbuch als E-Book	ISBN 978-3-06-520142-1
Audio-CDs zum Schülerbuch	ISBN 978-3-06-021324-5
DVD zum Schülerbuch	ISBN 978-3-06-020808-1
Carnet d'activités mit Audiomaterial	ISBN 978-3-06-520121-6
Vokabeltaschenbuch	ISBN 978-3-06-520193-3
Prüfungstrainer mit Audiomaterial	ISBN 978-3-06-520780-5

Vokabeltrainer-App: erhältlich in allen gängigen App-Stores

www.cornelsen.de

Die Mediencodes enthalten ausschließlich optionale Unterrichtsmaterialien; sie unterliegen nicht dem staatlichen Zulassungsverfahren.

Soweit in diesem Buch Personen fotografisch abgebildet sind und ihnen von der Redaktion fiktive Namen, Berufe, Dialoge und Ähnliches zugeordnet oder diese Personen in bestimmte Kontexte gesetzt werden, dienen diese Zuordnungen und Darstellungen ausschließlich der Veranschaulichung und dem besseren Verständnis des Buchinhalts.
Die enthaltenen Links verweisen auf digitale Inhalte, die der Verlag bei verlagsseitigen Angeboten in eigener Verantwortung zur Verfügung stellt. Links auf Angebote Dritter wurden nach den gleichen Qualitätskriterien wie die verlagsseitigen Angebote ausgewählt und bei Erstellung des Lernmittels sorgfältig geprüft. Für spätere Änderungen der verknüpften Inhalte kann keine Verantwortung übernommen werden.

Alle Drucke dieser Auflage sind inhaltlich unverändert und können im Unterricht nebeneinander verwendet werden.

© 2016 Cornelsen Schulverlag GmbH, Berlin
© 2017 Cornelsen Verlag GmbH, Mecklenburgische Str. 53, 14197 Berlin

Das Werk und seine Teile sind urheberrechtlich geschützt. Jede Nutzung in anderen als den gesetzlich zugelassenen Fällen bedarf der vorherigen schriftlichen Einwilligung des Verlages.
Hinweis zu §§ 60 a, 60 b UrhG: Weder das Werk noch seine Teile dürfen ohne eine solche Einwilligung an Schulen oder in Unterrichts- und Lehrmedien (§ 60 b Abs. 3 UrhG) vervielfältigt, insbesondere kopiert oder eingescannt, verbreitet oder in ein Netzwerk eingestellt oder sonst öffentlich zugänglich gemacht oder wiedergegeben werden.
Dies gilt auch für Intranets von Schulen und anderen Bildungseinrichtungen.

Der Anbieter behält sich eine Nutzung der Inhalte für Text- und Data-Mining im Sinne § 44 b UrhG ausdrücklich vor.

Druck: Livonia Print, Riga

1. Auflage, 4. Druck 2022
broschiert
ISBN 978-3-06-520051-6

1. Auflage, 4. Druck 2024
gebunden
ISBN 978-3-06-520052-3

PEFC zertifiziert
Dieses Produkt stammt aus nachhaltig bewirtschafteten Wäldern und kontrollierten Quellen.
www.pefc.de

Avant-propos

À plus! Charnières

enthält folgende Teile, zur Arbeit im Unterricht sowie zum selbstständigen Nachschlagen und Üben:

DOSSIER A–D	vier **Dossiers**, die nicht aufeinander aufbauen und daher modular unterrichtet werden können,
BILAN DES COMPÉTENCES facultatif	einen **Bilan des compétences**, mit dessen Hilfe Sie Ihren Lernstand überprüfen können,
LISTE DES MOTS	eine Wortliste, die nicht alle unbekannten Wörter der **Dossier**-Texte, sondern nur den Lernwortschatz enthält (Grund- und Aufbauwortschatz),
VOCABULAIRE THÉMATIQUE	thematische Wortschatzlisten, die Sie auch downloaden und erweitern können ▶ webcode APLUS-C-140
GRAMMAIRE	eine Grammatikübersicht mit Regeln, Übungen und Erklärungen zu bekannten und neuen Grammatikthemen,
MÉTHODES ET STRATÉGIES	einen Methodenanhang mit strukturierten Redemittel-Listen, die Sie bei vielen Aufgaben unterstützen,
OPERATORENLISTE	eine Liste aller französischen Begriffe („Operatoren"), die in den Arbeitsanweisungen hier im Buch, in Klausuren und im Abitur vorkommen (mit Übersetzung und Erklärungen),
POUR ALLER PLUS LOIN	Vorschläge für passende Lektüren, Comics, Lieder und Filme.

Viel Erfolg und Spaß beim Französischlernen wünschen die Autoren und die Redaktion!

Symbole und Verweise in diesem Buch:

CD 1 / 2	Hörtext auf der CD (z. B. CD 1, Track 2)	**G 10.4**		weiterführende Erläuterungen zu diesem Grammatikpunkt im Abschnitt 10.4 der *Französischen Grammatik für die Mittel- und Oberstufe* (ISBN 978-3-464-22014-6)
DVD	Film auf der DVD			
👥	Partneraufgabe		○	leichte Aufgabe
👥	Partneraufgabe (A und B) mit unterschiedlichen Informationen (Aufgabenteil für Partner B im *Annexe* ab S. 102)		●	anspruchsvollere Aufgabe
			//●	anspruchsvolle Aufgabe mit Hilfestellung im *Annexe* ab S. 104
👥👥	Gruppenaufgabe			
Koop	Einzelarbeit ▶ Ergebnisvergleich zu zweit ▶ gemeinsame Lösung		//○	Hilfestellung im *Annexe* ab S. 104
		▶ webcode APLUS-C-142		kostenlose Zusatzmaterialien und Arbeitsblätter unter www.cornelsen.de/webcodes.
P F	Portfolio			

Die Auswahl und die Reihenfolge der Dossiers, Übungen und Übungsteile sind frei wählbar und richten sich nach den

Dossier A Être jeune: entre rêves et réalité

Lernaufgaben und Kompetenzen (Auswahl)

A eine Figur aus einem Film / einer Fernsehserie porträtieren
B einen Kurzfilm zum Thema „Jung sein in Deutschland" gestalten

Sprechen und Schreiben
- über Lebensumstände, Möglichkeiten und Zwänge sprechen
- Wünsche, Pläne, Vorstellungen zusammenhängend darstellen und begründen
- Ereignisse und ihre Folgen reflektieren
- zu gesellschaftlichen Gegebenheiten Stellung nehmen

Sprachmittlung
- 🇫🇷 → 🇩🇪
  die Kernaussagen eines Lexikonartikels mündlich wiedergeben
- 🇩🇪 → 🇫🇷
  Informationen eines Flyers in einer E-Mail sprachmitteln

Texte

Leseverstehen
- Sylvaine Jaoui: *Ma vie selon moi* (roman) ▶ S. 12–14
- Christophe Willem (fiche biographique) ▶ S. 17/6
- *Raconte-moi ta cité* (reportage) ▶ S. 18–19
- Dembo Goumane: *Dembo-Story* (roman) ▶ S. 21/5
- *Le verlan* (encyclopédie) ▶ S. 23/9
- *Indignez-vous!* (témoignages) ▶ S. 24–25

Hörverstehen/Hörsehverstehen
- Zaz: *Comme ci, comme ça* (chanson) ▶ S. 17/7
- *Raconte-moi ta cité* (micro-trottoir) ▶ S. 20/3
- *La Cité rose* (film) ▶ S. 21/4
- *Indignez-vous!* (discussion) ▶ S. 27/9
- Les Enfoirés: *Encore un autre hiver* (chanson) ▶ S. 27/10

Textarbeit (Auswahl)
- einen Romanauszug / Lieder verstehen und interpretieren
- Charakterzüge und Verhaltensweisen von Personen beschreiben
- latente/implizite Textinformationen verstehen und deuten

Dossier B Visages du Maroc

Lernaufgaben und Kompetenzen (Auswahl)

A ein Foto beschreiben / sich in eine Person hineinversetzen (kreatives Schreiben)
B ein Reiseprogramm erstellen und präsentieren

Sprechen und Schreiben
- ein Land vorstellen (geographisch, historisch, kulturell)
- argumentieren, diskutieren, seine Meinung vertreten
- einen Text umschreiben (Perspektivwechsel, andere Textsorte)

Sprachmittlung
- 🇩🇪 → 🇫🇷
  Informationen eines Artikels in einer E-Mail sprachmitteln
- 🇫🇷 → 🇩🇪
  eine Erzählung hören und sprachmitteln

Texte

Leseverstehen
- *Carnet de voyage* (blog) ▶ S. 34–35
- *Les Studios Atlas* (encyclopédie en ligne) ▶ S. 38/9
- *Le Marathon des Sables* (article) ▶ S. 40–41
- *Le tour du Maroc* (article) ▶ S. 43/10
- Fouad Laroui: *Le jour où Malika ne s'est pas mariée* (nouvelle) ▶ S. 45–47

Hörverstehen/Hörsehverstehen
- Reem Kherici: *Paris à tout prix* (film) ▶ S. 38/10, S. 39/11+12
- *Le Marathon des Sables* (interview) ▶ S. 42/5
- Souad El-Bouhati: *Française* (film) ▶ S. 48/6
- *Nasreddine Hodja* (conte oral) ▶ S. 49/10

Textarbeit (Auswahl)
- eine Filmsequenz analysieren
- einen Sachtext kommentieren
- ein *résumé* schreiben
- einen Auszug aus einer Kurzgeschichte lesen, analysieren und interpretieren

* Wiederholung für Französisch 2. Fremdsprache / neu für 3. Fremdsprache: Erklärungen und weitere Übungen ▶ Grammaire, S. 110–131

Schwerpunkten des schulinternen Curriculums.

8

Interkulturelle Kompetenz
- Einblick in das Leben verschiedener gesellschaftlicher Gruppen in Frankreich erhalten
- typische Ausdrücke der französischen Jugendsprache verstehen und verwenden (*code écrit / code oral*)
- das Engagement Jugendlicher in Frankreich beschreiben

Methoden und Strategien
- eine Figur charakterisieren ▶ S. 15/2, S. 148/21
- die Erzählperspektive bestimmen ▶ S. 14/1c, S. 151/24

Grammatik (neu) und Lexik
- die Infinitivkonstruktionen *laisser* + inf. und *faire* + inf. ▶ S. 22/8, S. 116/9
- die Verneinung mit *ne ... ni ... ni ...* und *ni ... ni ... ne ...* ▶ S. 21/6, S. 125/23
- die Verneinung mit *ne ... aucun/e* ▶ S. 21/6, S. 125/22
- die Einschränkung mit *ne ... que* ▶ S. 21/6, S. 126/24
- die Infinitivfrage ▶ S. 126/26
- das *conditionnel passé* ▶ S. 26/7, S. 122/17
- der irreale Bedingungssatz in der Vergangenheit ▶ S. 26/7, S. 123/18
- die Verben *exclure*, *mourir*, und *s'asseoir* ▶ Verben, S. 132–139

Themenwortschatz
- Vorlieben und Zukunftspläne von Jugendlichen
- Persönlichkeit, Identität und soziale Zugehörigkeit
- Engagement

Wiederholung
- direkte und indirekte Objektpronomen ▶ S. 16/5, S. 112/2
- Verben mit Infinitivergänzungen ▶ S. 116/9
- das *conditionnel présent** ▶ S. 21/5, S. 217
- die Verneinung mit *personne ne ...* und *rien ne ...* ▶ S. 124/21
- der irreale Bedingungssatz im Präsens* ▶ S. 123/18

30

Interkulturelle Kompetenz
- ein französischsprachiges Land des Maghreb kennen lernen
- kulturelle Umbrüche in der marokkanischen Gesellschaft verstehen und einordnen können
- einen Überblick über Festivals und Feste in Marokko erhalten
- die Atlasfilmstudios beschreiben
- über den *Marathon des Sables* Auskunft geben
- berühmte marokkanische Persönlichkeiten vorstellen

Methoden und Strategien
- verschiedene Lesetechniken anwenden ▶ S. 144/9–12
- eine Filmsequenz analysieren ▶ S. 39/11, S. 155/28
- Wortbildungsmuster und Kenntnisse aus anderen Sprachen zur Worterschließung nutzen ▶ S. 158/31
- eine Stellungnahme verfassen ▶ S. 44/12, S. 148/20

Grammatik (neu) und Lexik
- *sans* + inf. ▶ S. 115/8
- *après avoir/être* + *participe passé* ▶ S. 37/7, S. 115/8
- die Possessivpronomen ▶ S. 37/6, S. 114/6
- das Verb *interrompre* ▶ Verben, S. 132–139

Rezeptiv
- das Passiv ▶ S. 43/10, S. 118/12
- Formen und Gebrauch des *participe présent* ▶ S. 49/9, S. 117/11
- Formen und Gebrauch des *passé simple* ▶ S. 49/8, S. 119/14

Themenwortschatz
- Geographie
- Gesellschaft: Bevölkerungsgruppen, Religion(en), Sprache(n) und politische Entwicklung

Wiederholung
- die Pronomen *y* und *en* ▶ S. 43/9, S. 112/3
- *avant de* + inf. ▶ S. 115/8
- zusammengesetzte Wörter ▶ S. 36/4
- die Wortstellung im französischen Satz* ▶ S. 36/5, S. 113/5

Dossier C L'Europe: Unie dans la diversité

Lernaufgaben und Kompetenzen (Auswahl)

A für die Teilnahme an einer europäischen Jugendbegegnung einen Bewerbungsfilm erstellen
B einen Aspekt der deutsch-französischen Beziehungen präsentieren

Sprechen und Schreiben
- eine Statistik auswerten
- Umfrageergebnisse vorstellen und vergleichen
- Vor- und Nachteile abwägen, diskutieren
- eine Bewerbung schreiben
- zu politischen Fragen Stellung nehmen

Sprachmittlung
- 🇩🇪 → 🇫🇷
  den Klappentext einer DVD sprachmitteln

Texte

Leseverstehen
- *Main dans la main* (article) ▶ S. 56–57
- *Les relations franco-allemandes en chiffre* (infographie) ▶ S. 58/1
- *Le Parlement européen / Le PEJ* (article) ▶ S. 62–63
- *Pour le meilleur et pour le pire?* (Karikaturen) ▶ S. 66–67

Hörverstehen/Hörsehverstehen
- *Ça bouge dans l'Union européenne* (film explicatif) ▶ S. 62/1
- *Le PEJ* (interview) ▶ S. 63/5
- Irie Révoltés: *Des fois* (chanson) ▶ S. 65/12

Textarbeit (Auswahl)
- eine Statistik mit einem Sachtext in Zusammenhang bringen
- Karikaturen analysieren
- die Aussage eines Liedes herausarbeiten

Dossier D Destination le Cameroun

Lernaufgaben und Kompetenzen (Auswahl)

A kreatives Schreiben: eine Geschichte zu einem Sprichwort verfassen
B einen Zeitungsartikel adressatengerecht sprachmitteln und zum Thema Stellung nehmen

Sprechen und Schreiben
- seinen Alltag beschreiben
- seine Familie vorstellen / über die Bedeutung von Familie sprechen
- über Gewohnheiten, Bräuche und Zukunftspläne sprechen
- die Karriere eines Sportlers / einer Sportlerin beschreiben
- eine Geschichte schreiben

Sprachmittlung
- 🇩🇪 → 🇫🇷
  1. Informationen eines Zeitungsartikels in einer E-Mail sprachmitteln
  2. Fakten zur europäischen Erzähltradition sprachmitteln

Texte

Leseverstehen
- *La vie d'un jeune Camerounais* (reportage) ▶ S. 76–77
- *Allez les Lions!* (article en ligne) ▶ S. 82–83
- *Le mille-pattes et l'araignée* (conte) ▶ S. 88–89

Hörverstehen/Hörsehverstehen
- *Témoignage d'un Camerounais* (émission de radio) ▶ S. 78/6
- Samuel Collardey: *Comme un lion* (film) ▶ S. 84/5
- *Comme c'est ridicule!* (comptine camerounaise) ▶ S. 91/8

Textarbeit (Auswahl)
- Stellung nehmen und argumentieren
- ein Organigramm zu einem Sachtext erstellen
- eine Erzählung lesen und interpretieren
- Sprichwörter deuten
- eine Moral zu einer Geschichte formulieren

Bilan des compétences   Lernstandsüberprüfung Niveau B1 (Hörverstehen, Leseverstehen, Sprecher

* Wiederholung für Französisch 2. Fremdsprache / neu für 3. Fremdsprache: Erklärungen und weitere Übungen ▶ Grammaire, S. 110–131

Partenaire B	102	La conjugaison des verbes	132
Différenciation	104	Méthodes et stratégies	140
Grammaire	110	Vocabulaire thématique ▶ webcode APLUS-C-140	

52

Interkulturelle Kompetenz
- die Rolle Frankreichs und Deutschlands innerhalb von Europa verstehen
- Einblick in die Arbeit der europäischen Institutionen erhalten
- das Europäische Jugendparlament kennen lernen
- über internationale Workcamps in Frankreich Auskunft geben
- wichtige Persönlichkeiten und Daten der deutschfranzösischen Geschichte vorstellen

Methoden und Strategien
- mithilfe des *gérondif* seinen Ausdruck verbessern ▶ S. 61/11
- eine Karikatur analysieren ▶ S. 68/2, S. 154/27

Grammatik (neu) und Lexik
- das *gérondif* ▶ S. 60/8–9, S. 61/10, S. 117/10
- das Relativpronomen *lequel* + *à/de* ▶ S. 64/8, S. 129/30
- das Relativpronomen *dont* ▶ S. 64/9, S. 128/29
- die Demonstrativpronomen ▶ S. 65/10, S. 114/7
- das Verb *suffire* ▶ Verben, S. 132–139

Themenwortschatz
- Arbeit und Ausbildung
- die Europäische Union
- Werte
- Ökologie und Nachhaltigkeit
- Digitalisierung

Wiederholung
- Verben mit dem Präfix *re-* ▶ S. 60/7, S. 158/31
- das indirekte Objekt mit *à* und *de* ▶ S. 64/7
- das Relativpronomen *lequel* + Präposition (außer *à* und *de*)* ▶ S. 129/30

72

Interkulturelle Kompetenz
- ein französischsprachiges Land des subsaharischen Afrika kennen lernen: Kamerun
- Varianten des Französischen verstehen
- Rituale und Traditionen aus Kamerun kennen lernen und vor dem Hintergrund eigener Traditionen reflektieren
- die Wichtigkeit/Stellung des Fußballs in Afrika erkennen
- Einblicke in die Afrikanische Fußballmeisterschaft (CAN) erhalten
- Künstler aus Kamerun vorstellen
- kamerunische Spezialitäten kennen lernen

Methoden und Strategien
- mit einem Organigramm arbeiten ▶ S. 84/3, S. 158/32
- adressatengerecht sprachmitteln ▶ S. 86/10, S. 150/22
- mithilfe von Konnektoren seinen Ausdruck verbessern ▶ S. 91/9

Grammatik (neu) und Lexik
- der *subjonctif* nach Konjunktionen ▶ S. 80/11, S. 122/16.2
- *subjonctif* oder *indicatif*? ▶ S. 81/12, S. 122/16.3
- die Angleichung des *participe passé* nach *avoir* ▶ S. 127/27
- die Stellung zweier Pronomen im Satz ▶ S. 85/8, S. 113/5
- die indefiniten Begleiter ▶ S. 111/1
- die Verben *s'asseoir*, *mourir*, und *convaincre* ▶ Verben, S. 132–139

Rezeptiv
- das *futur antérieur* ▶ S. 120/15
- die absolute Frage ▶ S. 85/9, S. 126/25
- das *passé simple* ▶ S. 90/6, S. 119/14

Themenwortschatz
- Geographie
- Geschichte und Kultur
- Wirtschaft und Sport

Wiederholung
- der *subjonctif** ▶ S. 80/10, S. 120/16.1
- Möglichkeiten zur Wiedergabe des deutschen Passivs im Französischen* ▶ S. 79/9, S. 118/13
- direkte und indirekte Objektpronomen ▶ S. 85/7, S. 112/2

Schreiben, Sprachmittlung)   facultatif **94**

Dictionnaire de civilisation 160	Solutions 210
Liste des mots (Lernwortschatz) 164	Indications pour les exercices (Operatoren) 214
Textes 206	Pense-bête (Merk- und Schreibhilfe) 217

Dossier A — Être jeune: entre rêves et réalité

PF Tâches – au choix

A faire le portrait d'un personnage de film / de série télé

B créer un court-métrage intitulé «Être jeune en Allemagne»

Compétences communicatives

- parler de ses projets d'avenir, de ce qu'on voudrait, de ce qu'on espère (▶ V1)
- décrire le caractère et le comportement d'une personne / d'un personnage (▶ V1)
- décrire ses conditions de vie: ses possibilités, ses difficultés etc. (▶ V2)
- parler d'évènements passés et de leurs conséquences (▶ V3)
- prendre position par rapport à des phénomènes de société (▶ V3)

Grammaire en contexte

- le conditionnel passé
- la condition irréelle du passé
- les constructions *laisser + inf.* et *faire + inf.*
- la négation avec *ne … aucun/e, ne … ni … ni …* et *ni … ni … ne …*
- la restriction avec *ne … que* ▶ Grammaire, p. 126/24
- l'interrogation à l'infinitif ▶ Grammaire, p. 126/26
- les verbes *exclure, mourir* et *s'asseoir*
  ▶ Verbes, p. 132–139

Compétences interculturelles

- les différents milieux de la société française
- l'engagement des jeunes en France
- des expressions typiques du code oral / du langage des jeunes

Méthodes et stratégies

- faire le portrait d'un personnage

A

B

C

1

a Regardez les photos. Formulez des questions sur ce que vous voyez et mettez ces questions en commun.

b Choisissez une des personnes, mettez-vous à sa place et imaginez sa vie. Puis, racontez «votre» vie à votre partenaire. Il/Elle devine qui vous êtes.

2 Choisissez un titre pour chaque photo. Puis, avec votre partenaire, comparez vos résultats et expliquez votre choix.

1. Être célèbre
2. Aider les autres
3. Fonder une famille
4. Être créatif/créative
5. Vivre une aventure
6. Travailler en équipe
7. Être heureux/heureuse
8. Réussir son bac
9. Avoir des amis
10. Changer le monde
11. Se sentir libre
12. Avoir du succès

Les jeunes – portrait d'une génération

Priorités

Selon une enquête[1], le plus important dans la vie quotidienne des ados français, c'est leur relation avec leur famille (97 %) et leurs amis (93 %). C'est avec leurs amis qu'ils passent la plupart de leur temps: ils se confient à eux, partagent les mêmes goûts (films, musique etc.) et souvent les mêmes loisirs. Ils sont accros aux nouvelles technologies et les utilisent pour s'informer, pour se divertir et pour communiquer avec leurs amis.

Mais quand ils pensent à l'avenir, les 15 à 24 ans pensent avant tout à leur avenir professionnel[2]: avec un diplôme en poche, ils espèrent trouver un emploi stable pour devenir indépendants financièrement, avoir un logement – et être heureux. Être en couple, fonder une famille ou s'engager est important aussi, mais ce n'est pas une priorité.

1 INJEP, février 2014
2 Enquête IPSOS, janvier 2012

Styles de vie et identité

Les jeunes Français rêvent tous de trouver leur place sur le marché du travail. À part ça, le style de vie des jeunes, leur identité, leurs valeurs dépendent beaucoup de l'endroit où ils vivent et de leur milieu social. Pourquoi? Parce que les jeunes des différents milieux restent souvent entre eux: dans leurs quartiers, leurs écoles etc.

Les jeunes Français savent qu'ils appartiennent à un certain milieu social et s'y identifient. Ce groupe les rassure et les aide à se définir: par le look, la musique, la façon de parler et les loisirs. Ces points communs deviennent pour eux un style qu'ils affirment.

Engagement

Pour les jeunes Français, la responsabilité et l'engagement sont des valeurs-clés. Ils s'engagent pour se sentir utiles, et pour une société et un monde meilleurs. Mais concrètement, qu'est-ce qu'ils appellent s'engager?

Pour 75 % des jeunes, s'engager veut dire voter. C'est aussi signer une pétition (49 %) ou participer à une manifestation (30 %). Par contre, seulement 7 % des jeunes s'engagent dans un parti politique. Ils préfèrent les associations ou les ONG qui proposent des projets concrets et dont ils peuvent voir rapidement les résultats.

Ainsi, 56 % des jeunes Français s'engagent dans une association. Les domaines dans lesquels ils sont le plus actifs sont la solidarité nationale et internationale (27 %), l'éducation (18 %), la culture et les loisirs (15 %) ainsi que l'environnement (15 %)[2].

1 sondage AFEV, février 2014
2 Alternatives économiques, février 2013

MOTS EN CONTEXTE

VOLET 1   VOLET 2   VOLET 3   TÂCHES – AU CHOIX   POUR ALLER PLUS LOIN   **A**

1 a Lisez le premier paragraphe (l. 1–14) et relevez ce qui compte pour les jeunes Français.

b Lisez le texte en entier et trouvez des expressions surlignées qui correspondent aux définitions suivantes.
1. ce qu'on fait pendant son temps libre
2. avoir absolument besoin d'Internet et de son smartphone
3. les jeunes entre 15 et 24 ans
4. le document qui montre qu'on a terminé une formation
5. un travail sûr
6. ce que deux personnes ont quand elles se ressemblent
7. des valeurs très importantes
8. en politique, donner sa voix à quelqu'un
9. un groupe qui s'engage pour quelque chose mais qui ne travaille pas au parlement
10. le monde autour de nous, la nature

c Les jeunes Français s'engagent dans beaucoup de domaines. Relisez le dernier paragraphe (l. 23–38) et retrouvez à quel domaine correspondent les activités suivantes. Puis, complétez avec d'autres exemples.

> faire les courses pour des personnes âgées   donner des vêtements aux pauvres dans le monde
> nettoyer un parc   apprendre à lire à des personnes analphabètes
> lire des livres aux enfants à la bibliothèque

2 a Retrouvez quels compléments vont avec quels verbes. Il y a parfois plusieurs possibilités. Notez-les avec leur traduction. ▶ Texte, p. 10

> partager   signer
> participer à   être   s'engager dans
> s'engager pour   appartenir à
> devenir   trouver   dépendre de
> penser à   fonder   communiquer avec

> une association   une famille   en couple
> un parti politique   une manifestation
> un milieu social   une priorité   actif/active
> indépendant/e financièrement   l'avenir
> les mêmes goûts   une pétition   ses amis
> sa place   une société et un monde meilleurs

b Complétez les phrases avec des expressions de a.
1. Est-ce que pour toi, l'avenir professionnel ❓ ? (Vorrang haben)
2. Oui. Ce qui compte le plus pour moi, c'est de ❓. (finanziell unabhängig werden)
3. Non, pas pour moi. Quand je ❓, j'imagine surtout que je vais ❓ et ❓. Je pense plutôt à des choses personnelles. (an die Zukunft denken; in einer Beziehung sein; eine Familie gründen)
4. Moi, je vois les choses différemment: je ne veux pas forcément gagner beaucoup d'argent, mais je voudrais ❓. Je trouve que ❓ et ❓, ce n'est pas assez. (sich in einer politischen Partei engagieren; an Demonstrationen teilnehmen; Petitionen unterschreiben)

3 Trouvez dans le texte (▶ p. 10) les mots que vous comprenez à l'aide de mots de la même famille ou à l'aide d'autres langues (anglais, allemand, turc etc.). Notez ces mots dans un tableau, indiquez à chaque fois quel mot vous a aidé/e. Soulignez les différences (orthographiques et/ou grammaticales) s'il y en a.

4 Faites un sondage dans votre classe sur les choses que vous trouvez importantes dans la vie:

a Relisez d'abord le texte et reconstituez les questions qu'on a posées aux jeunes. Puis, ajoutez des questions que vous trouvez importantes.

b Faites le sondage, puis comparez vos réponses aux résultats de l'enquête française, là où c'est possible.

Ma vie selon moi

Thibault – Justine, j'ai pris une décision qui va te causer du chagrin[1].

Là, j'avais immédiatement cessé[2] de rire. Le mot séparation s'était allumé en lettres rouge sang dans le fond d'écran de ses yeux[3] et les mots qu'il avait prononcés pour m'annoncer son départ aux States[4] avaient confirmé mon intuition.

J'étais restée sans voix. Il avait alors tenté de me prendre dans ses bras, j'étais partie en courant[5] et depuis j'étais prostrée[6] sur une chaise de jardin.

[...]

Thibault – Je pars seulement un an. Et puis si je trouve un bon plan, tu pourras me rejoindre pour les vacances.

Justine – Quand ça? À Noël, avant mes partiels[7] du premier semestre? Ou à Pâques quand je jouerai mon année[8]?

Thibault – Je ne sais pas.

Justine – Bien sûr que tu ne sais pas! Tu n'as pensé qu'à toi[9] dans cette histoire. Toi, tes rêves, tes envies, ta liberté ...

[...]

Thibault – Oui, c'est mon rêve de partir une année aux États-Unis! Et pour une fois, c'est moi qui décide et je n'ai pas à m'en excuser. Depuis toujours, c'est «Thibault en Afrique quand papa le décide», «Thibault va à l'école au Qatar quand papa l'ordonne», «Thibault est très sage[10] au Japon quand papa l'exige», «Thibault doit rester en France quand papa part à Beyrouth» ... Alors voilà! Aujourd'hui, Thibault part aux États-Unis parce qu'il le désire[11] vraiment et si tu ne veux pas l'attendre, il en sera désolé[12] mais il ira quand même! Il est temps que j'arrête d'être le gentil garçon qui satisfait[13] tout le monde et que je vive ce que j'ai envie de vivre.

On aurait pu imaginer[14] qu'après une réplique pareille[15] Thibault aurait shooté[16] dans ma chaise et serait parti fou de rage[17]. Pas du tout ... Il s'est retourné et s'est mis à pleurer[18]. Quand je dis pleurer, n'entendez pas par là une petite larme qui roule sur la joue et qu'on essuie discrètement[19] en espérant que personne ne l'ait vue. Non, Thibault a pleuré comme Théo le jour où j'avais oublié d'aller le chercher à la sortie de la maternelle[20].

Mon cœur est devenu tout mou[21].

[...]

l'auteure Sylvaine Jaoui

La nouvelle du départ de Thibault fait l'effet d'une bombe dans le petit groupe d'amis. Car ils savent que pour tous, ce sera bientôt le moment des grandes décisions. Sur le conseil de leur voisin écrivain, Thibault, Justine, Jim, Léa, Ingrid et Nicolas font chacun une liste de ce qu'ils souhaitent[22] pour leur avenir.

---

1 causer du chagrin à qn jdm Kummer machen **2 cesser de** + *inf.* arrêter de + *inf.* **3 s'était allumé en lettres rouge sang dans le fond d'écran de ses yeux** war in blutroten Buchstaben vor ihrem inneren Auge aufgetaucht **4 les States** *m. pl.* les États-Unis **5 partir en courant** weglaufen **6 être prostré/e** erstarrt sein **7 les partiels** *m. pl. ici:* les examens (à l'université) **8 quand je jouerai mon année** wenn mein Studienjahr auf dem Spiel steht **9 tu n'as pensé qu'à toi** du hast nur an dich gedacht **10 sage** *adj. m./f.* brav **11 désirer qc** sich etw. wünschen **12 il en sera désolé** dann tut es ihm leid **13 satisfaire qn** jdn zufriedenstellen **14 on aurait pu imaginer** man hätte meinen können **15 après une réplique pareille** nach einer solchen Antwort **16 shooter dans qc** *fam.* etw. einen Tritt verpassen **17 fou/folle de rage** *adj.* rasend vor Wut **18 se mettre à pleurer** losweinen **19 une petite larme qui roule sur la joue et qu'on essuie discrètement** eine kleine Träne, die die Wange herunterrollt und die man unauffällig wegwischt **20 la maternelle** l'école pour les enfants de 3 à 6 ans **21 mou/molle** *adj. hier:* schwach **22 souhaiter qc** etw. wünschen

Pourvu[23] que ça arrive par Jim

- Parler à mon père sans avoir l'impression d'être un raté[24].
- M'asseoir[25] dans un amphi[26] et ne pas penser qu'on va me demander de sortir parce que ce n'est pas ma place.
- Avoir un jour une voiture qui démarre[27] du premier coup.
- Qu'Ambre soit fière d'être avec moi.
- Gagner assez d'argent pour offrir à ma mère le sac «je ne sais quoi» dont elle rêve parce qu'il porte le nom d'une princesse. Mon père ne veut pas le lui offrir.
- Protéger les enfants des adultes qui leur veulent du mal.
- Partir au ski tous les hivers.
- Aller voir mon prof de SVT de 4e et lui dire: «Un jour, vous m'avez balancé: "Tu ne sers à rien", c'est la pire remarque[28] qu'on puisse faire à un ado. J'ai failli[29] vous croire, heureusement, j'ai croisé d'autres personnes sur ma route qui m'ont prouvé le contraire.»
- Avoir mon monitorat[30] de judo ET mon diplôme de droit[31] pour expliquer à des ados paumés[32] que, même si on possède la force physique, on doit utiliser les mots et non la violence pour faire régner la justice[33].
- Rester ami pour toujours avec Nicolas, Justine, Léa, Thibault et Ingrid.
- Défendre un jour mon père parce qu'un patient lui fait un procès, gagner le procès et entendre mon père me dire: «Merci mon fils».
- Faire le tour du monde.
- Rencontrer Teddy Riner[34] et m'entraîner sur un tatami[35] une heure avec lui.
- Adopter un labrador noir avec de grands yeux caramel, le nommer Émile et l'emmener courir tous les jours.

[...]

Mes souhaits à ce jour par Thibault

- Vivre un an aux States sans rien demander à mes parents.
- Jouer du saxo vraiment, prendre des cours, répéter au moins cinq heures par jour.
- Ne pas perdre Justine, qu'elle continue à m'aimer, qu'elle ne m'en veuille[36] pas de partir loin d'elle.
- Revenir en France dans un an, faire ma prépa[37] puis intégrer une grande école[38].
- Rester insensible à la colère[39] glacée de mon père et au silence angoissé de ma mère quand je leur annoncerai ma décision de prendre une année sabbatique[40].
- Être capable de fonder un jour une vraie famille et non une fausse représentation du bonheur[41] lors de soirées de Monsieur l'ambassadeur[42] et Madame.
- Construire des ponts et des routes ici et ailleurs. Être un homme qui relie[43] les hommes.
- Rester l'ami de Jim, Nicolas, Léa et Ingrid toute ma vie. Que notre éloignement[44], cette année, ne brise[45] pas notre amitié. Ils sont pour moi comme une famille.
- Avoir un lieu à moi et rien qu'à moi.
- Retourner un jour dans les pays où j'ai vécu mais que je n'ai pas vus. Sortir des ambassades et aller à la rencontre des gens. Leur venir en aide.

---

23 **pourvu que** + *subj.* hoffentlich 24 **le/la raté/e** der/die Versager/in 25 **s'asseoir** sich setzen 26 **l'amphi(théâtre)** *m.* hier: der Hörsaal 27 **démarrer** hier: anspringen 28 **la pire remarque** die schlimmste Bemerkung 29 **avoir failli** + *inf.* beinahe etw. getan haben 30 **le monitorat** hier: der Trainerschein 31 **le diplôme de droit** das Juraexamen 32 **paumé/e** *adj. fam.* verloren 33 **faire régner la justice** Gerechtigkeit walten lassen 34 **Teddy Riner** célèbre judoka français 35 **le tatami** hier: die Judomatte 36 **en vouloir à qn de qc** jdm wegen etw. böse sein 37 **la prépa / la classe préparatoire** Vorbereitungskurs für die Aufnahmeprüfung einer Elite-Hochschule 38 **intégrer une grande école** in einer Elite-Hochschule aufgenommen werden 39 **la colère** der Zorn 40 **l'année sabbatique** *f.* das Sabbatjahr (ein Jahr, in dem man weder arbeitet noch studiert) 41 **une fausse représentation du bonheur** vorgegaukeltes Glück 42 **l'ambassadeur** *m.* der Botschafter 43 **relier qc/qn** etw./jdn miteinander verbinden 44 **l'éloignement** *m.* die räumliche Entfernung 45 **briser qc** etw. zerstören, zerbrechen

| MOTS EN CONTEXTE | **VOLET 1** | VOLET 2 | VOLET 3 | TÂCHES – AU CHOIX | POUR ALLER PLUS LOIN |

Ouh là là, tout ce que je veux!!! par Justine

70 – Bosser[46] comme une dingue[47] durant des mois sans craquer[48] et réussir ma première année.
– Ne plus aimer d'amour Thibault si son départ doit me briser le cœur. Vœu[49] impossible! Alors ne pas trop souffrir du départ de Thibault.
– Trouver un grand appart et vivre en coloc[50] avec mes amis sans problème … Oui, même avec Ingrid, mauvais esprit va[51]!
75 – Ne pas tomber dans les pommes[52] à la vue d'une goutte de sang[53]. La dernière fois, j'ai failli vomir mes tripes[54] en voyant la plaie[55] que Théo s'était faite en tombant de vélo, alors c'est pas gagné[56]!
– Oser demander à Thibault de me laisser son scooter[57] pendant son séjour aux States. Il me doit[58] bien ça quand on y réfléchit.
– Avoir les seins[59] qui poussent[60] … Je sais, c'est impossible. Alors quoi? Avoir les seins qui poussent quand
80 même.
– Que Léa ne devienne pas amie avec une fille à la fac[61] qui aime comme elle la littérature, le théâtre et tout ce pour quoi je suis nulle. Sinon, elle l'aimera plus que moi et je ne m'en remettrai[62] pas. Et si cette nouvelle fille qui aime la littérature, c'était moi?
– Que mes parents et Théo ne me manquent pas trop l'an prochain. Oui, je suis contente de partir, oui, je
85 répète tout le temps qu'ils me saoulent[63], oui, je rêve de vivre sans eux mais je les aime!
– Que mes études de médecine m'intéressent vraiment mais aussi que j'aime assez les gens pour avoir envie de les soigner. En fait, c'est Léa qui devrait être médecin, elle comprend si bien les autres. Alors que moi[64] …

46 bosser *fam.* travailler   **47 le/la dingue** der/die Verrückte   **48 craquer** zusammenbrechen   **49 le vœu** der Wunsch   **50 en coloc(ation)** in einer WG (Wohngemeinschaft)   **51 mauvais esprit va!** *wörtlich:* du böser Geist, du! *hier:* Weicht von mir, ihr bösen Gedanken!   **52 tomber dans les pommes** *fam.* in Ohnmacht fallen   **53 à la vue d'une goutte de sang** beim Anblick eines Bluttropfens   **54 vomir ses tripes** *fam.* sich furchtbar übergeben   **55 la plaie** die Wunde   **56 c'est pas gagné** das ist noch lange nicht geschafft   **57 le scooter** der Motorroller   **58 il me doit bien ça** das ist er mir schuldig   **59 les seins** *m. pl.* die Brüste   **60 pousser** *hier:* wachsen   **61 la fac(ulté)** die Uni(versität)   **62 se remettre de qc** über etw. hinwegkommen   **63 saouler qn** *fam. hier:* jdn nerven   **64 alors que moi** ich dagegen

Extrait de: Ma vie selon moi: L'avenir comme je l'imaginais … ou pas, Sylvaine Jaoui, Rageot Éditeur 2013, p. 14–30

Objectif lecture

Compréhension écrite et analyse

 1 a Lisez la première partie du texte (l. 1–30), puis décrivez la situation de Justine et Thibault à l'aide des questions suivantes.    ▶ p. 104
– Qui sont Justine et Thibault?
– Quelle est leur relation?
– Quelle décision Thibault a-t-il prise?
– Pourquoi a-t-il pris cette décision?
– Comment Justine réagit-elle?

b Lisez la deuxième partie du texte (l. 31–fin) en détail et trouvez pour quel(s) personnage(s) les aspects suivants sont importants (il y a parfois plusieurs possibilités). Faites un tableau et notez à chaque fois les lignes du texte où vous avez trouvé l'information.
– vivre une belle histoire d'amour
– faire de la musique
– garder ses amis d'aujourd'hui
– construire quelque chose
– avoir un animal
– lutter pour la justice
– réussir ses études
– être indépendant/e
– faire du sport
– faire des voyages
– s'occuper des autres
– fonder une famille
– avoir une bonne relation avec son père

c Déterminez pour chaque partie du texte quelle est la perspective narrative*.   ▶ Méthodes, p. 151/24

* **la perspective narrative** die Erzählperspektive

| MOTS EN CONTEXTE | **VOLET 1** | VOLET 2 | VOLET 3 | TÂCHES – AU CHOIX | POUR ALLER PLUS LOIN |

Méthodes et stratégies: faire le portrait d'un personnage   ▶ Méthodes, p. 148/21

Koop 2 Faites le portrait de Justine, Thibault ou Jim.
Die Charakterisierung einer Figur ist eine Aufgabenstellung, die häufig zur Erarbeitung eines literarischen Textes gehört. Sie hilft Ihnen, die Entwicklung der Figuren und der Handlung besser zu verstehen. Gehen Sie dabei folgendermaßen vor:

a Wählen Sie die Figur aus, die Sie charakterisieren möchten (Thibault, Justine oder Jim). Lesen Sie den Text noch einmal, achten Sie dabei nur auf die von Ihnen gewählte Figur und notieren Sie alle Informationen (z. B. über ihr Äußeres, ihre Familie, ihr Verhalten, ihre Wünsche), die Sie finden.

b Formulieren Sie Ihren Text. Nutzen Sie dazu Ihre Notizen aus a, die Redemittel im gelben Kasten und den thematischen Wortschatz (▶ webcode APLUS-C-140). Belegen Sie Ihre Aussagen mit Zitaten aus dem Ausgangstext.   ▶ Méthodes, p. 158/33

TIPP Nicht alle Informationen zu einer Figur stehen ausdrücklich im Text. Sie müssen auch „zwischen den Zeilen lesen". Hier ein Beispiel:
Thibault: «Et pour une fois, c'est moi qui décide …» (l. 18) → Thibault trouve que ce sont toujours les autres qui décident tout à sa place.

Was erfährt der Leser über Justine und Jim in den folgenden Aussagen?
- Justine: «… vivre en coloc avec mes amis sans problème … Oui, même avec Ingrid, mauvais esprit va!» (l. 73–74) → ?
- Jim: «… M'asseoir dans un amphi et ne pas penser qu'on va me demander de sortir parce que ce n'est pas ma place.» (l. 33–34) → ?

Description		
Informations générales		Il/Elle s'appelle _____ et a _____ ans. Il/Elle vit à/en/chez _____. Il/Elle a un frère / _____. On ne sait pas où _____ / si _____.
Portrait physique	Il/Elle	a _____. est _____.
		On n'apprend rien sur _____.
Portrait moral / Comportement	Il/Elle	aime / s'intéresse à _____. refuse de / choisit de _____. dit/pense _____.
		Pour lui/elle, _____. On apprend que _____.

Analyse/Conclusion
Cela | veut dire / montre | que _____.
C'est pourquoi, on peut dire que _____. On se rend compte que _____. On peut supposer que _____. Peut-être que _____. En conclusion, _____.

Production écrite

3 Après le départ de Thibault aux États-Unis, le personnage dont vous avez fait le portrait en 2 écrit un mail à un des autres personnages de l'histoire: Thibault écrit à son père ou à Justine, Justine écrit à Thibault et Jim écrit à son père. Imaginez ce mail et écrivez-le. Utilisez pour cela vos résultats des exercices 1 et 2.   ▶ Méthodes, p. 145/13–15, p. 147/18

quinze **15**

A MOTS EN CONTEXTE — VOLET 1 — VOLET 2 — VOLET 3 — TÂCHES – AU CHOIX — POUR ALLER PLUS LOIN

Objectif langage

Vocabulaire et expression

4 a Lisez les phrases suivantes. Puis trouvez, dans les passages du texte indiqués entre parenthèses, les mots qui ont la même signification que les mots soulignés.
1. Tu devrais commencer à chercher un appartement. (→ l. 18–29)
2. Dans ma vie, j'aimerais rencontrer des gens intéressants. (→ l. 31–52)
3. Tu as beaucoup de qualités. (→ l. 31–52)
4. Quand est-ce que tu le diras à tes parents? (→ l. 54–68)
5. Il faudrait que je travaille plus. (→ l. 69–fin)
6. Je voudrais qu'ils arrêtent de m'énerver! (→ l. 69–fin)

commencer à + inf. ≅

b Lisez les phrases suivantes Puis trouvez, dans les passages du texte indiqués entre parenthèses, les mots qui ont une signification opposée à celle des mots soulignés.
1. Il est content de dire au revoir à ses amis. (→ l. 18–29)
2. J'ai peur de décevoir mes parents. (→ l. 18–29)
3. Nous ne sommes plus des enfants! (→ l. 31–52)
4. C'était la meilleure journée de ma vie! (→ l. 31–52)
5. Je déteste les gens qui agressent les autres. (→ l. 31–52)
6. Pourquoi est-ce que tu laisses ton saxophone chez tes parents? (→ l. 31–52)

content/e ≠

Révisions: les pronoms objets directs et indirects

5 a Trouvez les pronoms objets dans la liste de Jim (▶ Texte, p. 13, l. 31–52). Faites un tableau et indiquez pour chaque pronom s'il s'agit d'un pronom object direct ou indirect et ce qu'il remplace.   ▶ Grammaire, p. 112/2
Exemple:

ligne	pronom objet	remplace
33	me = indirect (demander qc à qn)	je (= Jim)

b Faites une liste de bonnes résolutions* sur le modèle ci-dessous. Utilisez les verbes donnés et des pronoms objets directs et indirects.

* la bonne résolution der gute Vorsatz

Qui?	mes parents	mon frère	ma meilleure amie	mes copains	...
Quoi?	– les appeler quand je rentre tard – ne pas leur ressembler plus tard	– ...	– lui dire la vérité sur l'histoire avec Julien	– ...	– ...

aider qn   appeler qn   dire qc à qn   expliquer qc à qn
agresser qn   consoler qn   offrir qc à qn   demander qc à qn
critiquer qn/qc   décevoir qn   montrer qc à qn   faire confiance à qn
dénoncer qn   déranger qn   mentir à qn   parler (de qc) à qn
écouter qn/qc   ressembler à qn/qc

| MOTS EN CONTEXTE | VOLET 1 | VOLET 2 | VOLET 3 | TÂCHES – AU CHOIX | POUR ALLER PLUS LOIN | A |

Révisions: les verbes avec préposition

6 Voici le parcours du chanteur Christophe Willem, qui est devenu célèbre grâce à l'émission de casting «La Nouvelle Star». Choisissez les prépositions (*à* ou *de*) qui conviennent et complétez sa mini-biographie.
▶ Grammaire, p. 116/9

Nom: Christophe Frédéric Durier
Nom d'artiste: Christophe Willem
Naissance: le 3 août 1983 à Enghien-les-Bains
Profession: auteur-compositeur-interprète

Mini-biographie: Très jeune, il apprend ❓ jouer de la batterie, puis du piano. À 14 ans, il se met ❓ composer des chansons et prend des cours de chant. À 18 ans, après 3 ans de chorale, il commence ❓ donner des cours de chant. En 2004, on lui propose ❓ jouer dans un film qui raconte l'histoire d'une comédie musicale. En 2006, sa sœur décide ❓ l'envoyer au casting de l'émission «La Nouvelle Star». Il arrive ❓ impressionner le jury (qui l'appelle «la tortue» à cause de son look) et devient «la Nouvelle Star 2006». Cela lui permet ❓ sortir son premier album, «Inventaire», en 2007. Il choisit ❓ s'appeler Christophe Willem (parce que ses parents ont failli l'appeler William). Il sort plusieurs albums en français et en anglais et continue ❓ avoir beaucoup de succès, notamment avec la chanson «Berlin». Malgré ce succès, Christophe Willem a réussi ❓ rester naturel. Très sympathique!

Compréhension orale

7 a Écoutez la chanson *Comme ci, comme ça* de Zaz. Trouvez l'accroche* qui correspond le mieux à la chanson et justifiez votre réponse. ▶ Méthodes, p. 141/3

* l'accroche *f.* die Schlagzeile

Zaz et sa peur de l'avenir

Zaz: «Vous m'avez menti!»

Zaz, un jour comme ci, un jour comme ça

Zaz, la chanteuse qui sait ce qu'elle veut

b Réécoutez la chanson et lisez les paroles (▶ p. 206). Identifiez la valeur-clé de Zaz. Justifiez votre réponse à l'aide du texte. ▶ Méthodes, p. 144/12   ▶ p. 104

| l'argent *m.* | la solidarité | la confiance | l'indépendance *f.* | la justice |

Production écrite

8 Et vous, qu'est-ce que vous souhaitez pour votre avenir? Écrivez votre liste comme Thibault, Justine et Jim.
▶ Texte, p. 13–14, ▶ Méthodes, p. 145/13–15

PLANÈTE ADOS

Raconte-moi ta cité

Être jeune dans une cité[1] de banlieue, ce n'est pas toujours facile. Car une cité, c'est souvent un quartier où les habitants sont confrontés à la pauvreté, au chômage et à la violence.

Yassin et ses copains Benoît, Aziz, Charles et Djawad ont entre 16 et 19 ans et vivent dans une cité du 9-3[2], la cité du Chêne-Pointu à Clichy-sous-Bois. Tous sont français, tous ont des parents immigrés[3] qui viennent d'Algérie, de Tunisie, de Turquie ou d'Afrique subsaharienne – comme beaucoup d'autres jeunes à Clichy. Alors, à quoi la vie des jeunes ressemble-t-elle ici, dans la ville la plus jeune de France où cent nationalités vivent les unes avec les autres?

«Être jeune à Clichy, c'est le meilleur et le pire à la fois[4]», raconte Yassin. «Le pire, c'est de ne pas réussir l'école, de devoir faire une formation qu'on déteste. C'est frustrant et ça déprime. Au bout d'un moment, tu arrêtes parce que ce n'est pas pour toi, tu commences à t'ennuyer, et puis tu te mets à faire des conneries[5]. Mais ce qui me plaît, ici, c'est la vie avec les copains. On se retrouve tous les jours, c'est vraiment comme une famille – pas besoin de rendez-vous. Avant, on traînait[6] beaucoup parce qu'on ne savait pas où aller. Mais maintenant, c'est cool, on a un terrain de foot et une Maison de la jeunesse dans la cité. C'est pas le luxe, mais c'est un endroit qui est à nous et où on nous laisse faire ce qu'on veut. L'ambiance entre les copains est cool. Les filles de la cité viennent aussi et on s'éclate ensemble.»

La Maison de la jeunesse est devenue LE lieu de vie et de rencontre de la cité. Les jeunes y font des jeux, écoutent de la musique et dansent, ou ils viennent juste pour discuter et rigoler. Aziz explique: «Nos parents nous laissent sortir le soir et le week-end parce que chez nous, c'est tout petit. On peut juste manger, dormir et faire nos devoirs …» Son copain Djawad rigole: «Ouais, tu dis ça, mais les devoirs, y en a pas[7] beaucoup qui y pensent ici. C'est rare, les parents qui font travailler leurs enfants pour l'école. Et quand ni les parents ni les profs ne te poussent[8], à la fin, tu ne fais plus rien.» «Djawad a raison», continue Charles. «Ici, la plupart des jeunes s'en fichent[9], de l'école. Quand j'étais en cinquième, j'avais un super copain. Mais il a mal tourné[10] et arrêté d'aller en cours. Aujourd'hui, il fait partie d'une bande de dealers qui lui font faire des trucs moches, enfin criminels, quoi. Ça craint[11] … Il traîne toujours dans la cité, mais il ne me parle plus. J'ai peur qu'un jour il aille en prison …»

Sans diplôme, il y a peu de perspectives d'avenir. C'est pourquoi l'école joue un rôle important pour les jeunes des cités qui veulent s'en sortir[12]. Depuis 2006, il existe des associations de solidarité dans la cité qui aident les jeunes à trouver une solution à des problèmes scolaires ou à choisir une formation. «Avant, je glandais[13]», raconte Benoît, 19 ans. «Je ne savais pas quel métier choisir. Je n'avais vraiment aucune idée[14]. Grâce à[15] une association de notre quartier, j'ai eu un déclic[16]. J'ai compris qu'il ne fallait pas baisser les bras et se dire ‹Je laisse tout tomber, je n'ai aucune chance›, mais qu'il fallait se battre. Parce que dans la vie, on ne te fait pas de cadeaux! J'ai commencé une formation d'animateur. Ça marche plutôt bien. J'ai déjà fait plusieurs stages, dont un à Paris, et je vais bientôt passer mon brevet[17] d'animateur. Ce n'est qu'un début, mais c'est déjà ça.»

---

1 la cité *hier:* die Hochhaussiedlung **2** 9-3 (neuf trois) le département Seine Saint-Denis, en banlieue parisienne (93, c'est le numéro de ce département) **3** immigré/e *adj.* eingewandert **4** le meilleur et le pire à la fois das Beste und Schlimmste zugleich **5** des conneries *f. pl. fam.* Dummheiten **6** traîner *fam.* herumhängen **7** y en a pas *fam.* il n'y en a pas **8** pousser qn *hier:* jdn fördern, jdm Druck machen **9** se ficher de qc *fam.* auf etw. pfeifen **10** tourner mal auf die schiefe Bahn geraten **11** ça craint *fam.* das ist übel **12** s'en sortir *fam.* es schaffen, etw. aus sich machen **13** glander *fam.* herumgammeln **14** n'avoir aucune idée keine Ahnung haben **15** grâce à dank **16** j'ai eu un déclic *fam.* es hat Klick gemacht **17** le brevet *hier:* die Abschlussprüfung

Dans le cas d'Aziz, sa réussite à l'école lui a permis de faire des études d'Histoire dans une université parisienne: «Entre Clichy et Paris, il n'y a que 16 kilomètres. Mais comme à Clichy, il n'y a ni RER ni métro, c'est comme un voyage au bout du monde. C'est pourquoi les habitants de Clichy ne vont jamais à Paris. Moi, j'y vais pour la fac, mais malheureusement, je n'y ai pas encore trouvé d'amis. On ne m'exclut[18] pas, mais je me sens quand même étranger: je n'ai pas la même façon[19] de parler que les Parisiens, je ne fais pas les mêmes vannes[20] qu'eux, on ne s'habille pas de la même manière[21] … Autre problème: je n'ai pas assez d'argent pour boire un verre après les cours, alors je rentre. Pour le moment, je veux continuer mes études. Quand j'aurai mon diplôme, je trouverai peut-être ma place et des amis aussi à Paris …»

 *Pour écouter le micro-trottoir[22], rendez-vous sur notre site Internet.*

Les émeutes[23] de 2005

Le 27 octobre 2005, deux jeunes de Clichy-sous-Bois fuient[24] la police et meurent[25] par accident. Des émeutes violentes ont alors lieu, d'abord à Clichy-sous-Bois, puis dans toutes les banlieues de France. Les jeunes des cités ont l'impression que la société ne les accepte pas: ils se sentent discriminés et utilisent la violence pour s'exprimer[26]. Pendant plus d'un mois, les médias montrent tous les jours des nouvelles images de violence. Ces évènements ont fait comprendre au gouvernement qu'il fallait agir pour améliorer[27] les conditions de vie dans les banlieues. Depuis, les choses ont commencé à évoluer[28]. Un exemple: les associations de solidarité envoient des médiateurs dans les cités de banlieue pour discuter avec les jeunes et essayer de trouver une solution à leurs problèmes scolaires, familiaux ou entre bandes de jeunes. Autre exemple: la construction d'une ligne de tram qui rapproche la ville du RER.

Keskidi? – Petit dico du langage des jeunes

chaud	dangereux
la connerie	quelque chose d'idiot
ça craint	c'est nul/dangereux
chelou	*verlan*[31] *de* louche = bizarre
le fric	l'argent
galère	dur, nul
glander	ne rien faire
kiffer qc	*de l'arabe* aimer qc
laisser tomber qc	arrêter qc
le/la pote	l'ami/e
que dalle	rien
relou	*verlan*[31] *de* lourd = pénible
se ficher de qc	ne pas s'intéresser à qc
la vanne	la blague
wallah	*de l'arabe* je te jure[32]

La pauvreté

Clichy-sous-Bois est une des villes les plus pauvres de France: 80 % de ses habitants vivent avec moins de 950 euros par mois. Comment expliquer cela? Ici, une personne sur deux n'a aucun diplôme (contre une personne sur six dans toute la France). Et quand on n'a ni le baccalauréat ni le brevet, on trouve difficilement du travail. Conséquence: le taux de chômage[29] est de 22,7 % à Clichy-sous-Bois, contre 10 % dans toute la France. Pourtant, ce n'est qu'en février 2014 qu'une agence Pôle emploi[30] y ouvre ses portes.

---

18 exclure qn jdn ausschließen **19 la façon de** + *inf.* die Art etw. zu machen **20 la vanne** la blague **21 faire qc de la même manière** etw. auf die gleiche Art und Weise machen **22 le micro-trottoir** die Straßenumfrage **23 l'émeute** *f.* der Aufstand **24 fuir qn/qc** vor jdm/etw. fliehen **25 mourir** sterben **26 s'exprimer** sich äußern **27 améliorer qc** etw. verbessern **28 évoluer** sich entwickeln **29 le taux de chômage** die Arbeitslosenquote **30 l'agence** *f.* Pôle emploi das Jobcenter, das Arbeitsamt **31 le verlan** jeu de langue ▶ p. 23/9 **32 jurer qc à qn** jdm etw. schwören

A

MOTS EN CONTEXTE   VOLET 1   **VOLET 2**   VOLET 3   TÂCHES – AU CHOIX   POUR ALLER PLUS LOIN

Objectif lecture

Compréhension écrite, analyse et commentaire

1 a Lisez l'article (▶ p. 18–19) globalement, puis présentez son sujet en une ou deux phrases.

b Vrai ou faux? Relisez l'article en détail, puis corrigez les phrases fausses. Justifiez vos réponses à l'aide du texte.
1. Clichy-sous-Bois se trouve dans les Hauts-de-Seine, au nord-ouest de Paris.
2. On compte cent nationalités différentes dans la cité du Chêne-Pointu.
3. Un des côtés positifs de la vie en cité, c'est que les gens y vivent comme dans une grande famille.
4. Les jeunes de la cité ne s'intéressent pas aux activités que propose la Maison de la jeunesse.
5. Beaucoup de jeunes ne trouvent pas la formation professionnelle qu'il leur faut.
6. Aziz se sent chez lui à Paris.
7. En 2005, dans toutes les banlieues de France, il y a eu des manifestations contre la violence.
8. 10 % des habitants de Clichy-sous-Bois n'ont pas de travail.

c Indiquez quelles sont, pour vous, les informations les plus intéressantes dans cet article et expliquez pourquoi.

2 a Trouvez des exemples dans le texte qui montrent qu'« être jeune à Clichy, c'est le meilleur et le pire à la fois » (l. 14).

b Expliquez à l'aide du texte (l. 65–89) pour quelles raisons on peut dire que Clichy-sous-Bois est « loin » de Paris. ▶ Méthodes, p. 152/24.3   ▶ p. 104
Au sens propre, Clichy-sous-Bois n'est pas loin de Paris parce que ___.
Mais on peut dire qu'au sens figuré, Clichy-sous-Bois est loin de Paris parce que ___.

c « On ne m'exclut pas, mais je me sens quand même étranger » (l. 77–78). Dans quelles situations peut-on se sentir étranger/étrangère? Donnez des exemples et précisez en quoi cette situation peut être négative et/ou positive. Les thèmes ci-dessous peuvent vous donner des idées.

| la famille | les amis | l'école | le pays | la langue |
| la ville | la religion | le quartier | le milieu social | la culture |

Compréhension orale

3 a Le magazine *Planète Ados* propose aussi un micro-trottoir sur la vie des jeunes dans leur cité. Écoutez les quatre jeunes interviewés et notez qui habite où.

| Salim   Fatouma | les quartiers Nord, Marseille   la Villeneuve, Grenoble |
| Alexanne   Louna | le quartier de l'Ariane, Nice   Villejuif, Paris |

b Consultez la rubrique *Keskidi* (▶ p. 19), pour mieux comprendre ce que les jeunes disent. Puis, écoutez encore une fois le micro-trottoir. Notez si ces jeunes se sentent bien là où ils vivent et pour quelle(s) raison(s). Les expressions suivantes peuvent vous aider.   ▶ p. 105

se sentir bien/mal vouloir rester/partir	les amis *m. pl.* l'école *f.* / les études *f. pl.*
trouver bien que ___ + *subj.*	l'argent *m.* les médias *m. pl.*
aimer bien qc s'identifier à qc	l'ambiance *f.* les loisirs *m. pl.*
se battre pour qc critiquer qc ___	

MOTS EN CONTEXTE   VOLET 1   **VOLET 2**   VOLET 3   TÂCHES – AU CHOIX   POUR ALLER PLUS LOIN

Compréhension audiovisuelle

4 a Regardez la séquence du film *La Cité rose* et retrouvez les aspects (positifs et négatifs) de la vie en cité mentionnés dans l'article et le micro-trottoir. Quels autres aspects la séquence montre-t-elle? ▶ Texte, p. 18–19 ▶ Exercice, p. 20/ 3

> Comme l'article / le micro-trottoir, le film suggère que ___.
> Comme l'article / le micro-trottoir, le film montre un aspect positif/négatif de la banlieue: ___.
> Le film illustre* ce que dit ___ dans l'article / dans le micro-trottoir: ___.
> Un aspect de la vie en cité qu'on trouve dans le film mais pas dans l'article / dans le micro-trottoir, c'est (que) ___.
>
> * **illustrer qc** etw. veranschaulichen

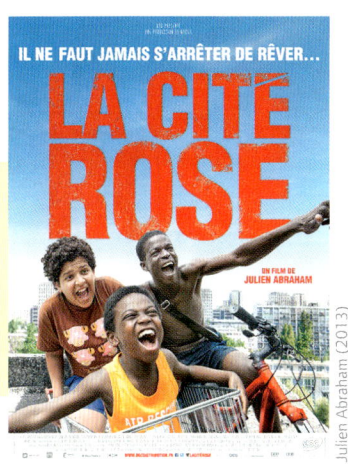

b Faites le portrait d'Isma. ▶ Méthodes, p. 148/21, ▶ Vocabulaire, webcode APLUS-C-140

Objectif langage

Révisions: le conditionnel présent

5 a Lisez cet extrait du roman *Dembo-Story* et décrivez la vie que le narrateur imagine.

> Je rêvais que si j'étais riche, je serais un grand acteur, que je jouerais dans des bêtes de[1] films à Hollywood. Je bougerais[2] de la cité, je ne ferais plus de choses illégales, je serais l'homme le plus honnête[3] du monde. J'aurais tellement[4] d'argent que je n'aurais plus de soucis. Je m'achèterais une bête de villa avec un bête de garage dedans. À l'intérieur[5], il n'y aurait que des bêtes de voitures et,
> 5 devant ma maison, il n'y aurait que des prototypes exposés, des concept-cars. Sur le toit de ma maison, j'aurais mon hélicoptère. J'aurais ma maison de production, et je serais le boss du hip-hop à Paris. Je m'achèterais un bête de bateau, avec une piste d'atterrissage[6] pour poser mon jet privé, je pourrais aller où je veux quand je veux, je serais un vrai bara[7].
>
> 1 **bête de** *hier:* krass   2 **bouger** *ici:* partir   3 **honnête** *adj. m./f.* ehrlich   4 **tellement** *hier:* so viel   5 **à l'intérieur** innen
> 6 **la piste d'atterrissage** die Landebahn   7 **un bara** *fam.* un chef
>
> Extrait de: Dembo-Story, Dembo Goumane / Anne Bormans, Hachette Littératures 2006, p. 36–37

b Trouvez dans l'extrait les formes du conditionnel présent et notez-les. Puis trouvez l'infinitif et la forme du présent qui correspondent. ▶ Pense-bête, p. 217
Exemple: je serais → être → je suis

c Et vous, qu'est-ce que vous feriez si vous étiez riche? Utilisez le conditionnel présent. ▶ Pense-bête, p. 217

Grammaire

6 a Retrouvez dans l'article comment on exprime cela en français. Notez les expressions, puis soulignez les particules de négation. ▶ Texte, p. 18–19 ▶ Grammaire, p. 124/19–126/24
1. Du machst nichts mehr.
2. Ich hatte wirklich keine Ahnung.
3. Ich habe keine Chance.
4. Das ist erst der Anfang.
5. Zwischen Clichy und Paris liegen nur 16 Kilometer.
6. Da gibt es weder RER noch Métro.

vingt et un   21

A MOTS EN CONTEXTE VOLET 1 VOLET 2 VOLET 3 TÂCHES – AU CHOIX POUR ALLER PLUS LOIN

b Le *Dictionnaire du look* présente des looks de jeunes de manière stéréotypée. Décrivez ces looks à votre partenaire (B). Utilisez la restriction avec *ne ... que*.   B ▶ p. 102   ▶ Grammaire, p. 126/24

Le «BCBG», c'est quelqu'un qui _____.

le look BCBG*

habiter / dans les beaux quartiers
porter / des vêtements très classiques
penser / à la réussite sociale
danser / le rock'n'roll

le look Fashionista

se lever / à midi
penser / à son look
porter / des vêtements de marque
lire / des magazines de mode

* **BCBG** bon chic, bon genre

Vocabulaire et expression

7 Décrivez ces personnes à votre partenaire et trouvez les deux personnes que vous avez en commun.
B ▶ p. 102   ▶ Vocabulaire, webcode APLUS-C-140

8 a Traduisez les phrases ci-contre et expliquez la différence entre les expressions *laisser + inf.* et *faire + inf.*

> Normalement, ma mère me **laisse mettre** ce que je veux, même si elle n'aime pas toujours mon look.

> Mais quand nous allons à un mariage, elle me **fait mettre** une chemise. Je déteste ça!

b Trouvez d'autres exemples dans l'article (▶ p. 18–19) et traduisez-les.

c Trouvez les expressions anglaises correspondantes.

d Qu'est-ce que vos parents (ne) vous laissent (pas) faire? Qu'est-ce qu'ils (ne) vous font (pas) faire? Racontez.
▶ Grammaire, p. 116/9

sortir le soir	dépenser mon argent	garder mes frères et sœurs
partir à l'étranger	dormir longtemps	apprendre mon vocabulaire
participer aux tâches ménagères	aller à des manifestations	me coucher tôt/tard
mettre des vêtements _____	choisir librement mon métier	mettre le son moins fort

MOTS EN CONTEXTE VOLET 1 **VOLET 2** VOLET 3 TÂCHES – AU CHOIX POUR ALLER PLUS LOIN **A**

Médiation

9 a En cours d'allemand, vous allez parler du langage familier. Lisez cet article d'encyclopédie et expliquez ce qu'est le verlan à votre prof d'allemand. ▶ Méthodes, p. 150/22

> **verlan** [vɛʁlɑ̃] *nom masculin*
> Jeu de langue qui fonctionne un peu comme un code: il renverse[1] les syllabes[2] d'un mot.
> Exemples français → céfran
> 5   merci → cimer
>
>
>
> D'après le dictionnaire de l'argot (Larousse), le verlan trouverait ses origines vers 1954. Il était alors orthographié «vers-l'en» (= l'envers[3]). Le verlan est devenu très populaire dans les années 70–80, entre autres grâce aux chansons de Renaud et aux bandes dessinées de Frank Margerin. L'arrivée du rap français à la fin des années 80 a véritablement systématisé l'emploi du verlan chez les jeunes avec
> 10 certaines nouveautés comme l'emploi des mots monosyllabiques.
> Exemples femme → meuf
>   pas → ap
>
> Il existe aussi le verlan du verlan.
> Exemple   arabe → beara = beur → reubeu
>
> 15 Souvent, on rajoute une voyelle ou un autre son pour que le mot «sonne» mieux.
> Exemples lourd → relou
>   noir → renoi
>
> Quelquefois aussi, on enlève ou transforme une voyelle.
> Exemples moche → cheum
> 20   métro → trom'
>   n'importe quoi → n'import'nawak
>
> Le verlan, comme d'autres créations du langage, ne plaît pas qu'aux jeunes.
> Les médias, la publicité mais aussi les autres générations utilisent ces nouvelles expressions.
> Exemple   Le nom du chanteur Stromae vient du mot «maestro».
>
> 25 Beaucoup de mots ont une vie très courte. D'autres entrent avec le temps dans le dictionnaire.
> Exemple   zarbi (bizarre)
>
> 1 **renverser qc** etw. umkehren
> 2 **la syllabe** die Silbe
> 3 **l'envers** *m.* die Rückseite, die Umkehrung

CD 1 / 15 **b** Lisez, écoutez et «traduisez» en français standard ce que les personnages disent. ▶ *Keskidi*, p. 19 ▶ Solutions, p. 210

– Ey mon frère, t'es encore là? Tu crois pas qu't'as assez glandé comme-ass? Faut qu'tu te bouges. Tu fais que dalle! Moi, au moins, j'bosse, j'gagne mon fric.
– Wallah, t'es relou!
– Et tes trucs chelou, tu laisses béton. J'ai un pote qui a un job pour toi.
– N'import'nawak!
– Écoute. J'te kiffe trop pour te voir dans la galère comme-ass. Wallah, t'es ma mifa. Demain, 8 h, en bas de chez toi.

MOTS EN CONTEXTE   VOLET 1   VOLET 2   **VOLET 3**   TÂCHES – AU CHOIX   POUR ALLER PLUS LOIN

PLANÈTE ADOS

«Indignez-vous!»

«La pire des attitudes[1] est l'indifférence[2].» C'est Stéphane Hessel qui l'a écrit dans son essai «Indignez-vous[3]!». Et on dirait que vous êtes d'accord avec lui, car vous aussi, de plus en plus, vous regardez autour de vous, vous cherchez des choses que vous trouvez inacceptables et vous agissez. Mais concrètement: Qu'est-ce qui vous indigne? Pour quelles valeurs vous battez-vous? Qu'est-ce que votre engagement vous apporte? Nous avons rencontré quelques jeunes qui nous ont parlé de leur manière de s'engager.

Lucas, 18 ans

Lucas: J'habite à Nice. Tout le monde croit que c'est une ville où il n'y a que des gens riches. Mais à Nice aussi, il y a des pauvres et des SDF[4] qui ont besoin d'aide. Quand on y réfléchit, la situation de ces gens est absurde: ils vivent dans un pays riche et pourtant, ils vivent dans la pauvreté. C'est ça qui me révolte[5] depuis longtemps! Et chaque année, j'achetais l'album des «Enfoirés» pour soutenir[6] l'association des «Restos du Cœur[7]». Mais il y a un an, j'ai entendu parler d'une épicerie[8] solidaire pas loin de chez moi. C'est un magasin où les produits coûtent seulement entre 10% et 30% de leur prix normal (parce que ce sont des dons[9]) et les gens qui n'ont pas beaucoup d'argent peuvent y faire leurs courses comme dans un supermarché normal. J'ai trouvé l'idée géniale et maintenant, j'y travaille comme bénévole[10]. Si j'avais su, j'aurais commencé plus tôt.

Marie, 18 ans

Marie: Quand je vois tous ces gens qui n'arrêtent pas de s'indigner contre tout, je pense que ça doit être fatigant[11] de voir toujours le mauvais côté des choses et de lutter tout le temps … Est-ce qu'on peut être heureux quand on n'est jamais content?
Si je passais mon temps à me battre contre toutes les injustices[12], j'aurais l'impression de rater[13] quelque chose. Moi, j'ai surtout envie d'apprendre à me connaître moi-même et à comprendre les autres. Ça fait déjà beaucoup!

Farid: Je ne me sens pas concerné[14] par la politique parce que je crois que les partis politiques ne s'intéressent pas à mes problèmes. Je préfère agir sur le terrain, même si je ne fais partie d'aucune association. L'année dernière, on a voulu fermer le seul lycée qui existe dans mon quartier. Alors mes copains et moi, nous avons réagi. Avec des sacs poubelle, on a «éteint[15]» tous les lampadaires[16] du

---

1 **l'attitude** f. die Haltung   2 **l'indifférence** f. die Gleichgültigkeit   3 **s'indigner** sich empören   4 **le/la SDF (sans domicile fixe)** der/die Obdachlose   5 **révolter qn** jdn empören   6 **soutenir qc** etw. unterstützen   7 **le cœur** das Herz   8 **l'épicerie** f. das Lebensmittelgeschäft   9 **le don** die Spende   10 **le/la bénévole** der/die ehrenamtliche Helfer/in   11 **fatigant/e** adj. ermüdend   12 **l'injustice** f. die Ungerechtigkeit   13 **rater qc** etw. verpassen   14 **se sentir concerné/e par qc** hier: sich von etw. angesprochen fühlen   15 **éteindre qc** etw. ausschalten   16 **le lampadaire** die Straßenlaterne

Objectif lecture

Préparer la lecture

1 Qui était Stéphane Hessel? Faites une recherche et présentez vos résultats à vos partenaires / à la classe.

– informations générales
– sa jeunesse
– la Seconde Guerre mondiale
– son engagement
– son essai «Indignez-vous!»

Farid, 17 ans

Gontran, 17 ans

quartier pour montrer que fermer le lycée, c'était faire mourir le quartier. Le lendemain, on a ajouté un slogan: «Sans lycée, on n'est pas des lumières[17]!». Puis, on a organisé une manifestation avec tous les élèves, les profs, le principal, les parents et même d'autres habitants du quartier. À la fin, le lycée est resté. Et si on n'avait rien fait, il aurait disparu. On s'est bougés, on a gagné et on est super fiers!

Aline: Ce qui m'indigne, c'est que l'inégalité[18] hommes-femmes existe encore dans notre société. Je ne comprends pas comment c'est possible! Mes parents, par exemple, sont tous les deux avocats[19] et ils rentrent tous les deux tard le soir. Aucune différence, donc. Et pourtant je constate que c'est ma mère qui fait la cuisine, la lessive et tout le reste et que mon père se fait servir et trouve ça normal. À mon avis, les tâches ménagères, ça se partage! «Liberté, ÉGALITÉ, Fraternité[20]!» Ce n'est pas si nouveau! D'ailleurs, c'est aussi pour ça que j'ai manifesté pour «le mariage[21] pour tous»: parce que c'est inacceptable que les homosexuels n'aient pas les mêmes droits[22] que les hétéros. Pour moi, le droit de vivre son amour est un droit universel.

Aline, 16 ans

Gontran: Moi, quand on me dit «engagement», je pense «chaque chose en son temps[23]». C'est peut-être égoïste, mais j'avoue[24] que je préfère d'abord m'occuper de moi: passer mon bac, faire de bonnes études et trouver un bon job. Et quand je gagnerai assez d'argent, je ferai des dons, comme Bill Gates.

Emma: Je suis née dans une famille qui s'est toujours beaucoup engagée. Quand j'étais petite, mes parents participaient à des manifestations et ils m'emmenaient avec eux. Très tôt, j'ai appris qu'il faut se battre pour les choses qui en valent la peine[25]. Aux dernières élections[26], le candidat du Front National[27] est arrivé en première place dans mon quartier. Si seulement j'avais pu voter pour empêcher ça! Je refuse[28] de vivre dans une France des préjugés[29], qui expulse[30] les sans-papiers[31], une France raciste, quoi! Le lendemain des élections, j'ai décidé de devenir membre de l'association «SOS Racisme» et depuis, je suis militante, je distribue des tracts[32] et je participe aux actions que l'association organise dans les écoles de ma ville. Je n'ai pas envie de me demander plus tard: «Et si je m'étais engagée, est-ce que ça aurait changé quelque chose?»

Emma, 16 ans

17 la lumière das Licht; être une lumière *fam.* helle sein   **18** l'inégalité *f.* die Ungleichheit   **19** l'avocat/e der Anwalt / die Anwältin   **20** «Liberté, Égalité, Fraternité» „Freiheit, Gleichheit, Brüderlichkeit" ▶ Civilisation, p. 163   **21** le mariage die Ehe   **22** le droit das Recht   **23** chaque chose en son temps alles zu seiner Zeit   **24** avouer qc etw. zugeben   **25** valoir la peine sich lohnen   **26** l'élection *f.* die Wahl   **27** le Front National rechtsextreme Partei in Frankreich ▶ Civilisation, p. 163   **28** refuser qc sich weigern etwas zu tun   **29** le préjugé das Vorurteil   **30** expulser qn jdn abschieben   **31** le/la sans-papiers der/die illegale Einwanderer/-in   **32** distribuer des tracts Flugblätter verteilen

Compréhension écrite, analyse et commentaire

2 Lisez l'article, puis retrouvez quel slogan correspond à quel jeune. Il y a un slogan en trop.

Priorité à l'éducation!   Pour une France ouverte!

L'égalité, ça ne m'est pas égal!   Comprendre son voisin, c'est le début d'un monde meilleur.

Nous n'avons qu'une Terre, respectons-la!   Toi qui manges bien, pense aux gens qui ont faim …

D'abord réussir, pour ensuite soutenir!

A MOTS EN CONTEXTE VOLET 1 VOLET 2 **VOLET 3** TÂCHES – AU CHOIX POUR ALLER PLUS LOIN

3 Comparez ce que disent les jeunes interviewés (points communs, différences). ▶ p. 105

4 a Trouvez le passage de l'article dans lequel vous vous reconnaissez le plus et le passage dans lequel vous vous reconnaissez le moins. Expliquez-les et justifiez votre choix.

b Et vous, qu'est-ce qui vous indigne? Discutez.

> Ce qui m'indigne, ce sont les gens qui _____.
> Ce que je trouve _____, ce sont les situations où _____.
> c'est quand _____.

Objectif langage

Vocabulaire et expression

5 Trouvez dans l'article les mots et les expressions avec lesquels les jeunes parlent de leur engagement. Puis, complétez cette liste par d'autres mots et expressions utiles. ▶ Texte, p. 24–25 ▶ Dictionnaire

injustices	→	*réactions*	→	*actions*	→	*valeurs/buts*
– l'inégalité		– ce qui m'indigne		– distribuer des tracts		– l'égalité
				– …		– …

Production orale

6 a Faites une recherche sur les associations suivantes, puis présentez vos résultats à votre partenaire. B ▶ p. 102

Les Restos du Cœur   S.O.S. Racisme   Collectif Éthique sur l'étiquette

Nom de l'association: _____
Domaine: _____
Fondée en/par: _____
Lutte contre/But: _____
Actions: _____
Autres infos: _____

b Laquelle de ces associations vous intéresse le plus? Expliquez votre choix.

Grammaire

7 a Regardez les deux dessins et lisez les bulles. Quelle bulle correspond à quel dessin? Justifiez votre réponse.

1 S'il y **avait** 10 000 personnes à la manifestation, le gouvernement **changerait** peut-être d'avis.

2 S'il y **avait eu** 10 000 personnes à la manifestation, le gouvernement **aurait** peut-être **changé** d'avis.

b Déterminez les formes verbales dans les phrases de a.

| imparfait | plus-que-parfait | conditionnel présent | conditionnel passé |

| MOTS EN CONTEXTE | VOLET 1 | VOLET 2 | **VOLET 3** | TÂCHES – AU CHOIX | POUR ALLER PLUS LOIN | **A** |

c Qu'est-ce qui serait arrivé si …? Formez des phrases. Utilisez le conditionnel passé. ▶ Grammaire, p. 122/17–123/18

Exemple :   Si j'étais allée à la fête de Jonathan, j'aurais rencontré ses copains musiciens. /
Si je n'étais pas allée à la fête de Jonathan, je n'aurais pas rencontré ses copains musiciens.

aller à la fête de _____ / *rencontrer* _____   *partir* à l'étranger / *apprendre* _____
passer le week-end avec _____ / *s'amuser*   *avoir* cent euros / *acheter* _____

Médiation

8 Votre corres français/e veut faire des études de photographie et profite de chaque occasion pour s'améliorer. Par mail, vous lui donnez des informations sur le concours dont il est question dans ce flyer. ▶ Méthodes, p. 150/22

GEGEN ALLTAGS-RASSISMUS

Fotowettbewerb von In Bewegung e. V.:
Leider stößt man im Schulalltag noch viel zu oft auf rassistische Ausgrenzung und Diskriminierung, deshalb fordern wir euch auf aktiv zu werden.
Wir möchten gemeinsam auf alltäglichen Rassismus in unserer Gesellschaft aufmerksam machen und zu einem respektvollen Miteinander beitragen.
Um dieses Ziel zu erreichen, rufen wir euch dazu auf, durch verschiedenste Fotografietechniken auf die folgenden Fragen eine Antwort zu geben:
- Wo und in welchen Formen begegnet euch Rassismus?
- Was ist Rassismus und Ausgrenzung für euch?
- Wie beeinflusst euch Rassismus?
- Wie reagiert ihr auf Rassismus und was unternehmt ihr dagegen?

Es ist euch überlassen, ob ihr das Thema abstrakt darstellt, Alltagssituationen dokumentiert oder Bilder von eigenen Aktionen macht. Ihr könnt gerne auch Fotos von Plakatentwürfen oder künstlerischen Arbeiten (z. B. von Gemälden, Collagen oder Installationen) einreichen.
Sendet die Bilder bitte per Mail als .jpg oder .pdf Datei an: info@inbewegung-jugend.de (Betreff: „Fotowettbewerb")

EMPÖRT EUCH, ENGAGIERT EUCH!

Einsendeschluss ist der 30. November.
Die öffentliche Preisverleihung findet nächstes Jahr am 21. März in Berlin statt. Die Gewinner werden in zwei Altersgruppen (Kl. 5–9 und 10–13) gekürt.

Weitere Informationen zu unserem Wettbewerb findet ihr auf unserer Homepage: **www.inbewegung-jugend.de**

Compréhension orale

9 a Un groupe d'amis a lu l'essai *Indignez-vous!* de Stéphane Hessel et en discute. Écoutez leur discussion et retrouvez les aspects dont ils parlent. ▶ Méthodes, p. 141/3

les jeunes, des égoïstes?   lutter sans violence   un livre pour les adultes de demain

se battre contre la pauvreté   chercher les injustices   la jeunesse de Stéphane Hessel

les préjugés cachés   agir par des petites choses

b Réécoutez la discussion. Notez ce qui a convaincu les jeunes / ce qu'ils critiquent dans l'essai de Hessel.

10 a Qui est le groupe Les Enfoirés? Que font-ils? Faites une recherche.

b À l'aide de vos résultats de **a**, formulez des hypothèses sur le contenu de la chanson *Encore un autre hiver* des Enfoirés. Puis, écoutez la chanson, lisez les paroles (▶ p. 207) et vérifiez vos hypothèses.

c Qu'est-ce que les Enfoirés critiquent dans leur chanson? ▶ Méthodes, p. 144/12

d « Il était un pays […] mon beau pays de France » (l. 21–24). Expliquez ce passage. ▶ Méthodes, p. 152/24.3

| A | MOTS EN CONTEXTE | VOLET 1 | VOLET 2 | VOLET 3 | **TÂCHES – AU CHOIX** | POUR ALLER PLUS LOIN |

A Choisissez un personnage de film ou de série télé et faites-en le portrait. Vous pouvez aussi travailler en groupe sur plusieurs personnages de la même série télé / du même film. Vous pouvez aussi imaginer un personnage. ▶ Méthodes, p. 148/21 ▶ Mots en contexte, p. 10–11 ▶ Exercice, p. 26/5 ▶ Vocabulaire, webcode APLUS-C-140
Écrivez un texte d'environ 400 mots et tenez compte des aspects suivants:

– Sa famille:
  - prénom, nom, âge
  - origine
  - famille

– Son style de vie:
  - milieu social
  - musique
  - quartier
  - activités
  - école
  - façon de parler
  - clubs
  - idoles
  - amis
  - valeurs
  - look

– Son avenir:
  - projets
  - rêves
  - bonheur
  - métier

– Sa vision du monde[1]:
  - société
  - engagement
  - devise[2]

1 la vision du monde das Weltbild
2 la devise das Motto

B En cours de français, vous avez décidé de participer à un concours de courts-métrages qui s'intitule «Être jeune en Allemagne». Voici l'appel à candidature:

– **Sujet:** Comment vous voyez-vous, les jeunes?
  votre vie   votre identité   vos priorités   vos valeurs   vos rêves   vos héros
– **Durée:** entre 2 et 3 minutes
– **Langue:** français
– **Idées de montage:** photos, musique, animations etc.

1. Travaillez en groupe et complétez d'abord l'associogramme.
   ▶ Mots en contexte, p. 10–11
   ▶ Exercice, p. 26/5
   ▶ Vocabulaire, webcode APLUS-C-140

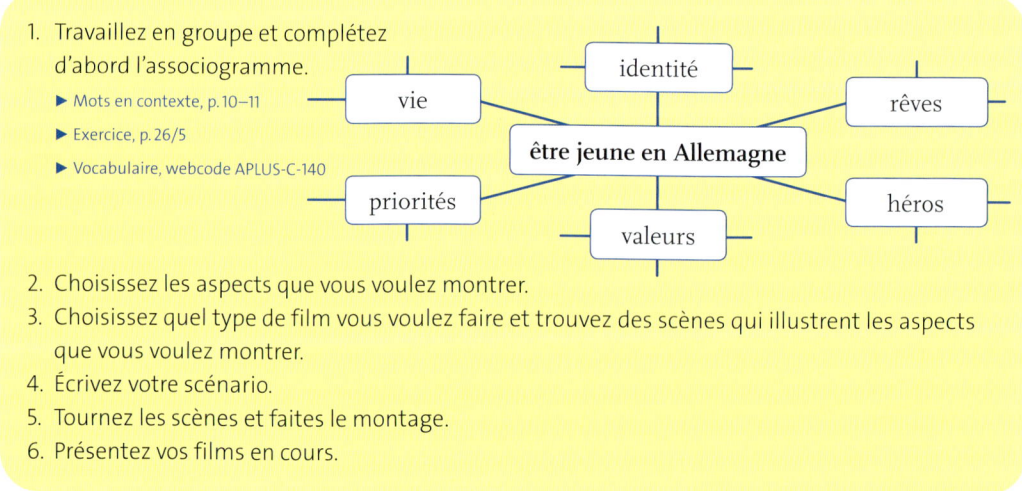

être jeune en Allemagne: vie, identité, rêves, héros, valeurs, priorités

2. Choisissez les aspects que vous voulez montrer.
3. Choisissez quel type de film vous voulez faire et trouvez des scènes qui illustrent les aspects que vous voulez montrer.
4. Écrivez votre scénario.
5. Tournez les scènes et faites le montage.
6. Présentez vos films en cours.

Les films, lectures et chansons présentés sur cette page vous permettront d'approfondir les thèmes abordés dans ce dossier.

Films et séries

Gabriel Julien-Laferrière: Neuilly sa mère (2009)

Samy, 14 ans, vit avec sa mère dans une cité en province. Un jour, il est obligé de s'installer chez sa tante dans un beau quartier chic, au bord de Paris et découvre un style de vie totalement différent …

G. Nakache / H. Mimran: Tout ce qui brille (2010)

Ely et Lila sont comme deux sœurs. Elles vivent dans la même banlieue, à dix minutes de Paris, elles se connaissent depuis l'enfance et partagent tout. Un jour, elles décident qu'elles en ont assez de vivre «loin» de Paris …

J. B. Soussan / Nath Dumont: Soda (2011)

Cette série humoristique raconte les aventures d'Adam (joué par Kev Adams) et de ses meilleurs amis Slimane et Ludovic. Élèves peu motivés, ils passent leur temps à draguer les filles, sans trop réussir pour autant …

Romans et nouvelles

Frédérique Niobey: No photo, no safari

François, un ado français, passe ses vacances à Berlin et y rencontre la franco-allemande Léna. Elle habite une roulotte dans un squat et elle est très différente de toutes les autres filles que François connaît. Lorsqu'il poste une photo de Léna sur son blog, les réactions ne se font pas attendre …

Brigitte Smadja: Il faut sauver Saïd

Lorsqu'il entre au collège Camille-Claudel, Saïd n'en croit pas ses yeux: personne ne travaille, la violence et le racket sont quotidiens, son cousin Tarek est le chef d'une bande de voyous et les professeurs n'ont aucune autorité. Comment faire pour s'en sortir?

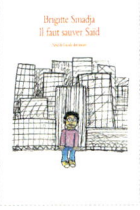

Jean-Philippe Blondel: Un endroit pour vivre

Le nouveau proviseur du lycée a décidé d'introduire un nouveau règlement qui s'organise autour de trois mots-clés: travail, discipline et correction. Indigné, un adolescent bon élève, timide et sans histoires décide d'agir, à sa manière …

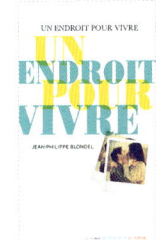

Chansons et slams

Grand Corps Malade: Je viens de là

Grand Corps Malade vient du Blanc-Mesnil, en Seine-Saint-Denis. Dans ce slam, il décrit cette banlieue comme un endroit où la vie est difficile et riche à la fois.

Sexion D'Assaut: Ma Direction

Dans cette chanson, les rappeurs de Sexion d'Assaut rappellent que dans la vie, il ne faut pas se laisser décourager, mais se battre pour arriver à ce qu'on veut.

Bandes dessinées

Violaine Leroy: La rue des autres

Sacha vit seule. Un jour, un SDF en fauteuil roulant se met à lui parler et à lui raconter sa vie, mais aussi la vie des gens qui habitent le quartier. Sacha va prendre plaisir à cette compagnie qui la fait rêver et lui fait voir différemment les gens qu'elle croise quotidiennement.

Bruno Dequier: Louca

Louca, un ado paresseux, peu doué et maladroit, veut changer: il veut enfin réussir à l'école et devenir une star au foot. Mais ce n'est pas si facile de tout changer d'un jour à l'autre! Heureusement, un certain Nathan lui propose son aide: beau garçon, super doué au foot, intelligent … Ce que Louca ne comprend pas tout de suite: Nathan est un fantôme …

Dossier B   Visages du Maroc

PF   Tâches – au choix

A   écrire un texte créatif à partir d'une photo
B   proposer un itinéraire de voyage au Maroc

Compétences communicatives

- parler de ses expériences de voyage (▶ V1)
- parler de la géographie, de l'Histoire et de la culture d'un pays (▶ MEC, V1)
- exprimer que deux actions ou deux évènements se succèdent / se précèdent (▶ V1)
- prendre position sur un sujet (▶ V2, V3)
- justifier son opinion (▶ V2, V3)

Grammaire en contexte

- *après avoir/être* + participe passé
- *sans* + inf.   ▶ Grammaire, p. 115/8
- les pronoms possessifs (*le mien, la mienne* etc.)
- comprendre le passif
- comprendre le passé simple
- comprendre le participe présent
- le verbe *interrompre*   ▶ Verbes, p. 132–139

Compétences interculturelles

- le Maroc: géographie, Histoire et culture
- le Marathon des Sables

Méthodes et stratégies

- écrire un commentaire personnel
- analyser une séquence de film

Casablanca: le centre-ville

Marrakech: la place Djemaa El Fna

les Touaregs dans le désert

1   Retrouvez les villes, les montagnes et les régions représentées sur les photos sur la carte du Maroc au début du livre.

Rabat: le musée Mohammed VI

un village berbère dans la vallée du Souss

une coopérative de femmes à Aït Baha près d'Agadir

l'Atlas: des montagnes et des vallées vertes

le souk de Casablanca

2 a Décrivez les photos et dites quelles impressions du Maroc elles vous donnent. ▶ Méthodes, p. 153/26

b Imaginez que vous allez au Maroc. Qu'est-ce que vous voudriez voir et faire? Expliquez votre choix.

Le Maroc en quelques mots

Le Maroc, ou plus exactement le royaume du Maroc, est un pays d'Afrique du Nord. Il fait partie du territoire qui se trouve dans le nord-ouest de l'Afrique et qu'on appelle le Maghreb. Les Berbères étaient les habitants du Maghreb avant l'arrivée des Arabes dans cette région au VIIe siècle.

Géographie

Les paysages du Maroc sont d'une grande diversité: mer, plaines, désert et montagnes. La plus importante chaîne de montagnes est l'Atlas qui traverse le Maroc d'est en ouest.

Dans le nord du pays, la côte marocaine longe la mer Méditerranée. Sur la côte ouest, qui longe l'océan Atlantique, se trouve Rabat, la capitale politique du pays. Mais la grande métropole marocaine est Casablanca avec ses cinq millions d'habitants. C'est la capitale industrielle et économique du pays. Elle joue aussi un rôle culturel important, avec ses nombreux festivals. La première ville touristique du pays est Marrakech. C'est une ville impériale dont la médina forme le centre historique. Des milliers d'artisans y travaillent, et les touristes aiment se perdre dans les souks et y marchander.

Au sud-ouest de Marrakech se trouve la vallée fertile du Souss. Là, on cultive des oranges et des clémentines. C'est aussi la région dans laquelle on produit l'huile d'argan. Tout au sud, c'est le désert du Sahara qui commence, avec ses oasis et ses dunes impressionnantes.

Société

Le Maroc compte 33 millions d'habitants environ. C'est la diversité qui caractérise la population marocaine: elle est composée d'Arabes (60 %), de Berbères (près de 40 %) et aussi d'une minorité européenne. Quelques tribus nomades (les Touaregs) existent encore dans le désert du Sahara. 60 % de la population vit en ville.

L'arabe n'est plus la seule langue officielle du pays. 40 % de la population parle le berbère, qui est la langue des habitants des montagnes. C'est seulement en juillet 2011 que la loi reconnaît officiellement cette langue au Maroc.

De 1912 à 1956, le Maroc a été un protectorat français. Cela explique la place importante du français aujourd'hui encore: environ un tiers des Marocains le parle. On utilise cette langue dans les administrations, dans l'enseignement privé et dans les universités.

La majorité des Marocains est de confession musulmane.

Après son arrivée au pouvoir en 1999, le roi Mohammed VI a engagé des réformes pour plus de démocratie, de justice sociale et de liberté. Grâce à ces réformes, les femmes marocaines ont plus de droits. Le mariage avant 18 ans est interdit. Les femmes peuvent demander le divorce et on les encourage aussi à travailler pour devenir plus indépendantes.

L'éducation est une autre priorité politique. Il s'agit à la fois de lutter contre l'analphabétisme et de réduire la grande pauvreté.

Pour la modernisation de son pays, Mohammed VI a engagé une politique de grands travaux: construire une ligne TGV entre Tanger et Casablanca, ou encore installer des tramways dans les villes. Mais les moyens de transport traditionnels – le car et le taxi – n'ont pas disparu pour autant.

MOTS EN CONTEXTE

VOLET 1 VOLET 2 VOLET 3 TÂCHES – AU CHOIX POUR ALLER PLUS LOIN   **B**

1 a Faites une fiche d'identité du Maroc.

b À l'aide du texte, trouvez encore d'autres catégories pour votre fiche et complétez-la.

c Avec les informations du texte, préparez un quiz sur le Maroc pour vos partenaires.

> Comment est-ce qu'on appelle ____ ?   Quand ____ ?
> Où se trouve ____ ?   Combien de ____ ?
> Quel/Quelle/Quels/Quelles ____ ?   Qui ____ ?

Pays: *le Maroc*
Continent: ?
Région: ?
Habitants: ?
Capitale: ?
Roi: ?
____ : ?

2 a Retrouvez dans le texte les adjectifs de la même famille que les noms ci-dessous.
Exemple: la politique – politique

> la politique   l'industrie *f.*   l'économie *f.*   la culture   l'importance *f.*
> le nombre   le tourisme   l'empire *m.*   l'Histoire *f.*   la fertilité   l'impression *f.*   l'Europe *f.*
> la société   l'indépendance *f.*   la tradition

b Utilisez chaque adjectif dans une phrase d'exemple.
Exemple: Bonn a été la capitale politique de l'Allemagne de 1949 à 1990.

3 Lisez les phrases ci-dessous et complétez-les par des mots ou expressions surlignés du texte.
1. Le Maroc ? territoire qu'on appelle le Maghreb. (zu etw. gehören)
2. Le Maroc ? : l'arabe et le berbère. (zwei offizielle Sprachen anerkennen)
3. ? la ligne TGV, le voyage en train de Tanger à Casablanca ne durera qu'une heure et demie. (dank)
4. Est-ce que les femmes peuvent ? dans tous les pays du monde? (die Scheidung verlangen)
5. Au Maroc, les femmes qui travaillent ? sont de plus en plus ?. (um unabhängig zu werden; zahlreich)
6. «Tigresse Flow» est le premier groupe de rap marocain féminin: il ? de trois jeunes femmes de Casablanca. (zusammengesetzt sein)
7. Leur succès les ? à continuer. (ermutigen)

4 a Choisissez cinq mots du texte et donnez-en une définition. ▶ Méthodes, p. 157/30
Exemple: C'est un endroit dans le désert où il y a de l'eau.

> C'est | le contraire de ____.
> un synonyme de ____.
> un endroit / là où ____.
> quelqu'un qui ____.
> quelque chose qui sert à ____.

b Lisez vos définitions aux autres. Ils doivent retrouver les mots définis.

5 La chaîne TV 5 va bientôt proposer un reportage sur le Maroc. À l'aide des informations du texte que vous trouvez intéressantes et importantes, rédigez une annonce (80–120 mots) pour le programme télé pour donner envie aux téléspectateurs de regarder ce reportage.

Le Maroc, pays aux multiples facettes. Dans ce reportage, nous vous emmenons …

trente-trois 33

À la découverte du Maroc: Carnet de voyage

Je m'appelle Luc Pernel. Ma passion, c'est voyager dans le monde. Cette fois, je vous emmène au Maroc. C'est un pays magnifique que je voudrais vous faire découvrir!

Jour 1 Ça y est! Il est un peu avant midi quand j'arrive à Casa¹. Usman, qui était assis à côté de moi dans l'avion, retrouve sa famille – nombreuse²! – à l'aéroport. Elle est venue le chercher en voiture, et Usman me propose alors de m'emmener en ville. J'accepte tout de suite. La voiture est beaucoup trop petite pour huit personnes. Mais personne ne râle, l'ambiance est même super sympa.

Nous ne prenons pas le chemin le plus court³ pour aller dans le centre-ville parce qu'Usman veut absolument me montrer les coins de Casa qu'il préfère. Alors nous longeons la côte, au bord de l'océan Atlantique.

«Ici, on passe devant la Corniche⁴», dit Usman. «C'est là qu'on trouve les cafés et les boîtes de nuit. C'est le coin des touristes, mais aussi des familles et des jeunes Marocains branchés. Si tu aimes sortir et faire la fête, la Corniche, c'est là où tu dois aller.»

«Et regarde là-bas, c'est le Morocco Mall qui est le plus grand centre commercial de toute l'Afrique. Et bientôt, Casa aura aussi son quartier d'affaires international⁵», dit-il fièrement.

Mais ce ne sont pas les coins modernes de la ville qui me frappent⁶ le plus, ce sont plutôt les belles villas blanches qui datent⁷ des années 1930: je les trouve magnifiques.

Nous passons ensuite devant la grande mosquée de Casablanca, devant des parcs, et puis nous arrivons au célèbre boulevard Mohammed V.

«Ce boulevard a toujours été animé. Mais maintenant, il y a moins de voitures parce qu'on a construit une ligne de tramway. Toutes les villes modernes ont un tramway, et depuis 2012, Casa aussi a le sien. C'est vraiment la ville la plus moderne du Maroc», répète Usman fièrement. Avant de me dire au revoir, Usman me donne l'adresse de Lounis, un de ses amis qui vit à Casa. Lounis connaît très bien les montagnes de l'Atlas, et il pourra être mon guide.

Jour 2 Lounis habite avec sa famille dans le quartier des Habbous, qui est un immense labyrinthe de souks avec un tas de petites boutiques. J'admire les tapis⁸, les foulards⁹ et les bijoux¹⁰. Une femme essaie de me vendre des poteries, mais cela ne m'intéresse pas. Je préfère des babouches en cuir¹¹, et je les achète … sans marchander. Lounis sourit, et me dit: «La prochaine fois, je te montrerai comment il faut faire.»

Lounis et moi, nous nous sommes tout de suite bien entendus. C'est avec lui que je vais découvrir le sud du Maroc.

Jour 3 Notre première étape est Marrakech. Nous n'y restons qu'une demi-journée. J'aurai le temps de visiter cette ville après notre voyage dans l'Atlas. Lounis m'emmène tout de suite vers la célèbre place Djemaa El Fna. La place est animée avec ses marchands en djellaba, ses musiciens, ses danseurs, ses charmeurs de serpents¹², ou encore ses dresseurs de singes. Des hommes racontent des histoires. Les uns parlent en arabe, les autres en berbère. Heureusement, Lounis, qui parle les deux langues, est là pour tout me traduire. L'ambiance fantastique sur cette place fait la joie¹³ des touristes, des Marocains et… la mienne aussi!

---

1 **Casa** Casablanca 2 **la famille nombreuse** die große/kinderreiche Familie 3 **court/e** *adj.* ≠ long/longue 4 **la Corniche** die Küstenstraße 5 **le quartier d'affaires international** das internationale Geschäftsviertel 6 **frapper qn** *hier:* jdn beeindrucken, erstaunen 7 **dater de** existieren seit 8 **le tapis** der Teppich 9 **le foulard** das Hals-/Kopftuch 10 **les bijoux** *m. pl.* die Schmuckstücke 11 **la babouche en cuir** die Lederpantoffel 12 **le charmeur de serpent** der Schlangenbeschwörer 13 **faire la joie de qn** jdn erfreuen

| MOTS EN CONTEXTE | **VOLET 1** | VOLET 2 | VOLET 3 | TÂCHES – AU CHOIX | POUR ALLER PLUS LOIN | **B** |

Jour 4 Après avoir passé une belle soirée à Marrakech, Lounis et moi continuons notre voyage. Nous roulons vers le sud. Nous longeons les montagnes et traversons les vallées du Haut-Atlas. Lounis m'explique que c'est là que les habitants berbères cultivent[14] leurs vergers[15] et leurs jardins. Chaque mètre carré de terre compte pour leur nourriture[16] et pour gagner un peu d'argent. La route étroite[17] me fait parfois peur, surtout quand une voiture arrive en face de nous. J'ai toujours l'impression qu'il n'y a pas assez de place pour deux voitures. Heureusement, Lounis reste toujours calme, et tout se passe bien.

L'ambiance change. À la place des villes du nord, nous découvrons des plaines multicolores. Et en arrière-plan de ce paysage magnifique, il y a les montagnes de l'Atlas.

«C'est beau, n'est-ce pas? dit Lounis.

– Oui, c'est impressionnant. Un jour, j'aimerais bien partir en randonnée dans l'Atlas. C'est possible?

– Bien sûr! Tu peux partir à pied ou en VTT. Les touristes montent parfois à plus de 2 000 mètres d'altitude. Et en hiver, on peut même faire du ski.»

Nous nous arrêtons dans le petit village berbère de Douar Jdida. À notre arrivée, les enfants courent vers notre voiture. Ils sont timides et curieux à la fois. Les maisons en pierre y sont traditionnelles, mais ce qui me frappe, ce sont les nombreuses antennes satellites[18]. Et moi qui pensais que les Berbères vivaient sans électricité!

Lounis rigole: «Eh oui! Les Berbères ont un mode de vie[19] traditionnel. Mais ne crois surtout pas qu'ils n'ont pas de contacts avec le monde moderne. Moi aussi, je viens d'un village berbère. Maintenant, ma vie est à Casa. Et là-bas, personne ne fait la différence entre les Berbères des villages et les Arabes des villes!»

Lounis demande à un habitant du village où nous pouvons passer la nuit. Ameir nous propose une chambre chez lui. C'est une pièce[20] vide avec seulement des tapis et des coussins[21] où nous pouvons nous installer. Puis, Ameir nous invite à prendre un thé à la menthe. Sa femme prépare alors un repas qu'il ne serait pas poli[22] de refuser. Nous mangeons un tajine de poulet aux légumes, du couscous, des gâteaux au miel. Un vrai régal[23]! La famille d'Ameir n'est sûrement pas riche et leur invitation me touche[24] beaucoup.

Jour 5 Après être partis de Douar Jdida, nous traversons la région du Souss où poussent des arbres que je ne connaissais pas. «Ce sont des arganiers. On en trouve seulement au Maroc. On utilise les fruits pour faire l'huile d'argan», m'explique Lounis. Il m'emmène alors visiter une coopérative d'huile d'argan où travaillent seulement des femmes.

«Cette coopérative est un bel exemple de la politique de réforme marocaine. Avant, les femmes berbères travaillaient ici sans électricité. Maintenant, elles ont des machines modernes qui leur permettent de travailler plus vite. Depuis toujours, elles fabriquent des produits de qualité. Mais aujourd'hui, elles en fabriquent assez pour pouvoir aussi les vendre dans les grandes villes comme Marrakech, et même dans plusieurs pays étrangers. Depuis 2011, on encourage les femmes berbères à travailler et à gagner de l'argent pour qu'elles s'émancipent et soient plus indépendantes. Et ça marche!»

Jour 6 Aujourd'hui, Lounis me propose de faire un tour au bord de la mer : «On pourrait aller à Taghazout. C'est l'endroit idéal pour faire du surf. Ça te dit?» C'est une super idée, et j'accepte avec joie!

14 **cultiver qc** etw. anbauen   15 **le verger** der Obstgarten   16 **la nourriture** die Nahrung   17 **étroit/e** adj. eng
18 **l'antenne satellite** f. die Satellitenschüssel   19 **le mode de vie** die Lebensweise   20 **la pièce** der Raum, das Zimmer
21 **le coussin** das Kissen   22 **poli/e** adj. höflich   23 **le régal** die Köstlichkeit   24 **toucher qn** hier: jdn rühren

Objectif lecture

Compréhension écrite, analyse et commentaire

1 a Faites une lecture rapide du carnet de Luc Pernel et faites une liste des étapes principales de son voyage.

b Choisissez une des étapes de votre liste et relevez dans le texte toutes les informations qui s'y rapportent. Puis, mettez en commun vos informations.

B MOTS EN CONTEXTE — VOLET 1 — VOLET 2 — VOLET 3 — TÂCHES – AU CHOIX — POUR ALLER PLUS LOIN

2 a Trouvez les passages dans le texte qui montrent:
- ce qui plaît à Luc,
- ce qui l'étonne,
- ce qu'il trouve intéressant
- et ce qu'il apprend de nouveau pendant son voyage.

b Pendant quel(s) moment(s) du voyage auriez-vous aimé être avec Luc? Justifiez votre réponse.

3 Commentez la façon de voyager de Luc et dites quelle est pour vous la meilleure façon de voyager.

Objectif langage

Vocabulaire et expression

4 a Trouvez dans le carnet de voyage de Luc l'équivalent français des mots composés allemands ci-dessous. Expliquez la différence entre l'allemand et le français.

der Schlangenbeschwörer   der Dorfbewohner

der Honigkuchen   der Quadratmeter   die Satellitenantenne

b Trouvez d'autres mots composés dans le texte, notez-les dans un tableau et expliquez les différentes façons de former des mots composés en français.

Révisions: l'ordre des mots dans la phrase

5 Retrouvez l'ordre des mots dans les phrases en utilisant tous les mots donnés. ▶ Grammaire, p. 113/5, 124/19–21

A
1. Usman – l' – avait – m' – d'un de ses amis – adresse – donné – qui vit à Casa
2. Malheureusement – je – la maison – n' – pas – ai – trouvé – tout de suite
3. J' – un jeune homme – demandé – à – ai – de – aider – m'
4. Il – la – a – maison – dans – une petite rue – montré – m'
5. C' – maison – est – une – vieille – blanche – pierre – en

B
1. Chez – personne – connaît – ne – nous – l'arganier
2. On – Maroc – en – au – trouve – seulement
3. Dans une coopérative – comment – l'huile d'argan – nous – expliqué – ont – les femmes – produit – on

C
1. Après avoir passé – au bord de – Luc – à – une journée – Marrakech – la mer – revient
2. C'est – nombreux – un – rôle – festivals – une – culturel – important – belle – grâce à – ville – qui – ses – joue
3. Chaque – visitent – touristes – la – année – des milliers de – et aiment – dans – perdre – les – se – souks
4. L' – Marocains – fait – des touristes – célèbre – ambiance – place Djemaa El Fna – la – la – et des – joie – sur

MOTS EN CONTEXTE | **VOLET 1** | VOLET 2 VOLET 3 TÂCHES – AU CHOIX POUR ALLER PLUS LOIN **B**

Grammaire

6 Remplacez les mots soulignés par des pronoms possessifs. ▶ Grammaire, p. 114/6
1. Vous êtes sûr que c'est votre sac? Je crois que c'est mon sac.
2. Comme mon portable ne marche plus, Lounis m'a donné son portable.
3. Lounis, j'ai déjà mis mes affaires dans la voiture. Tes affaires sont encore dans la chambre.
4. Mon plat préféré, c'est le tajine de poulet aux légumes. Et ton plat préféré?
5. Dans la maison d'Ameir, il y a trois pièces. Notre pièce est la plus grande.
6. Il y a beaucoup d'arganiers au Maroc, mais nos arganiers sont les plus beaux!

7 Qu'est-ce que les jeunes ont fait après? Continuez et utilisez après avoir/être + *participe passé*. ▶ Grammaire, p. 115/8
Exemple: Après avoir passé une nuit chez Ameir, Lounis et Luc sont partis de Douar Jdida.

1. **Lounis et Luc:**
   passer une nuit chez Ameir → partir de Douar Jdida → traverser le Souss → visiter une coopérative d'huile d'argan → faire un tour à la mer

   > Accord du participe après le verbe *être*:
   > Après **être** arrivée, **elle** appelle son copain.
   > Après **être** arrivés, **ils** sont allés au restaurant.

2. **Maya et Sofia:**
   traverser la place Djemaa El Fna → prendre un thé à la menthe → se reposer dans le jardin de l'hôtel → aller dans les souks → retourner à l'hôtel

3. **Laïla:**
   appeler sa copine → sortir de l'hôtel → se promener dans les rues → entrer dans un café → appeler sa copine encore une fois

Recherche

 8 Travaillez en groupes et répartissez-vous le travail. Trouvez où et quand ont lieu les manifestations* suivantes et de quoi il s'agit. Puis, informez vos partenaires, expliquez-leur en quoi elles sont intéressantes.
▶ Méthodes, p. 142/7

* la manifestation *hier*: die Veranstaltung

Manifestations à ne pas rater au Maroc

le festival Gnaoua
la fête de la jeunesse marocaine
le moussem des roses
le festival «L'Boulevard»
le Marrakech du rire
le festival Timitar
le FIFM
le festival Mawazine
le festival «On marche»
«Tanjazz»
le salon international de l'édition et du livre
le festival international de la danse expressive

Médiation

9 Votre copain français, qui est fan de cinéma, va faire un voyage au Maroc et cherche des bons plans (endroits à visiter, hébergement etc.). À l'appui de cet article, écrivez-lui un mail pour lui conseiller la visite de Ouarzazate.

Ein Paradies für Regisseure

Der Süden Marokkos zieht Regisseure aus der ganzen Welt an, und das hat gleich mehrere Gründe: die faszinierende Landschaft, das Licht (hier scheint 300 Tage im Jahr die Sonne) und die günstigen Arbeitskräfte. Viele Kulturstätten der Region, z. B. Ksar Aït-Ben-Haddou am Fluss Asif Mellah oder die Kasbah Taourirt in Ouarzazate, haben schon als Kulisse für zahlreiche Filme gedient, z. B. „Lawrence von Arabien" (1962), „Game of Thrones" (2012) oder „Der Medicus" (2013), um nur einige zu nennen. Dass gerade Ouarzazate als das Zentrum der marokkanischen Filmindustrie gilt, verdankt die Stadt in erster Linie den Atlas Corporation Studios (kurz: Atlas Studios), den berühmtesten Filmstudios Marokkos.

Wie alles begann

1983 kaufte der marokkanische Unternehmer Mohamed Belghmi 650 Hektar Land am nordwestlichen Stadtrand von Ouarzazate und gründete dort die Atlas Studios, die ersten dauerhaft betriebenen Filmstudios Marokkos. Heute befinden sich zahlreiche Film- und Tonstudios auf dem Gelände. Aus diesem Grund nennt man Ouarzazate auch das „Hollywood Marokkos" oder kurz: „Mollywood".

Filmkulissen zum Anfassen

Wenn nicht gerade gedreht wird, können die Studios besichtigt werden. Zu sehen sind z. B. das tibetische Mönchskloster aus „Kundun", der F16-Kampfjet aus „Auf der Jagd nach dem Juwel vom Nil" oder der ägyptische Tempel aus der deutsch-französischen Produktion „Asterix & Obelix: Mission Kleopatra". Dabei offenbart sich dem Besucher, dass das im Film meterdick wirkende Gemäuer in Wirklichkeit kaum dicker als ein Zentimeter ist, und keineswegs aus Stein, oder dass anstatt teurer Sportwagen hohle Attrappen verwendet werden. Doch die leise Enttäuschung weicht bald der Begeisterung, mit welcher Meisterschaft Filmemacher und ihre Teams aus ein bisschen Gips und Styropor handfeste Illusionen schaffen können. Verblüffend!

Compréhension audiovisuelle

DVD **10 a** Lisez l'introduction. Puis, regardez la séquence du film *Paris à tout prix* et exposez la situation.

> **Paris à tout prix**
> Maya, une jeune femme d'origine marocaine qui travaille dans le domaine de la mode à Paris, est expulsée de France car son permis de séjour[1] n'est plus valable[2]. Elle retourne au Maroc après dix ans d'absence.
>
> 1 **le permis de séjour** die Aufenthaltserlaubnis 2 **valable** adj. m./f. gültig

Reem Kherici (2013)

| personnages | lieux | action | conflit |

b À votre avis, de quel genre de film est-ce qu'il s'agit? Faites des hypothèses et justifiez votre réponse.

drame *m.*?   film documentaire *m.*?   comédie *f.*?   _____?

38 trente-huit

B

MOTS EN CONTEXTE | VOLET 1 | VOLET 2 | VOLET 3 | TÂCHES – AU CHOIX | POUR ALLER PLUS LOIN

Méthodes et stratégies: analyser une séquence de film

11 Regardez encore une fois la séquence (▶ p. 38/10) et analysez-en les moyens filmiques. ▶ Méthodes, p. 155/28

Bei der Analyse einer Filmsequenz beschäftigen Sie sich nicht nur mit der Handlung, die in dieser Sequenz gezeigt wird, sondern auch damit, wie sie dargestellt wird. Sie untersuchen, wie spezifische Gestaltungselemente des Films (z. B. Kameraeinstellungen, Kameraführung, Nebengeräusche und Musik) eingesetzt werden und finden heraus, welche Wirkung auf den Zuschauer damit erzielt wird.

a Les images
Décrivez et analysez les mouvements de la caméra.
▶ Méthodes, p. 156/28.2

le cadrage / les plans *m. pl.*	die Kameraeinstellungen
les mouvements *m. pl.* de la caméra	die Kameraführung
la musique	die Musik
les bruitages *m. pl.*	die Nebengeräusche
l'effet *m.* produit sur qn	die Wirkung auf jdn
le/la spectateur/-rice	der/die Zuschauer/in

b Le son
Décrivez les dialogues, la musique, les bruitages.
▶ Méthodes, p. 156/28.3
– dialogues? pas de dialogues? voix off?
– quelle sorte de musique? forte/douce? quand? pas de musique?

c L'analyse
Notez vos résultats sous forme de mots-clés dans un tableau (▶ webcode **APLUS-C-155**).
Puis, utilisez vos résultats pour formuler votre analyse. ▶ Méthodes, p. 156/28.4

Retrouvez dans la séquence le plan qui correspond à cette esquisse. Situez-le dans la séquence, décrivez-le et expliquez comment il illustre les sentiments de Maya.

Le gros plan	*montrer* les sentiments de ____.
Le plan large	*créer* une atmosphère ____.
Les images	*donner* l'impression que ____.
La musique	*souligner* le contraste entre ____ et ____.
Les bruitages	*renforcer* l'effet (de) ____.

Minutage	Action	Caméra		Son			Effet produit
		Plans	Mouvements	Dialogues	Musique	Bruitages	
00:00–00:17							

Production écrite

12 Choisissez une des activités suivantes.

a À l'appui de vos résultats de 10 et 11, imaginez ce que Maya pense pendant le trajet en taxi* de l'aéroport jusqu'à la maison de sa famille. Écrivez un monologue intérieur.   * le trajet en taxi die Taxifahrt

b Quelles images du Maroc donnent l'extrait du film et le récit de voyage de Luc Pernel? Comparez-les.

Comme Luc, Maya ____.	Contrairement à ____.
Comme Maya, Luc ____.	À la différence de ____.

Le Marathon des Sables

Depuis 1986, le Marathon des Sables (ou MDS) est organisé par Patrick Bauer, un passionné d'Afrique, et ses collaborateurs[1]. Cette course[2] a lieu dans le désert du Sahara marocain tous les ans en avril. Seulement 23 coureurs ont participé au premier Marathon des Sables en 1986. En 2014, ils étaient plus de 1 000. Un vrai succès!

Pour Cédric, c'est une course à pied qu'on ne peut pas manquer: «J'ai participé au MDS en 2014, et j'ai adoré. Le marathon compte six étapes de 20 à 80 km sur 250 km environ. Bien sûr, c'est une course difficile. On a mal aux pieds, on doit porter toutes nos affaires avec notre nourriture[3] pendant sept jours. Heureusement, l'eau est distribuée[4] pendant la course! Pour réussir, il faut bien s'entraîner. Quand les coureurs de plus de 45 nationalités commencent à courir tous ensemble dans le désert, c'est un moment unique… On apprend à vivre dans le désert, et on apprend aussi à vivre avec les autres. C'est une expérience que je n'oublierai jamais. Évidemment, les températures du désert ne nous aident pas … Le jour, il fait souvent plus de 30°C, parfois même 50°C. Et la nuit, il fait seulement 12°C, ou encore moins… C'est très dur, mais il faut y croire[5]. Quand ça va mal, on est encouragé[6] par les autres participants. Tout le monde est solidaire. Moi aussi, je me suis senti mal plus d'une fois, et j'ai voulu arrêter. Mais à la fin, j'y suis arrivé. Quand j'ai reçu ma médaille au bout de la course, j'étais très fier. Ça a été une expérience fantastique, pleine de joie et d'émotion. Je suis prêt à recommencer.»

Cette aventure ne fait pas peur non plus à Mehdi qui aimerait bien participer au prochain Marathon des Sables: «Oui, le MDS, c'est ma passion. Je viens d'avoir 16 ans, ça y est! C'est l'âge minimum pour participer au MDS. Et mes parents sont d'accord si j'arrive[7] à trouver assez d'argent. J'adore la course à pied. Je veux surtout arriver jusqu'au bout du marathon. Depuis toujours, j'en rêve. Gagner, c'est moins important. Je m'entraîne déjà avec un sportif professionnel, et je cours environ 60 km par semaine. Je suis très motivé. Pour le moment, je m'entraîne sans sac à dos[8], mais il faudra que je le porte un jour et que je m'y habitue …»

---

1 le collaborateur / la collaboratrice der/die Mitarbeiter/in   **2** la course das Rennen   **3** la nourriture die Nahrung   **4** distribuer qc etw. verteilen   **5** croire à qc *hier:* an etw. glauben   **6** encourager qn jdn ermutigen   **7** arriver à + *inf.* réussir à + *inf.*   **8** le sac à dos der Rucksack

Objectif lecture

Préparer la lecture

1 Le *Marathon des Sables*, à votre avis qu'est-ce que c'est? Formulez des hypothèses sur cet évènement. Tenez compte des photos.

durée *f.*?   difficultés *f.*?   distance *f.*?   participants *m.*?   déroulement* *m.*?

* le déroulement der Ablauf

45 Et pourtant, il y a aussi des avis critiques sur le MDS. Pour Mona, ce marathon est complètement fou⁹: «Le désert, ce n'est pas un stade d'athlétisme. Il faut le respecter, et le protéger. Les coureurs sont à pied. D'accord! Mais il y a des voitures et des camions qui
50 les suivent et qui polluent l'environnement. Il y a même un hôpital mobile, qui est sûrement très utile, parce que courir par une température de plus de 30°C, ce n'est pas bon pour la santé¹⁰. Je suis sûre qu'il y a toujours un tas de coureurs malades ou
55 blessés. En plus, ce marathon, c'est super cher. Il faut payer plus de 3 000 euros pour y participer. Moi, je ne voudrais pas dépenser autant d'argent juste pour courir dans le désert …»

Oui, participer au MDS coûte cher. Quelques coureurs
60 trouvent des sponsors qui les aident à financer leur course. Ces entreprises profitent¹¹ du MDS pour être mieux connues.

Certains coureurs préfèrent faire une course solidaire. Leurs kilomètres sont offerts à des associations
65 caritatives¹². De cette manière, ces coureurs aident les associations qui accompagnent le MDS. En effet, le MDS soutient¹³ des projets humanitaires dans le Sahara marocain. En 2010, l'association «Solidarité Marathon des Sables» a été créée. Elle encourage des
70 projets pour les enfants et les populations défavorisés¹⁴. Ces projets concernent les domaines de la santé, de l'éducation et du développement durable¹⁵ au Maroc. C'est comme cela que du matériel scolaire est distribué par l'association «Solidarité
75 Marathon des Sables» dans les villages ou que des équipements sanitaires¹⁶ sont installés dans les écoles.

9 **fou/folle** *adj.* verrückt   10 **la santé** die Gesundheit   11 **profiter de qc** etw. nutzen   12 **l'association** *f.* **caritative** der Wohlfahrtsverein   13 **soutenir qn** jdn unterstützen   14 **défavorisé/e** *adj.* benachteiligt   15 **le développement durable** die nachhaltige Entwicklung   16 **les équipements sanitaires** *m. pl.* die sanitären Einrichtungen

Compréhension écrite, analyse et commentaire

2 a Lisez l'article, vérifiez vos hypothèses et notez d'autres informations qui vous semblent intéressantes.

b À l'aide de vos résultats de a, présentez brièvement le *Marathon des Sables*.

3 Dégagez* du texte ce que représente le *Marathon des Sables* pour Cédric, Mehdi ou Mona. Puis, mettez vos résultats en commun.

* ▶ p. 214

4 **Commentez la citation suivante.** ▶ Méthodes, p. 148/20

Mehdi: «Je veux surtout arriver au bout du marathon. [...] Gagner, c'est moins important.» (l. 38–40)

Compréhension orale

5 a Lisez d'abord les phrases. Écoutez ensuite l'interview avec une marathonienne des Sables et notez si les phrases sont vraies ou fausses.

1. Au départ du MDS, il y a plus de 1 000 coureurs.
2. Florence a participé trois fois au MDS.
3. Elle s'entraîne cinq fois par semaine.
4. Faire le MDS, cela veut dire courir 250 kilomètres dans le sable.
5. La plus longue étape fait 40 kilomètres.
6. Pour ne pas avoir de problèmes dans le désert, il faut avoir une grande expérience.
7. Florence préfère courir avec d'autres coureurs.
8. Florence ne court pas tout le temps pendant les étapes.
9. Florence boit de l'eau tous les 12 kilomètres.
10. Les coureurs passent leurs soirées ensemble.
11. Le but de Florence, c'est de gagner la course.

b Écoutez l'interview encore une fois et corrigez les phrases fausses.

Production orale

6 Imaginez que vous êtes journaliste et que vous travaillez pour la radio. Vous êtes au Maroc dans le désert et vous attendez l'arrivée des premiers coureurs du *Marathon des Sables*.

a Écrivez le texte pour une émission de radio (1 à 2 minutes). Dans une première partie, vous donnez des informations générales sur le Marathon des Sables. Dans une deuxième partie, vous décrivez la fin de la dernière étape en direct et l'arrivée des premiers coureurs. Vous pouvez aussi intégrer des interviews de marathoniens.

b Lisez ensuite votre texte comme un/e journaliste de sport à la radio et enregistrez votre émission.

7 Organisez un débat sur le thème: Pour ou contre le *Marathon des Sables*?
Faut-il le continuer ou le supprimer[1]?

a Travaillez en groupes. Choisissez un modérateur puis répartissez les autres rôles. Vous pouvez inventer d'autres rôles si vous voulez. Préparez d'abord votre rôle: notez vos arguments et cherchez les mots/ expressions dont vous avez besoin. Ensuite, discutez en groupe. ▶ Texte, p. 40–41 ▶ Méthodes, p. 143/8

le modérateur	un représentant du ministère du Tourisme	un écologiste
– introduire et conclure le débat	– bon pour le tourisme	– protéger la nature
– donner la parole aux participants	– _____	– _____
– résumer les différents points de vue		
– _____		

l'organisateur	un médecin	un Touareg	un marathonien
– évènement[2] exceptionnel	– trop dangereux	– _____	– _____
– _____	– _____		

b Informez ensuite les autres groupes sur les résultats de votre discussion.

1 **supprimer qc** etw. abschaffen
2 **un évènement** ein Ereignis

MOTS EN CONTEXTE   VOLET 1   **VOLET 2**   VOLET 3   TÂCHES – AU CHOIX   POUR ALLER PLUS LOIN   **B**

Objectif langage

Vocabulaire et expression

8 Trouvez le sens des mots suivants à partir de vos connaissances d'autres langues et expliquez-les en français.
▶ Texte, p. 40–41
Exemple : Un passionné, c'est quelqu'un qui adore quelque chose ou qui adore faire quelque chose.

un/e passionné/e (l. 2)	cela veut dire
un collaborateur / une collaboratrice (l. 3)	c'est quelqu'un qui
une émotion (l. 31)	c'est un synonyme de
polluer l'environnement (l. 50)	c'est le contraire de
profiter de qc (l. 61)	c'est un autre mot pour
une association caritative (l. 64–65)	c'est quand
le développement durable (l. 72)	

 9 Ils parlent tous du *Marathon des Sables*. À l'aide de l'article, p. 40–41, traduisez ces phrases en français. Utilisez *y* ou *en*. ▶ Grammaire, p. 112–113/3–4    ▶ p. 105

1. Man muss daran glauben.
2. Er träumt davon.
3. Sie hat es geschafft.
4. Er gewöhnt sich daran.
5. Sie wollen daran teilnehmen.
6. Sie spricht oft darüber.
7. Sie profitieren davon.
8. Es ist so weit!

Grammaire

10 Retrouvez à l'aide de l'article (▶ p. 40–41) comment on dit cela en français et expliquez comment on forme le passif en français. ▶ Grammaire, p. 118/12

1. Der „Marathon des Sables" <u>wird</u> von Patrick Bauer <u>organisiert</u>.
2. Glücklicherweise <u>wird</u> während des Rennens Wasser <u>verteilt</u>.
3. 2010 <u>ist</u> der Verein „Solidarité Marathon des Sables" <u>gegründet worden</u>.

Médiation

11 Lisez la description de la 28ᵉ édition du *Tour du Maroc* et informez un copain allemand fan de cyclisme.

Le tour du Maroc – طواف المغرب (Tawaf Al-Maghrib)

Cette course à vélo est l'évènement sportif annuel pour les cylistes au Maroc.

Le tour a été créé en 1937. Il est organisé par la Fédération Royale Marocaine de Cyclisme.

Cette année, 20 équipes de 17 pays seront accueillies pour les 10 jours de compétition. Ainsi 120 coureurs sont attendus pour cette 28ᵉ édition

Les 1 640 km ont été répartis en 10 étapes. Les cyclistes traverseront environ 150 villes et villages du Maroc.

Le premier coup de pédale sera donné le 3 avril dans la ville de Settat et la course se terminera le 12 avril à Casablanca. Les cyclistes seront accompagnés par une caravane de plus de 300 personnes : techniciens, organisateurs, médecins, arbitres et journalistes.

Cette année, les organisateurs attendent 2 millions de spectateurs sur les routes et environ 30 millions de téléspectateurs.

Pour les fans de cyclisme, toutes les étapes seront diffusées par toutes les chaînes de télévision nationales et quelques chaînes internationales.

B

MOTS EN CONTEXTE   VOLET 1   **VOLET 2**   VOLET 3   TÂCHES – AU CHOIX   POUR ALLER PLUS LOIN

Recherche

Koop 12 Faites une recherche sur une des personnalités suivantes. Puis, présentez-la en classe.

Lahcen Ahansal

Gad Elmaleh

Laïla Marrakchi

Fouad Laroui

Tigresse Flow

Méthodes et stratégies: écrire un commentaire personnel ▶ Méthodes, p. 148/20

13 Pour ou contre le *Marathon des Sables*? Écrivez un commentaire personnel.

a Phase 1: Vorbereitung
– Notieren Sie Stichpunkte zu dem in der Aufgabenstellung gegebenen Thema.
– Notieren Sie (z. B. in einer Tabelle) die unterschiedlichen Standpunkte und Argumente, die es zu diesem Thema gibt. Ergänzen Sie diese Übersicht mit Beispielen und Fakten. ▶ Exercice, p. 42/7
– Bilden Sie sich Ihren eigenen Standpunkt und markieren Sie diejenigen Argumente, Beispiele und Fakten, die Ihren Standpunkt stützen.

b Phase 2: Schreiben
– Benennen Sie in einem Einleitungssatz das Thema.
– Legen Sie die verschiedenen Standpunkte und die dazugehörigen Argumente dar. Wägen Sie die Argumente gegeneinander ab. Führen Sie wenn möglich konkrete Beispiele an.
– Stellen Sie dann Ihren eigenen Standpunkt dar und begründen Sie ihn.
– Fassen Sie in einem Schlusssatz Ihren Standpunkt zusammen.

> – Schreiben Sie im Präsens.
> – Machen Sie immer deutlich, ob Sie die Meinung einer anderen Person wiedergeben oder Ihre eigene.

Einleiten:
Il s'agit de savoir si ____.

Seine Gedanken gliedern:
D'abord, / Pour commencer, / Premièrement, ____.
Ensuite, / Deuxièmement, ____.
non seulement …, mais aussi
Il faut ajouter que ____.
Enfin, / Pour finir, / Pour terminer, ____.

Gedanken abwägen:
d'un côté …, de l'autre côté
Il est vrai que / Il faut dire que ____.
Pourtant, / Mais, / Au contraire, ____.
D'ailleurs, ____.

Seinen Standpunkt formulieren:
À mon avis, ____.
Je pense/crois que ____.
Je ne pense/crois pas que (+ *subj.*) ____.
Je suis sûr(e)/certain(e) que ____.
Je ne suis pas du tout d'accord avec ____.
J'ai l'impression que ____. / Il me semble que ____.

Schlussfolgerungen ziehen:
Donc / Par conséquent, / C'est pourquoi ____.
C'est pour cela que ____.
C'est la raison pour laquelle ____.
On voit donc que ____.
J'en tire la conclusion que ____.
Pour conclure, on pourrait dire que ____.

Le jour où Malika ne s'est pas mariée

Zaynab vit seule avec ses quatre enfants dans une petite ville au Maroc. Comme son mari est mort, c'est elle que Si[1] Mahmoud, son voisin, vient voir pour discuter. Elle devine[2] que le vieil homme veut lui parler du mariage de l'une de ses filles.

Voilà qu'on tape[3] à la porte. Zaynab ouvre et fait signe d'entrer. Si Mahmoud a mis sa plus belle djellaba, d'un blanc immaculé. [...]

Ils s'installent[4] tous deux dans le minuscule salon[5]. Si Mahmoud regarde autour de lui. [...]

Silence[6] un peu gêné[7] dans le salon. Le visiteur du soir s'éclaircit la voix. [...]

— Respectée Lalla[8] Zaynab, je vais vous parler comme je parlerais à un homme.

— Je vous en prie. Tant qu'on y est ...

— Voilà. Il y a dans cette ville, que dis-je, dans ce quartier même, un jeune homme qui est la crème des hommes. Son père est honorablement connu. Sa famille, qui habite Casablanca, y jouit d'une excellente réputation[9]. Quant au jeune homme lui-même, il est d'une probité[10] sans pareille. Il est fonctionnaire[11], son salaire tombe à la fin de chaque mois, régulièrement: jamais il n'a manqué ...

Zaynab l'interrompt[12].

— C'est bien de Abbas l'instituteur[13] que nous parlons?

Si Mahmoud soupire. Mon Dieu, comme les temps ont changé! Cette femme qui lui coupe la parole[14]... Et pourquoi est-elle si pressée[15]? Ces choses-là ne se font pas à la légère[16]! Qu'elle le laisse mener la discussion!

— Oui, oui, il s'agit bien de l'*oustad*[17] Abbas. La crème des hommes. Il m'a chargé de venir vous voir parce que, n'ayant pas de famille dans cette ville, il ne pouvait envoyer son père ou un oncle ou qui que ce fût. Apprenant que j'étais votre voisin depuis tant et tant d'années, il a mis entre mes mains tous ses espoirs[18], il m'a confié son bonheur futur, il m'a confié sa vie! Sachez, Lalla Zaynab, que l'*oustad* Abbas a remarqué l'air modeste[19] de votre fille Malika, son caractère paisible[20], son humeur égale[21], ses bonnes dispositions[22], sa grande piété[23], le respect qu'elle vous porte – à vous, son honorable mère –, ainsi que son maintien sérieux[24].

Si Mahmoud s'arrêta de parler, le temps de boire une gorgée de thé. [...]

Zaynab, qui connaissait très bien sa fille, n'en revenait[25] pas d'avoir entendu son hôte[26] la décrire dans les termes[27] qu'il avait utilisés. Malika était soupe au lait[28], elle pouvait être câline[29] mais aussi entrer dans de grandes fureurs, sa piété se réduisait à faire semblant[30] de jeûner[31] pendant le Ramadan, elle aimait peut-être sa mère mais ne le montrait pas, elle ne respectait personne et quant à son «maintien sérieux» ...

Ça voulait dire quoi, «maintien sérieux»?

Si Mahmoud, ayant posé son verre, reprit son allocution.

— Où en étais-je? Ah oui. Famille honorable[32] ... fonctionnaire ... salaire ... l'*oustad* Abbas a maintenant une situation bien assise, il est temps qu'il *complète sa religion*.

— Qu'il complète sa religion?

---

1 **Si** *höfliche Anrede für einen Mann*   2 **deviner qc** *hier:* etw. ahnen   3 **taper** *hier:* klopfen   4 **s'installer** *hier:* s'asseoir   5 **le salon** la salle de séjour   6 **le silence** das Schweigen   7 **gêné/e** *adj. hier:* verlegen   8 **Lalla** *höfliche Anrede für eine Frau*   9 **jouir d'une excellente réputation** sich eines tadellosen Rufes erfreuen   10 **la probité** die Rechtschaffenheit   11 **le/la fonctionnaire** der Beamte/die Beamtin   12 **interrompre qn** jdn unterbrechen   13 **l'instituteur/trice** le/la professeur à l'école primaire   14 **couper la parole à qn** jdm ins Wort fallen   15 **être pressé/e** es eilig haben   16 **ne pas se faire à la légère** etw. mit Bedacht tun   17 **l'oustad** *m. en arabe* l'instituteur   18 **l'espoir** *m.* die Hoffnung   19 **modeste** *adj. m./f.* bescheiden   20 **paisible** *adj. m./f.* friedlich   21 **l'humeur égale** *hier:* das ausgeglichene Wesen   22 **les bonnes dispositions** *f. pl. hier:* die Heiterkeit   23 **la piété** die Frömmigkeit   24 **le maintien sérieux** *hier:* der Anstand   25 **ne pas en revenir** es nicht fassen können   26 **l'hôte** *m.* der Gast   27 **les termes** *hier:* les mots   28 **soupe au lait** aufbrausend   29 **câlin/e** *adj. m./f.* zärtlich   30 **faire semblant de** + *inf.* so tun als ob   31 **jeûner** fasten   32 **honorable** *adj. m./f.* ehrenwert

— Oui, c'est-à-dire qu'il se marie. Vous connaissez le hadith qui stipule[33] cette obligation, n'est-ce pas?
— Certes. Et avec qui veut-il se marier?
— Mais ... avec Mlle la respectée Malika, votre fille!

40 Zaynab s'était préparée à cette entrevue[34]. La veille, elle n'avait pas plus tôt évoqué Abbas devant sa fille que celle-ci avait éclaté de rire[35], s'était étouffée dans un fou rire interminable et avait fini par se rouler par terre en poussant des cris aigus, sous les regards admiratifs de sa sœur et de ses deux petits frères qui s'étaient joints à la liesse[36] sans comprendre de quoi il s'agissait. Les quatre avaient fini par improviser une sorte de comptine[37] qu'ils chantèrent à tue-tête[38]:

45 — Abbas, babasse, calebasse!
Zaynab avait protesté:
— Taisez-vous! Abbas est un nom très prestigieux en islam, c'est le nom de l'oncle du Prophète!
— Abbas, babasse, calebasse!
— Mon Dieu, pourquoi ai-je mis mes enfants à l'école française? Ils ne respectent rien.
50 — Abbas, babasse, calebasse!
Zaynab n'avait pas insisté. [...]
— Si Mahmoud, vous êtes un homme de bien, j'ai pour vous le plus grand respect et j'apprécie à sa juste mesure la démarche que vous effectuez[39]. En intervenant dans cette affaire somme toute très honorable, vous ne voulez que le bien de ce jeune homme et, accessoirement, celui de ma fille. Et vous faites cela de
55 façon tout à fait désintéressée. Dieu est témoin de votre noble action et Il saura vous en récompenser[40].
Le voisin hocha la tête[41] en guise d'appréciation[42]. Bel exorde[43], ma foi, surtout venant d'une femme. Zaynab continua.
— Maintenant, permettez-moi de vous dire ceci: vous et moi appartenons à une génération et ma fille à une autre.
60 Le vieil homme ouvrit la bouche et regarda la veuve[44] de Si Baddou sans comprendre. Oui, la respectée Malika était une gamine[45] et lui un vénérable patriarche[46]. Et alors? Où était le problème?
Zaynab continua.
— Cette nouvelle génération veut autre chose que ce que nous, nous voulions à leur âge. Pour commencer, ma fille – qui n'a, je vous le rappelle, que seize ans – veut continuer ses études ...
65 Mahmoud l'interrompit d'un geste agacé[47].
— Des études? L'*oustad* Abbas est instituteur, il respectera sans doute ce vœu[48]. N'a-t-il pas fait lui-même de longues et prestigieuses études?
— Certes, certes. Mais là n'est pas la question. Nous en sommes déjà à parler, vous et moi, de ce qu'il autorisera[49] ou n'autorisera pas. Ne voyez-vous pas le problème? Ils ne se sont encore jamais adressé la parole!
70 Les filles de la nouvelle génération veulent parler elles-mêmes aux jeunes hommes qui les courtisent[50]. Ces deux-là ne se sont jamais parlé! Si Mahmoud, vous le savez, les temps ont changé. Je m'étonne d'ailleurs que ce jeune homme procède ainsi, alors qu'il est éduqué.
Le voisin s'agita[51] sur sa banquette, l'air contrarié[52].
— C'est vrai, ils ne se sont jamais parlé, mais à qui la faute? Si Abbas m'a confié qu'il avait plusieurs fois es-
75 sayé d'aborder – oh! de façon très polie et très respectueuse – votre fille mais qu'elle ne lui avait jamais répondu. Elle ne l'a même jamais regardé. Elle a, à chaque fois, passé son chemin comme si le jeune homme n'existait tout simplement pas.

33 stipuler qc etw. festlegen **34 l'entrevue** f. das Gespräch **35 éclater de rire** in lautes Gelächter ausbrechen **36 se joindre à la liesse** am Jubeln teilnehmen **37 la comptine** der Kinderreim **38 chanter à tue-tête** aus vollem Halse singen **39 effectuer une démarche** einen Schritt unternehmen **40 récompenser** qn jdn belohnen **41 hocher la tête** nicken **42 en guise d'appréciation** als Zeichen der Zustimmung **43 l'exorde** m. der Anfang einer Rede **44 la veuve** die Witwe **45 la gamine** fam. la petite fille **46 le patriarche** hier: der Familienvater **47 agacé/e** adj. verärgert **48 le vœu** der Wunsch **49 autoriser** qc permettre qc **50 courtiser** qn jdm den Hof machen **51 s'agiter** hin und her rutschen **52 contrarié/e** adj. verdrossen

| MOTS EN CONTEXTE | VOLET 1 | VOLET 2 | **VOLET 3** | TÂCHES – AU CHOIX | POUR ALLER PLUS LOIN | **B** |

— Eh bien, n'est-ce pas là un signe de son manque d'intérêt pour lui?
Si Mahmoud secoua la tête[53] d'un air matois[54].
80 — Oh non! L'*oustad* a bien compris que la respectée Malika lui signifiait ainsi qu'elle ne voulait avec lui que des rapports honorables. Le silence de la jeune fille constituait la plus belle des réponses. Il ne l'en respecte que plus!
— En somme, ils ne se sont jamais parlé?
— À vrai dire, non.
85 — Alors, je vous le répète, que puis-je faire, que puis-je vous dire, si ma fille ne sait même pas ce que veut votre Abbas, si elle ne sait pas comment il conçoit[55] le mariage et la vie commune[56]? Nous allons un peu vite en besogne[57], ne trouvez-vous pas?

Extrait de: Le jour où Malika ne s'est pas mariée, Fouad Laroui, Éditions Julliard 2009, p. 8–14

53 **secouer la tête** den Kopf schütteln   54 **d'un air matois** *hier:* besserwisserisch   55 **concevoir qc** *hier:* sich etw. vorstellen
56 **la vie commune** das Zusammenleben   57 **aller (un peu) vite en besogne** agir (un peu) trop vite

Objectif lecture

Préparer la lecture

1 Lisez le titre de la nouvelle (▶ p. 45) et imaginez de quoi parle l'histoire.

Compréhension écrite, analyse et commentaire

2 a Lisez l'extrait de la nouvelle et faites un schéma qui montre les relations entre les quatre protagonistes de l'histoire: Malika, Zaynab, Si Mahmoud et Abbas. ▶ Méthodes, p. 144/11

b Complétez votre schéma par les éléments suivants.
Puis résumez ce qui se passe dans l'histoire à l'aide de votre schéma.   ▶ p. 105

rend visite à   veut parler à   a demandé à
veut aider   veut épouser
ne s'intéresse pas à   essaie d'expliquer

3 a Lisez les phrases suivantes et déterminez si elles sont vraies ou fausses. Justifiez vos réponses à l'aide de passages de l'extrait.
  1. Si Mahmoud s'est bien habillé pour rendre visite à Zaynab.
  2. Il dit qu'Abbas n'a plus de famille.
  3. Il explique que la situation financière de l'instituteur n'est pas stable.
  4. Il décrit de façon positive le caractère d'Abbas.
  5. Il raconte qu'Abbas trouve que Malika a très bon caractère.
  6. Il pense que Malika voudrait une demande en mariage[1] traditionnelle.
  7. Zaynab reconnaît sa fille dans le portrait que Si Mahmoud fait d'elle.
  8. Elle ne sait pas si Malika s'intéresse à l'instituteur.
  9. Elle dit que Malika a fini ses études.
  10. Elle dit que Malika n'a jamais parlé à Abbas.
  11. Elle dit que les jeunes filles veulent choisir elles-mêmes leur mari.
  12. Elle dit que la demande en mariage[1] arrive trop tôt.

1 **la demande en mariage** der Heiratsantrag

b À l'aide de vos réponses de a, analysez le comportement et la stratégie de Si Mahmoud et la réaction de Zaynab. ▶ Méthodes, p. 148/21

VOLET 3

4 a Expliquez ce que Zaynab veut exprimer quand elle dit:
«Maintenant, permettez-moi de vous dire ceci: vous et moi appartenons à une génération et ma fille à une autre.» (l. 58–59)

b Trouvez des indices dans le texte qui montrent que Zaynab a un rôle de médiatrice*.

* le médiateur / la médiatrice   *hier:* der/die Vermittler/in

Production écrite/orale

5 Choisissez une de ces activités.   ▶ Méthodes, p. 145/13–15, p. 147/18

1. Après avoir appris qu'Abbas l'a demandée en mariage, Malika écrit un message à sa meilleure amie. Imaginez ce message.
2. Imaginez la suite de l'histoire et écrivez-la.
3. Le lendemain, Zaynab parle à Malika. Imaginez leur dialogue.
4. Le lendemain, Si Mahmoud parle à Abbas. Imaginez leur conversation.   ▶ Expressions utiles, Exercice p. 49/7
5. Écrivez un scénario pour l'extrait de la nouvelle, p. 45–47. Indiquez le cadrage, les mouvements de la caméra, les bruitages et la musique.   ▶ Méthodes, p. 155/28

Compréhension audiovisuelle

6 a Regardez la séquence du film *Française* sans le son. Décrivez les images et faites des hypothèses sur ce dont il est question. Tenez compte des mouvements de la caméra.   ▶ Méthodes, p. 155/28

b Regardez encore une fois la séquence avec le son. Racontez ce que vous avez compris.

c Expliquez la réaction de Sofia.

d Comparez cette séquence à l'extrait de la nouvelle *Le jour où Malika ne s'est pas mariée*, p. 45–47.

Dans les deux situations, il s'agit d'une fille et d'un garçon et d'une demande en mariage. Mais il y a des différences. ____.

Française
Née en France de parents maghrébins, Sofia a quitté la France avec sa famille à l'âge de 10 ans. Depuis leur retour au Maroc, elle ne rêve que d'une chose: retourner en France. Un jour, dans la coopérative dans laquelle son père amène ses olives, elle voit Amar, son copain, en train de discuter avec son père.

	Malika	Sofia	Abbas	Amar
	Dans les deux situations		Dans le film	Dans la nouvelle
(ne pas)	être amoureux de ____ se connaître parler d'abord à ____ accepter/refuser être d'accord être pareil/différent réagir différemment / de la même manière avoir l'intention de ____		parce que / pour ____.	Et ____ Par contre ____ Mais ____ Contrairement à ____ À la différence de ____

| MOTS EN CONTEXTE | VOLET 1 | VOLET 2 | **VOLET 3** | TÂCHES – AU CHOIX | POUR ALLER PLUS LOIN | **B** |

Objectif langage

Vocabulaire et expression

7 Trouvez dans la nouvelle (▶ p. 45–47) comment on dit cela en français.
Exemple: jemanden besuchen kommen – venir voir quelqu'un

1. jemanden besuchen kommen (→ l. 1–7)
2. jemanden unterbrechen (→ l. 8–19)
3. eine Diskussion führen (→ l. 8–19)
4. jemanden beauftragen etwas zu tun (→ l. 20–27)
5. es nicht fassen können (→ l. 28–39)
6. so tun als ob (→ l. 28–39)
7. sich auf etwas vorbereiten (→ l. 40–51)
8. jemanden erwähnen (→ l. 40–51)
9. in lautes Gelächter ausbrechen (→ l. 40–51)
10. protestieren (→ l. 40–51)
11. nicken (→ l. 52–64)
12. das Wort an jemanden richten (→ l. 65–72)
13. den Kopf schütteln (→ l. 73–fin)
14. zu etwas gehören (→ l. 73–fin)

Grammaire

8 a Indiquez l'infinitif de ces trois formes verbales.
▶ Grammaire, p. 119/14

Si Mahmoud **s'arrêta** de parler. Le vieil homme **ouvrit** la bouche et **regarda** la veuve.

> Le passé simple est une forme du passé qu'on utilise surtout dans les textes littéraires. Dans la langue courante, on utilise plutôt le passé composé.

b Relisez la nouvelle et trouvez tous les verbes au passé simple. Notez-les avec leur infinitif. Puis mettez-les au passé composé.
Exemple: Si Mahmoud s'arrêta → s'arrêter → il s'est arrêté

9 a Trouvez dans la nouvelle (▶ p. 45–47) les phrases qui veulent dire la même chose que les trois phrases suivantes.
1. Comme il n'a pas de famille dans cette ville, il ne pouvait pas envoyer son père ou un oncle.
2. Quand il a appris que j'étais votre voisin [...], il a mis entre mes mains tous ses espoirs.
3. Pour un exorde qui vient d'une femme, c'est un bel exorde.

b Comparez les phrases de la nouvelle aux phrases de a. Wozu dient das *participe présent*?

c Traduisez ces phrases en allemand. ▶ Grammaire, p. 117/11
1. Ne connaissant pas la famille de Malika, Abbas a envoyé Si Mahmoud.
2. Apprenant qu'Abbas veut l'épouser, Malika éclate de rire.
3. Abbas voudrait épouser une jeune fille respectant les traditions.
4. Zaynab, sachant que Malika ne s'intéresse pas à l'instituteur, n'accepte pas la demande en mariage.

Médiation

10 Écoutez le conte arabe dont le héros s'appelle Nasreddine Hodja. Puis, racontez le conte en allemand à votre petit/e frère/sœur ou à un enfant que vous connaissez. Terminez-le par un proverbe allemand illustrant la morale de cette histoire. ▶ Solutions, p. 210

| **le manteau** der Mantel | **l'odeur** *f.* der Geruch |
| **chasser qn** jdn wegjagen | **sale** *adj.* schmutzig |

B

MOTS EN CONTEXTE   VOLET 1   VOLET 2   VOLET 3   **TÂCHES – AU CHOIX**   POUR ALLER PLUS LOIN

A Choisissez une de ces deux photos et décrivez-la. ▶ Méthodes, p. 153/26
Présentez son thème et les aspects du Maroc qu'elle évoque. ▶ Vocabulaire, webcode APLUS-C-140
Puis, choisissez une des activités créatives ci-dessous.

Écrivez un texte en suivant une des trois consignes suivantes: ▶ Méthodes, p. 145/13–15, p. 147/18
1. «Plongez» dans la photo et imaginez que vous êtes une des personnes de la photo.
   À quoi est-ce que vous pensez? Qu'est-ce que vous voyez, entendez et sentez?
   Imaginez votre discussion avec d'autres personnes de la photo.
2. Choisissez une personne de la photo. Imaginez sa vie, sa biographie, ses pensées, ses idées et ses projets d'avenir.
3. Imaginez que cette photo est un arrêt sur image* tiré d'un film. Qu'est-ce qui se passe dans cette scène? Qu'est-ce que les gens font, qu'est-ce qu'ils disent? Quels bruits est-ce qu'on entend? Décrivez l'ambiance. Qu'est-ce qui s'est passé avant? Qu'est-ce qui va se passer après? Vous pouvez aussi écrire un scénario.

* **l'arrêt sur image** *m.* das Standbild

B Vous êtes stagiaire dans une agence de voyages en France. Pour la prochaine saison, vous devez faire une proposition pour un voyage de 5 jours au Maroc. Trouvez un thème (par exemple *Rêve des mille et une nuits*, *Rallye des Sables* …). Dans une présentation, proposez un itinéraire, des lieux, des visites, des activités et des excursions. Pensez aussi à l'hébergement*.

1. Faites des recherches et préparez votre programme:. ▶ Texte, p. 33–34 ▶ Exercice, p. 37/8
   ▶ Vocabulaire, webcode APLUS-C-140
   – Quand? À quelle époque de l'année?
   – Quelles régions? Quelles villes? Quels villages?
   – Que faut-il visiter? Où dormir?
   – Combien de temps passer à un endroit?
   – Quelles excursions?
   – Quels moyens de transport?
2. Choisissez des photos des endroits dont vous parlez dans votre programme.
3. Préparez-vous à expliquer votre choix au cours d'une discussion pendant une réunion et à répondre aux questions de l'équipe

* **l'hébergement** *m.* die Übernachtungsmöglichkeit

50 cinquante

Films et documentaires

**Laïla Marrakchi:
Marock (2005)**

Casablanca, l'année du bac. Rita, 17 ans, fait partie de la jeunesse dorée marocaine. C'est le temps des courses de voitures, des amitiés, d'une vie nocturne agitée, mais aussi celui des premières histoires d'amour et de l'angoisse de devenir adulte. Malgré le poids des traditions, Rita est bien décidée à vivre comme elle l'entend.

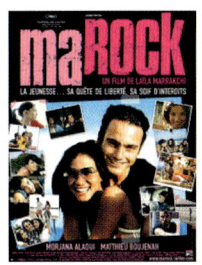

Reem Kherici: Paris à tout prix (2013)

Un simple contrôle de police, où l'on découvre que son permis de séjour est périmé, renvoie Maya en moins de 24 heures directement au Maroc. Elle revient dans ce pays auprès de tout ce qu'elle voulait oublier. Choc des cultures, choc des préjugés, Maya va tout faire pour rentrer en France. Vraiment tout. ▶ p. 38/10

Souad El-Bouhati: Française (2008)

Sofia passe une enfance heureuse en Picardie, mais son père décide de revenir au Maroc, son pays d'origine. Là-bas, Sofia poursuit de brillantes études secondaires et aide son père dans les travaux agricoles, mais elle ne rêve que d'aller étudier en France alors que sa famille souhaite la marier. ▶ p. 48/6

Marathon des Sables 2013

Documentaire réalisé par TV 5 (26 min.)
Une équipe télé accompagne les coureurs du début à la fin de l'épreuve, recueille leurs témoignages et nous montre les paysages magnifiques traversés par les marathoniens. À voir sur Internet.

Récits et biographies

**Jean-Claude Mourlevat:
L'homme qui ne possédait rien**

Un conte philosophique à la manière des contes orientaux, qui permet de réfléchir au rapport entre richesse et bonheur.

**Marie-Pierre Fonsny:
Marathonien des Sables**

L'histoire de Lahcen Ahansal, enfant nomade et star du désert, plusieurs fois vainqueur du Marathon des Sables.

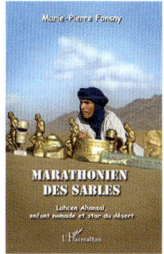

Bandes dessinées

Les enfants du royaume (2013)

Loubna et Amine sont deux enfants de Casablanca. Ils habitent avec leur père, tyrannique, et leur belle-mère. Un jour, ils décident de s'unir à Asma, la jeune fille qui travaille pour la famille, et de s'enfuir en Europe. Le voyage sera riche en évènements et en désillusions.

Aïcha K. (2013)

Aïcha K. est une jeune fille pauvre vivant dans le Haut-Atlas. Elle est secrètement amoureuse d'Ahmed, un jeune homme du village qui espère pouvoir un jour fuir cet endroit. L'arrivée inattendue de la belle Najat va tout bouleverser. Cette histoire est présentée dans trois des langues parlées au Maroc: l'arabe, le français et le tamazigh.

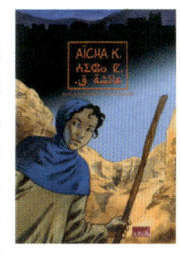

Chansons

Saad Lamjarred – لمعلم (Lm3allem)

Dans ce clip, qui a battu tous les records de musique arabe sur Internet, Saad Lamjarred parle de manière humoristique d'un grand chef que tout le monde écoute et montre un Maroc moderne plein de couleurs.

Dossier C — L'Europe: Unie dans la diversité

PF Tâches – au choix

A réaliser un film pour poser sa candidature à une rencontre de jeunes Européens

B présenter un aspect des relations franco-allemandes

Compétences communicatives

- parler de ses conditions de travail (▶ V1)
- parler des avantages et des inconvénients de quelque chose (▶ V1)
- exprimer que deux actions se déroulent en même temps (▶ V1)
- exprimer par quel moyen on arrive à réaliser quelque chose (▶ V1)
- donner des précisions sur une personne, une chose ou un fait (▶ V2)
- discuter et donner son avis sur des thèmes de société et de politique (▶ V2, V3)

Grammaire en contexte

- le *gérondif*
- les pronoms relatifs *lequel, laquelle, lesquels, lesquelles* avec les prépositions *à* et *de*
- le pronom relatif *dont*
- les pronoms démonstratifs (*celui, celle, ceux, celles*)
- le verbe *suffire* ▶ Verbes, p.132–139

Compétences interculturelles

- les relations franco-allemandes
- le rôle de la France et de l'Allemagne en Europe
- les chantiers internationaux de jeunes bénévoles en France
- l'Union européenne
- des personnalités importantes de l'Histoire franco-allemande

Méthodes et stratégies

- améliorer son style à l'aide du gérondif
- décrire et analyser des caricatures

1 a L'Europe: c'est quoi? Nommez des exemples à l'aide des photos.

b Et pour vous, qu'est-ce qui compte le plus? Donnez votre point de vue.

2   À l'aide de la carte d'Europe (▶ p. 211), révisez les noms des pays européens et de leurs capitales.

3   Testez vos connaissances sur l'Union européenne. Faites le quiz que vous trouverez sur webcode (▶ APLUS-C-53).

Eurobaromètre: la jeunesse européenne

Le Parlement européen a réalisé une enquête avec des jeunes Européens. Dans tous les pays membres de l'Union européenne (UE), des jeunes âgés de 16 à 30 ans ont donné leur avis sur cinq thèmes: les jeunes et l'emploi, la révolution numérique, l'avenir de l'Union européenne, le développement durable et les valeurs européennes. Voici les résultats:

Les jeunes et l'emploi

Plus de la moitié des jeunes interrogés (57 %) pensent que dans leur pays, la jeunesse est exclue de la vie économique et sociale à cause de la crise de l'euro. 55 % trouvent que la formation et le système éducatif les préparent bien au monde du travail. 43 % aimeraient travailler ou faire des études dans un autre pays de l'Union européenne. Un peu plus d'un quart d'entre eux (26 %) sont obligés de chercher du travail dans un autre pays de l'UE à cause de la crise. Enfin, presqu'un jeune sur deux (48 %) voudrait créer sa propre entreprise.

La révolution numérique

Les jeunes pensent que le numérique créera beaucoup d'emplois dans les années à venir mais ils n'ont pas forcément envie de travailler dans ce domaine. Une majorité de jeunes utilisent le web et les réseaux sociaux, mais ils ne sont pas d'accord sur leurs effets: 46 % pensent que les réseaux sociaux sont un progrès pour la démocratie parce qu'ils permettent à chacun de participer au débat public, alors que moins de la moitié des jeunes (41 %) trouvent qu'ils représentent un risque pour elle parce que les données personnelles ne sont pas protégées.

L'avenir de l'Union européenne

Pour sept jeunes Européens sur dix (70 %), c'est un avantage d'appartenir à l'UE dans un monde globalisé: «L'union fait la force.» 44 % d'entre eux trouvent très important de voter aux élections européennes.

Le développement durable

La majorité des jeunes (74 %) ont adopté des gestes quotidiens pour protéger l'environnement et lutter contre le réchauffement climatique. Par exemple, ils font le tri sélectif des déchets et ils économisent l'eau et l'énergie. 71 % d'entre eux pensent que le développement des énergies renouvelables est la meilleure solution pour garantir l'indépendance énergétique de l'UE.

Les valeurs européennes

Les jeunes pensent que le Parlement européen doit avant tout défendre les droits de l'homme (51 %), la liberté d'expression (41 %) et l'égalité homme-femme (40 %).

Source: Parlement européen, Eurobaromètre 2014

| MOTS EN CONTEXTE | VOLET 1   VOLET 2   VOLET 3   TÂCHES – AU CHOIX   POUR ALLER PLUS LOIN | **C** |

1 Lisez les résultats de l'Eurobaromètre. Relevez dans les réponses des jeunes Européens les mots et expressions qui ont une connotation positive / une connotation négative.

2 Retrouvez, dans le texte (▶ p. 54), des compléments à ces verbes et expressions verbales. Puis, pour chaque verbe ou expression, trouvez au moins deux autres compléments possibles. Vous pouvez utiliser un dictionnaire.
Exemple : créer sa propre entreprise – créer des emplois – créer une bédé – créer des vêtements

> créer qc   protéger qc/qn   lutter contre qc/qn   être exclu/e de qc   garantir qc
> adopter qc/qn   défendre qc/qn   représenter qc   économiser qc   utiliser qc
> participer à qc   être obligé/e de faire qc

3 a Notez les mots et expressions dans un tableau avec leurs équivalents dans les langues que vous connaissez (allemand, anglais, _____). Comparez et marquez les différences (orthographe, prononciation, signification). Vous pouvez utiliser un dictionnaire.

> le thème   le Parlement européen
> le membre   la révolution numérique
> le développement économique
> la valeur   le résultat   la crise sociale

français	allemand	anglais	_____
le thème	*das Thema*	*theme (only for music!)* → *subject*	

b Complétez votre tableau par d'autres mots et expressions du texte.

4 Reformulez les résultats de l'Eurobaromètre à l'aide des expressions suivantes. Attention à l'article contracté.
Exemple : Plus de la moitié des jeunes pensent que la jeunesse est exclue de la vie économique et sociale à cause de la crise de l'euro.

> une minorité de jeunes / la majorité des jeunes
>
> (environ)   la moitié
> (plus de)   un tiers / un quart   des jeunes
> (moins de)   (les) deux tiers / (les) trois quarts
>   un jeune sur deux/trois/_____
>   deux jeunes sur trois/cinq/_____

La jeunesse est exclue de la vie économique et sociale à cause de la crise de l'euro.	57%
Le système éducatif me prépare bien au monde du travail.	55%
Les réseaux sociaux sont un progrès pour la démocratie.	46%
J'ai adopté des gestes quotidiens pour protéger l'environnement.	74%
Le développement des énergies renouvelables est la meilleure solution pour garantir l'indépendance énergétique de l'UE.	71%
Le Parlement européen doit avant tout défendre les droits de l'homme.	51%
Le Parlement européen doit défendre l'égalité homme-femme.	40%

5 a Choisissez un des cinq thèmes du texte (▶ p. 54) et reconstituez les questions posées dans l'Eurobaromètre.

b Interviewez-vous à l'aide de ces questions.

Main dans la main

Depuis les années 60, la France et l'Allemagne coopèrent dans de nombreux domaines: politique, éducatif, scientifique ou culturel. Entre-temps, d'autres pays européens se sont joints[1] à cette coopération. Et de nombreux projets internationaux se sont développés en Europe.

La coopération franco-allemande

Il est 14h, en gare de Francfort. Le TGV Francfort-Marseille quitte[2] le quai (à l'heure!). Le contrôle des billets va bientôt commencer. Non, vous ne vous trompez pas: il y a bien deux contrôleurs. Philippe Forestier est français, Markus Hoffmann est allemand. Tous les deux parlent français et allemand. En effet[3], depuis 2007, l'Allemagne et la France sont partenaires dans le domaine des transports avec la SNCF et la Deutsche Bahn. Le TGV et l'ICE desservent[4] dix villes allemandes comme Francfort, Munich et Stuttgart au départ de Paris via[5] Strasbourg ou Sarrebruck, et de Marseille via Lyon. Ceci est un exemple parmi les nombreuses coopérations franco-allemandes qui ont vu le jour[6] depuis le traité de l'Élysée en 1963. Les économies française et allemande sont très liées[7]: la France est le premier partenaire commercial de l'Allemagne et vice versa[8].

L'Europe est la première puissance[9] économique du monde malgré la crise qu'elle traverse depuis 2008. L'Allemagne est la 4e économie mondiale et la France la 6e. Ensemble, elles sont le moteur économique de l'Europe. Un exemple célèbre de la coopération économique franco-allemande, c'est Airbus: dans les années 70, les Européens décident de construire ensemble des avions pour faire face à[10] la concurrence américaine. Français et Allemands sont le moteur de ce succès.

Les chantiers[11] de jeunes bénévoles[12], c'est quoi?

Les chantiers de bénévoles permettent aux jeunes de différents pays de participer, en France ou à l'étranger, à la restauration d'un lieu[13] ou à la protection de l'environnement, par exemple. Cela leur permet en même temps[14] de découvrir une région, de pratiquer des activités culturelles et sportives, de rencontrer des jeunes de différentes nationalités et de s'ouvrir à d'autres cultures. Pour cela, il faut avoir au moins 14 ans. Vous n'avez pas besoin de compétences particulières, l'envie de participer à un projet utile et collectif suffit[15]!

---

1 **se joindre à qc** *hier:* beitreten 2 **quitter qc** etw. verlassen 3 **en effet** in der Tat 4 **desservir une ville** *hier:* in einer Stadt halten 5 **via** *prép.* über 6 **voir le jour** entstehen 7 **être lié/e** verbunden sein 8 **vice versa** umgekehrt 9 **la puissance** die Macht 10 **faire face à qc** sich etw. stellen 11 **le chantier** *hier:* das Workcamp 12 **le/la bénévole** der/die Freiwillige 13 **le lieu** *hier:* die Stätte 14 **en même temps** zugleich 15 **suffire** ausreichen

Ça fonctionne comment?

L'organisation et le rythme de travail ainsi que[16] le nombre de bénévoles dépendent du chantier qu'on choisit. Sur le chantier de Castellane, en Provence, douze jeunes reconstruisent les murs du jardin de la tour pentagonale, vestige du Moyen-Âge[17] que les pluies abîment[18] avec le temps. Marie Dulac, jeune bénévole originaire de Grenoble, raconte: «Les animateurs sont là pour nous expliquer le travail. Ce n'est pas compliqué mais très fatigant: on dépense[19] énormément de calories en portant toutes ces pierres! On est sur le chantier le matin seulement parce qu'après, il fait trop chaud. L'après-midi et le week-end, les animateurs nous proposent différentes activités. Un jour, on a fait du canoë-kayak dans les gorges du Verdon. Une autre fois, on est allés à Nice. On a fait une balade sur la Promenade des Anglais. C'était super! Demain, on ira à Grasse, la ville des parfums, par la Route Napoléon, qui passe à Castellane!

Enfin, on doit participer aux tâches de la vie quotidienne: on fait les courses et le ménage à tour de rôle[20] et on prépare les repas ensemble. Au début, je ne trouvais pas ça super du tout, mais ce n'est pas si terrible que ça: il suffit de s'y habituer[21].»

Une expérience internationale enrichissante

En participant à un chantier international de bénévoles, vous apprenez à vivre ensemble, à partager[22] et à comprendre la culture de l'autre. Diego (Espagne) témoigne[23]: «En arrivant à Castellane, je me suis tout de suite senti à l'aise[24] avec le groupe. Il y a une super ambiance et on s'entend bien! Et puis, je fais des progrès en français. Le premier jour, David, un des animateurs, nous a dit: «On a du pain sur la planche[25].» Moi, j'ai compris qu'on allait prendre un deuxième petit-déjeuner. Qu'est-ce qu'on a rigolé! Je ne connaissais pas cette expression, mais maintenant, je ne suis pas près de l'oublier[26]. On apprend super bien en rigolant!»

Travailler sur un chantier de bénévoles, c'est aussi une façon originale de passer ses vacances et de se rendre utile[27]. Niklas (Allemagne) a trouvé ce chantier en recherchant un stage sur le site de l'OFAJ. «Comme je m'intéresse beaucoup au Moyen-Âge, l'idée m'a plu et j'ai contacté le responsable du chantier. Pour moi, c'est une bonne expérience. En plus, je passe des super vacances pas trop chères. J'aimerais bien revenir ici l'an prochain!»

Ce qu'il faut encore savoir

Les jeunes bénévoles ne reçoivent pas de salaire. Eh oui, puisque vous êtes bénévoles! Vous devez même participer aux frais[28]. Deux semaines coûtent environ 300 €, hébergement, transport, assurance[29], repas et activités compris[30]!
La plupart de ces chantiers ont lieu en juillet ou en août et durent normalement entre deux et trois semaines.
Vous avez entre 14 et 18 ans et vous aimeriez participer à un chantier de jeunes bénévoles? Vous trouverez plus d'infos en allant sur le site des associations «Alpes de Lumière», «Rempart» ou en contactant l'OFAJ.

---

16 **ainsi que** et 17 **le vestige du Moyen-Âge** der Überrest aus dem Mittelalter 18 **abîmer qc** etw. beschädigen
19 **dépenser des calories** Kalorien verbrennen 20 **à tour de rôle** abwechselnd 21 **s'habituer à qc** sich an etw. gewöhnen
22 **partager qc** etw. teilen 23 **témoigner** *hier:* berichten 24 **se sentir à l'aise** sich wohl fühlen 25 **avoir du pain sur la planche**
avoir beaucoup de travail 26 **je ne suis pas près de l'oublier** das werde ich so schnell nicht vergessen 27 **se rendre utile**
sich nützlich machen 28 **les frais** *m. pl.* die Kosten 29 **l'assurance** *f.* die Versicherung 30 **compris** *hier:* inklusive

C MOTS EN CONTEXTE — VOLET 1 — VOLET 2 — VOLET 3 — TÂCHES – AU CHOIX — POUR ALLER PLUS LOIN

Objectif lecture

Préparer la lecture

1 Lisez l'infographie. Nommez les domaines dans lesquels l'Allemagne et la France coopèrent et donnez des exemples. Qu'est-ce qui vous surprend? Justifiez votre réponse.

Les relations franco-allemandes en chiffres

VIE PRATIQUE
- 2 200 villes et régions sont jumelées
- 10 trains ALLEO passent tous les jours la frontière avec un personnel bilingue
- + de 70 millions de nuits par an réservées par des Allemands en France

ÉCONOMIE
- € Allemagne, 1er partenaire commercial de la France et vice-versa
- 250 000 emplois dans les entreprises françaises en Allemagne
- 350 000 emplois dans les entreprises allemandes en France

CULTURE
- 100 films français dans les cinémas allemands par semaine
- 18 coproductions franco-allemandes par an

EUROPE
- Allemagne ≈ 16 % de la population européenne — 80 millions d'habitants
- France ≈ 13 % de la population européenne — 66 millions d'habitants
- = 170 députés au Parlement européen de Strasbourg, dont 96 Allemands et 74 Français

ÉDUCATION
- + de 6 000 étudiants français étudient en Allemagne
- + de 8 000 étudiants allemands étudient en France
- l'allemand, 3e langue vivante dans les écoles françaises
- le français, 2e langue vivante dans les écoles allemandes
- 20 % des élèves allemands apprennent le français
- 15,3 % des élèves français apprennent l'allemand

D'après: France Diplomatie, 2015

Compréhension écrite, analyse et commentaire

2 a Lisez l'article sur la coopération franco-allemande (▶ p. 56–57, l. 1–29) et mettez-le en rapport avec l'infographie: quel(s) domaine(s) aborde-t-il?

b À votre avis, quelle est la phrase-clé de cet article? Discutez. ▶ Méthodes, p. 143/8

Koop **c** Trouvez d'autres exemples de coopérations franco-allemandes. Faites une recherche et présentez vos résultats en classe.

> la brigade franco-allemande
> l'Université franco-allemande (UFA)   ESA
> Arte   l'Abibac

3 a Lisez l'article sur les chantiers de jeunes bénévoles et expliquez ce qu'est un chantier de bénévoles avec vos propres mots.

b Notez tout ce qu'il est utile de savoir avant de participer à un chantier de bénévoles.
▶ Méthodes, p. 144/11

> âge?   motivation?   durée?
> dates?   compétences?   prix?
> organisation?   tâches?

Exemple: Il faut avoir au moins 14 ans.

c Relisez l'article. Faites une liste des avantages et des inconvénients d'un chantier de bénévoles.

| MOTS EN CONTEXTE | **VOLET 1** | VOLET 2 VOLET 3 TÂCHES – AU CHOIX POUR ALLER PLUS LOIN | **C** |

4 Choisissez une des recherches suivantes et faites-la. Puis, mettez vos résultats en commun.

a Présentez Castellane et sa région, ce qu'on peut y faire et ce qu'on peut y voir.

b Sur un des sites mentionnés à la fin du texte (▶ p. 56–57), informez-vous sur les chantiers qu'on y propose.

5 Rédigez un commentaire pour répondre à la question: «Aimeriez-vous participer à un chantier de jeunes bénévoles?» Tenez compte de vos résultats de 3 et 4b. ▶ Méthodes, p. 148/20

Objectif langage

Vocabulaire et expression

6 a Des jeunes Européens qui ont participé à un chantier de bénévoles ont laissé des commentaires sur le site de l'association. Complétez leurs commentaires par des expressions que vous trouverez dans l'article sur les chantiers de jeunes. ▶ p. 106

Forum

1. Sur un chantier, l'ambiance n'est jamais la même. Elle _____ l'organisation, bien sûr, mais surtout des gens qui participent à ces chantiers.	*Lilli*
2. Un chantier de bénévoles, c'est vraiment international: cela permet de rencontrer d'autres jeunes _____ différents pays.	*Novak*
3. Tout le monde participe aux tâches ménagères; on les fait _____.	*Cristina*
4. Pour poser sa candidature, c'est facile: _____ contacter un responsable en envoyant un mail à l'association.	*Kim*
5. J'ai participé au chantier en juillet. Je me suis bien entendu avec les autres. Je me suis tout de suite senti _____.	*Juan*
6. Ce ne sont pas vraiment des vacances. Il y a beaucoup de travail à faire: on a toujours _____.	*Sven*
7. On s'est super bien amusés: ah, _____!	*Adriano*
8. Je me souviendrai très longtemps de cette expérience. Vraiment, je ne _____.	*Elsa*
9. Ce chantier m'a plu parce que j'aime bien _____ et que je sais que cela sert à quelque chose.	*Mirko*

b Utilisez des expressions de a dans des mini-dialogues ou un petit texte.

Exemple: – Et pour les courses, on fait comment?
– Eh bien, on les fait à tour de rôle, non?
– D'accord. C'est moi qui les fais aujourd'hui, okay?
– Oui. Et moi, je les ferai la prochaine fois.

C MOTS EN CONTEXTE — VOLET 1

Révisions: le préfixe re-

7 a Notez les verbes de la même famille avec le préfixe re-/r- ainsi que leur traduction. ▶ Méthodes, p. 158/31

> appeler   commencer   connaître   voir
> demander   tourner   trouver   venir

b Complétez les phrases suivantes par des verbes avec le préfixe re-/r- qui conviennent.
1. Mais tu ne ❓ pas ce jeune? Il a déjà participé au chantier l'année dernière! *(présent)*
2. Après deux semaines de chantier, tous les participants ❓ chez eux fatigués. *(passé composé)*
3. «Laissez-nous votre numéro de téléphone. Nous vous ❓ le plus tôt possible.» *(futur simple)*
4. Diego et Niklas se sont très bien entendus et ils se ❓ bientôt. *(futur simple)*
5. Le chauffeur de bus a perdu l'orientation. Heureusement, il ❓ la Route Napoléon après une demi-heure. *(passé composé)*
6. Niklas n'a pas compris ce qu'il faut faire ce matin. Il doit ❓ à l'animateur. *(infinitif)*
7. Marie adore l'ambiance à Grasse. Elle est sûre d'y ❓ un jour. *(infinitif)*
8. Pour les bénévoles, les lundis sont durs. Après les activités du week-end, ils ❓ à travailler à neuf heures. *(présent)*

Grammaire

8 a Traduisez ces trois phrases. Was wird jeweils mit dem *gérondif* ausgedrückt?

Elle range sa chambre **en écoutant** de la musique.

Elle range sa chambre **en mettant** tout à la poubelle.

En rangeant sa chambre, elle retrouverait son portable.

b Trouvez d'autres phrases avec le gérondif dans l'article sur les chantiers de jeunes (▶ p. 56–57) et traduisez-les.

9 Décrivez ce que les jeunes bénévoles font en utilisant le gérondif. ▶ Grammaire, p. 117/10

 a

porter / écouter — faire la cuisine / discuter — mettre le couvert / rêver — monter une tente / écrire

 b

c La plupart des gens font deux choses en même temps. Donnez au moins cinq exemples.

Moi, je ____.
Mes parents ____.
Mes copains et moi, nous ____.
Ma sœur / Mon frère ____.

10 Les jeunes du chantier discutent entre eux et se posent des questions sur l'avenir. Trouvez des réponses à leurs questions. Notez au moins deux conseils. Utilisez le gérondif. ▶ Grammaire, p. 117/10
Exemple: On devient un bon Européen en s'intéressant aux autres pays d'Europe, en lisant ____.

Comment devenir un bon Européen?

Comment savoir ce qui se passe dans l'UE?

Comment trouver un bon emploi?

Comment protéger l'environnement?

Comment se rendre utile?

accueillir qn   aller
demander qc à qn   économiser qc
écrire qc à qn   faire qc   lire qc
partir   s'intéresser à qc/qn
apprendre qc   participer à qc
réfléchir à qc   travailler
regarder qc/qn

Méthodes et stratégies: améliorer son style

11 a Reformulez la lettre que Tom a envoyée à un magazine de jeunes en utilisant le gérondif, là où c'est possible. ▶ Grammaire, p. 117/10
Das *gérondif* bietet die Möglichkeit Nebensätze zu vermeiden und wird im geschriebenen und gesprochenen Französisch sehr häufig verwendet. Um die Gleichzeitigkeit zweier Handlungen, eine Bedingung oder die Art und Weise, wie man etwas macht oder erreicht, auszudrücken, können Sie das *gérondif* verwenden. Einzige Voraussetzung: Das Subjekt der beiden Handlungen ist dasselbe.

> Bonjour,
> Je m'appelle Tom Tork, j'ai 17 ans et je suis élève au lycée Goethe, à Regensburg.
> Quand j'ai lu votre article sur la situation écologique en Europe, j'ai tout de suite eu envie de vous écrire cette lettre. Vous décrivez notre situation de façon réaliste et comme cela, vous sensibilisez
> 5 beaucoup de jeunes. Je trouve que c'est très important.
> Moi-même, je m'intéresse depuis longtemps à la protection de l'environnement et aux problèmes du réchauffement climatique. À mon avis, on peut économiser beaucoup d'énergie si on adopte des gestes quotidiens. Je ne suis pas parfait, mais je fais des efforts et en même temps, je vis quand même normalement.
> 10 Vous voulez des exemples?
> Le matin, quand je prends ma douche, j'utilise un minimum d'eau. Quand je quitte la maison, je contrôle les lampes et les appareils électriques. De plus, dans ma famille, on fait le tri des déchets depuis longtemps.
> Si nous faisions tous la même chose, nous pourrions sauver la planète!
> 15 Tom Tork

b Relisez votre commentaire (▶ Exercice, p. 59/5) et récrivez-le en suivant les conseils de a.

Ça bouge dans l'Union européenne

Objectif lecture

Compréhension audiovisuelle

1 Avant le visionnement, répondez à la question suivante: «À quoi pensez-vous, quand on vous dit ‹Parlement européen›?»

2 a Regardez le film. Qu'est-ce que vous voyez, entendez, remarquez? Prenez des notes.

objets	personnes	lieux	

b Lisez d'abord les phrases, regardez le film encore une fois et notez la bonne réponse.

1. Les Européens élisent directement …
   a les députés et le président du Parlement européen tous les cinq ans.
   b les députés du Parlement européen pour deux ans et demi.
   c les députés du Parlement européen tous les cinq ans, mais ils n'élisent pas son président.

2. Au Parlement européen, les députés sont …
   a regroupés par ordre alphabétique.
   b regroupés par famille politique.
   c regroupés par nationalité.

3. Les débats se font …
   a en anglais.
   b en anglais et en français.
   c dans les langues officielles de l'UE.

4. Le Parlement européen des jeunes existe dans …
   a neuf pays européens.
   b 39 pays européens.
   c 19 pays européens.

5. Régulièrement, les membres du PEJ-France se retrouvent …
   a à Fontainebleau.
   b dans des clubs régionaux.
   c au Parlement européen de Strasbourg.

6. Les jeunes qui participent aux réunions du PEJ-France …
   a ne gagnent pas d'argent.
   b doivent payer pour participer.
   c reçoivent un salaire.

Le Parlement européen

Le Parlement européen dont le siège[1] se trouve à Strasbourg, représente les citoyens[2] de tous les pays membres, c'est-à-dire plus de 500 millions d'Européens.

Tous les cinq ans, des millions d'Européens âgés de 18 ans au moins (16 ans en Autriche!) élisent[3] directement leurs représentants, les députés européens. Et ceux-ci élisent le président du Parlement européen pour deux ans et demi. Le nombre des députés européens de chaque pays dépend du nombre d'habitants de celui-ci.

Les langues, dans lesquelles les débats ont lieu, sont celles de l'Union européenne. Des interprètes[4] sont là pour traduire simultanément les débats et des traducteurs traduisent tous les documents de travail dont les députés se servent[5] pendant les réunions[6].

Le Parlement se préoccupe[7] d'améliorer[8] la vie quotidienne de tous les citoyens de l'Union européenne. L'avenir de la jeunesse est une priorité du Parlement. Il prend des mesures[9] qui ont pour but de[10] lutter contre la pauvreté et le chômage des jeunes.

Le Parlement européen des jeunes (PEJ)

Cette orientation du Parlement vers l'avenir et les jeunes a amené la création du Parlement européen des jeunes (PEJ) en 1987. Il s'agit d'une association internationale, présente[11] dans 39 pays d'Europe. Elle encourage les jeunes Européens à s'intéresser à la politique européenne.

La section française s'appelle le Parlement européen des jeunes-France (PEJ-France). Ce sont des lycéens, des étudiants et des jeunes professionnels. Tous sont bénévoles. En France, il existe plus de 100 clubs et comités régionaux dans lesquels ces bénévoles se retrouvent. Ils informent la jeunesse sur l'Union européenne.

Avec le Parlement européen de Strasbourg, les membres du PEJ, qu'on appelle les péjistes, organisent des rencontres auxquelles des jeunes Européens âgés de 16 à 30 ans peuvent participer. Pendant ces rencontres, ils échangent leurs idées sur les questions liées[12] aux jeunes et sur l'avenir de l'Europe. Et ils discutent de problèmes auxquels les députés de Strasbourg doivent trouver des solutions[13].

1 le siège der Sitz **2** le citoyen / la citoyenne der/die Bürger/in **3** élire qn jdn wählen **4** l'interprète *m./f.* der/die Dolmetscher/in **5** se servir de qc etw. benutzen **6** la réunion die Sitzung **7** se préoccuper de qc *hier:* sich um etw. kümmern **8** améliorer qc etw. verbessern **9** la mesure die Maßnahme **10** avoir pour but de + *infinitif* etw. zum Ziel haben **11** présent/e *adj. hier:* vorhanden **12** être lié/e à qn/qc *hier:* jdn/etw. betreffen **13** trouver une solution à qc für etw. eine Lösung finden

Compréhension écrite, analyse et commentaire

3 a Lisez les informations sur le Parlement européen et le PEJ et expliquez les différences entre les deux institutions.

contrairement à   par contre
alors que   mais

b Trouvez des exemples pour illustrer la devise de l'UE «Unie dans la diversité».

4 Choisissez une des activités suivantes.

a Nommez des «problèmes auxquels les députés de Strasbourg» devraient «trouver des solutions» (l. 41–42).

b «Le Parlement se préoccupe d'améliorer la vie quotidienne de tous les citoyens de l'Union européenne» (l. 17–18). Commentez cette affirmation en vous appuyant sur des exemples. ▶ p. 52–53

Compréhension orale

5 a Écoutez l'interview avec Lucie Morin, péjiste à Montpellier. Notez ce que vous apprenez sur elle. ▶ p. 107

b Écoutez l'interview encore une fois et répondez aux questions suivantes.
1. Qu'a-t-elle fait à Barcelone? Comment a-t-elle trouvé cette expérience?
2. Qu'est-ce que les jeunes ont proposé pendant leur réunion à Barcelone?

c Dites ce que vous pensez de cette proposition.

Objectif langage

Vocabulaire et expression

6 a Faites un associogramme ou une liste d'expressions utiles pour parler de la vie politique et sociale.
▶ Liste des mots, p. 192–194

> représenter qn   élire (directement) qn

b Votre correspondant, qui est délégué de classe*, veut savoir s'il y a des élèves dans votre école qui vous représentent et si oui, quel est leur rôle. Vous lui répondez en expliquant comment cela fonctionne dans votre école.

* le/la délégué/e de classe der/die Klassensprecher/in

Révisions: le complément d'objet indirect avec *à* et *de*

7 Lisez cet article et complétez les phrases par la préposition (*à* ou *de*) et l'article qui convient, si nécessaire.

> **Rencontre à Strasbourg**
> Pendant cette réunion, les députés européens essaient de répondre [?] questions des jeunes membres du PEJ. Ce sont plus de 20 membres qui participent [?] cette rencontre internationale. Tous les participants s'intéressent [?] débat avec les députés. On parle [?] énergies renouvelables. Chacun rêve [?] meilleur avenir. Puis, les péjistes originaires d'Espagne demandent de faire face [?] problème du chômage des jeunes en Europe. Ils demandent [?] députés d'agir enfin. Les jeunes veulent qu'on s'occupe [?] leurs problèmes. Les députés expliquent qu'on cherche des solutions [?] chômage des jeunes, mais qu'on dépend [?] tous les pays européens.
> Après ce débat très animé, tout le monde a compris qu'on a besoin [?] résultats concrets.

Grammaire

8 Pendant une rencontre internationale, les jeunes Européens discutent entre eux. Complétez les phrases par le pronom relatif qui convient (*auquel / à laquelle / auxquels / auxquelles*).   ▶ Grammaire, p. 129/30
1. Comment s'appelle l'association [?] tu as écrit?
2. La réunion [?] j'ai participé était très intéressante.
3. Les problèmes [?] nous nous intéressons sont importants pour tous les Européens.
4. Le débat [?] nous voulons assister va bientôt commencer.
5. La liberté d'expression et l'égalité homme-femme sont des valeurs [?] je m'identifie particulièrement.

9 Le soir, les jeunes font la fête et ne parlent plus de politique. Imaginez ce qu'ils pourraient dire. Utilisez le pronom relatif *dont*.   ▶ Grammaire, p. 128/29
Exemple: Est-ce que tu connais l'acteur **dont** Anna nous a parlé?

Est-ce que tu connais	l'émission	Anna	*parler* de qn/qc
Comment est-ce que tu trouves	le pays	je	*être* originaire de qc
Est-ce que tu as vu/lu	le livre	tout le monde	*être* amoureux/amoureuse de qn
Je connais	le garçon	tu	*être* fan de qn
Je ne connais pas	le sportif	Léandro	*rêver* de qn/qc
J'aime	l'actrice	les autres	*discuter* de qc
Je n'aime pas	la fille	les gens	*s'occuper* de qn/qc
	le club		

| MOTS EN CONTEXTE | VOLET 1 | **VOLET 2** | VOLET 3 | TÂCHES – AU CHOIX | POUR ALLER PLUS LOIN | **C** |

10 Vous connaissez l'Europe? Corrigez ces phrases en utilisant le pronom démonstratif qui convient (*celui/celle/ceux/celles*). ▶ Grammaire, p. 114/7, ▶ Solutions, p. 210   ▶ p. 108

Exemple: – «Unie dans la diversité», c'est la devise de la France?
– Non, c'est celle de l'Europe.

1. «Unie dans la diversité», c'est la devise de la France?
2. Bruxelles, c'est la capitale des Pays-Bas?
3. Strasbourg, c'est l'endroit qui symbolise la force en Europe?
4. Bleu, blanc, rouge, ce sont les couleurs du drapeau belge?
5. Le Rhin, c'est la frontière entre l'Italie et la France?
6. De Gaulle et Adenauer, ce sont les hommes politiques qui ont signé le traité de Maastricht?
7. L'OFAJ, c'est l'organisation qui s'occupe de la banque européenne?
8. «Karambolage», c'est l'émission qui passe sur TV5?
9. L'échange «Brigitte Sauzay», c'est l'échange avec lequel on peut passer six mois en France ou en Allemagne?

Production orale

11 a «Quelle Europe voulez-vous pour demain?» 4 000 Allemands et Français ont répondu à cette question. Lisez les résultats de l'enquête et présentez-les. ▶ Méthodes, p. 157/29

Nous voulons une Europe …	Français	Allemands
… forte	88 %	40 %
… solidaire et juste	46 %	16 %
… écologique	41 %	22 %
… démocratique	22 %	23 %
… pacifique	11 %	42 %

Source: L'Allemagne et nous – Résultats de la grande enquête «l'Allemagne, la France et vous?» proposée par Radio France, ARTE, ARD et Deutschlandradio pour le cinquantième anniversaire du Traité de l'Élysée, 2013

b Comparez les réponses des Français aux réponses des Allemands et discutez.

Cela m'étonne que ____.	+ subj.	Ce qui me frappe, c'est ____.
Je trouve bizarre que ____.	+ subj.	C'est peut-être parce que ____.
Est-ce que c'est normal que ____?	+ subj.	Cela s'explique par (le fait que) ____.
À mon avis, c'est normal que ____.	+ subj.	

c Et vous, quelle Europe voulez-vous pour demain? Donnez votre avis.

Compréhension orale

12 a Écoutez la chanson *Des fois* du groupe franco-allemand Irie Révoltés. De qui parle la chanson et qu'apprenez-vous sur le personnage dont il est question? À qui le personnage s'adresse-t-il? Prenez des notes.

b Lisez les paroles (▶ p. 208–209) et notez d'abord les raisons qui ont poussé le personnage à partir. Ensuite, notez ce que le personnage trouve sur place. Puis, mettez vos résultats en commun.

c Dégagez* le message de la chanson.   * ▶ p. 214

soixante-cinq **65**

C   VOLET 3

MOTS EN CONTEXTE   VOLET 1   VOLET 2   **VOLET 3**   TÂCHES – AU CHOIX   POUR ALLER PLUS LOIN

Pour le meilleur et pour le pire?

1 Pierre Kroll, *1914*, réalisé pour ARTE, 2010

2 Rainer Hachfeld, *Les ombres*[1] *de l'Histoire*, Neues Deutschland, 12.11.2009

les présidents de la République française

Charles de Gaulle (1959–1969)
Georges Pompidou (1969–1974)
Valéry Giscard d'Estaing (1974–1981)
François Mitterrand (1981–1995)
Jacques Chirac (1995–2007)
Nicolas Sarkozy (2007–2012)
François Hollande (2012–   )

les chanceliers allemands

Konrad Adenauer (1949–1963)
Ludwig Erhard (1963–1966)
Kurt Georg Kiesinger (1966–1969)
Willy Brandt (1969–1974)
Helmut Schmidt (1974–1982)
Helmut Kohl (1982–1998)
Gerhard Schröder (1998–2005)
Angela Merkel (2005–   )

| MOTS EN CONTEXTE | VOLET 1 | VOLET 2 | **VOLET 3** | TÂCHES – AU CHOIX | POUR ALLER PLUS LOIN | **C** |

3 Burkhard Mohr, Saarbrücker Zeitung, 23.01.2013

4 Nastasia Verdeil, réalisé dans le cadre du concours «Drôles de perspectives», 2013

Quelques dates-clés des relations franco-allemandes

1870–1871	Guerre entre la France et la Prusse
1914–1918	Première Guerre mondiale
1939–1945	Seconde Guerre mondiale
1962	«Messe pour la paix[4]» dans la cathédrale de Reims en présence[5] d'Adenauer et de Gaulle
1963	Signature du traité[6] de l'Élysée appelé aussi le traité de l'amitié franco-allemande – Création de l'OFAJ
1984	À Verdun, Helmut Kohl et François Mitterrand rendent hommage[7] aux soldats morts pendant les deux guerres mondiales.
1990	Création de la chaîne de télévision franco-allemande Arte
1992	Traité de Maastricht: naissance de l'Union européenne (UE)
2013	50e anniversaire du Traité de l'Élysée

le geste de Verdun

1 **l'ombre** f. der Schatten   2 **dater de l'époque de qn** aus der Zeit von jdm stammen   3 **gratter** kratzen   4 **la paix** der Friede
5 **en présence de qn** in Anwesenheit von jdm   6 **le traité** der Vertrag   7 **rendre hommage à qn** *hier:* jds gedenken

Objectif lecture

Compréhension écrite

1 a Regardez les caricatures et dites de quel(s) thème(s) il est question.

b À l'aide des photos (▶ p. 66–67) et des dates-clés (▶ p. 67), retrouvez les personnes représentées dans les caricatures 2 et 3.

Méthodes et stratégies: analyser une caricature

Koop 2 a Après avoir étudié le modèle d'analyse ci-dessous, choisissez une des caricatures (▶ p. 66–67) et analysez-la.

Fritz Behrendt, *Von höherer Warte aus betrachtet*, Süddeutsche Zeitung, 09.07.1962

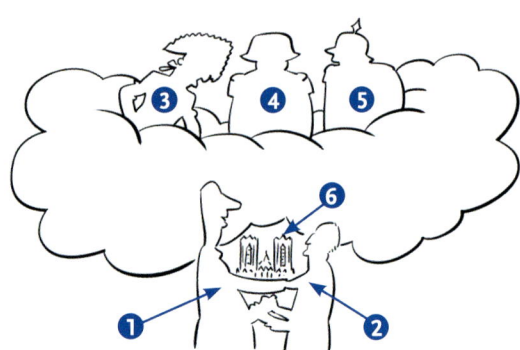

Phase 1: Description
- Qu'est-ce qu'on voit? Personnages? Objets? Actions?
- Qu'est-ce qui se trouve au premier plan / à l'arrière-plan / au centre?
- Couleurs?
- Quel est le titre ou la légende de la caricature? Quel en est l'auteur? Date (et lieu) de parution?

> ✓ Décrivez la caricature en peu de mots mais très précisément comme pour quelqu'un qui ne la verrait pas.

Description
2 hommes devant une cathédrale – se tiennent par les mains
Sur un nuage, 3 hommes – observent les 2 hommes
Premier plan, au centre: hommes en grand
Arrière-plan: cathédrale
Couleurs: en noir et blanc
Titre: «Von höherer Warte aus betrachtet»
Auteur: Fritz Behrendt,
Date de parution: 9.7.1962
Journal: «Süddeutsche Zeitung»

Phase 2: Analyse
- À quoi reconnaît-on les personnages? Comment sont-ils représentés? Représentent-ils un pays, une époque, un évènement ou eux-mêmes?
- Symboles? Comment les interprétez-vous?

> ✓ En principe, une caricature reflète l'actualité. Pour la comprendre, informez-vous si nécessaire sur le contexte historique pendant lequel elle est parue. ▶ Dates-clés, p. 67

Analyse
❶ = Charles de Gaulle (gros nez et grandes oreilles)
❷ = Konrad Adenauer (petit)
représentent la France / l'Allemagne
❸ = Frédéric II, ❹ = Napoléon, ❺ = Bismarck (vêtements de l'époque) = autrefois / Histoire franco-allemande / guerres
❻ = Cathédrale de Reims → messe en juillet 1962: symbolise la réconciliation
Titre → Les «grands hommes» d'autrefois observent les «grands hommes» de 1962

Phase 3: Conclusion
- Quel est le message de la caricature? Quel effet a-t-elle sur vous?

Conclusion
Montre changement dans relation entre Français et Allemands
Histoire des relations franco-allemandes évolue → de la guerre à l'amitié.

Description		Analyse/Conclusion
Au premier plan, Au centre, / Au milieu, À l'arrière-plan, À droite, / À gauche, En haut, / En bas,	il y a ____. se trouve(nt) ____. on voit ____.	On reconnaît ____ à ____. Peut-être que ____ représente/symbolise ____. On dirait que ____. La caricature montre / critique / se moque de ____. À mon avis, ____.

b Rédigez votre analyse. ▶ Méthodes, p. 154/27

Commentaire

3 Mettez les caricatures (▶ p. 66–67) en relation* avec le titre du volet *Pour le meilleur et pour le pire?*.

* ▶ p. 215

Objectif langage

Vocabulaire et expression

4 a Retrouvez ce qui va ensemble et notez les expressions.

élire	améliorer	voter	appartenir
signer	rechercher	voir	prendre
avoir	échanger	dater	introduire
	défendre	faire	trouver

allusion à qc   pour but   une mesure
une solution à qc   des idées *f.*   le jour
la vie quotidienne   un traité
une valeur   le président de la République
à l'UE   le dialogue   de l'époque *f.* de qn
l'euro *m.*   aux élections européennes

b Utilisez au moins six expressions de a dans des phrases d'exemples.

5 Trouvez les mots qui signifient le contraire et notez-les par paires. Ils vous serviront pour l'exercice 6.
Exemple: la guerre ≠ la paix

la guerre	l'indépendance *f.*	l'union *f.*	le pire	le passé	l'inconvénient *m.*
la réconciliation	le meilleur	l'ennemi *m.*	l'ami *m.*	la séparation	la dispute
l'avantage *m.*	l'avenir *m.*	la coopération		la réponse	la dépendance
	la question			la paix	la concurrence

Médiation

6 Votre copain français prépare un exposé sur les relations franco-allemandes. Il a trouvé le descriptif d'un DVD. Il voudrait savoir de quels thèmes il est question. Lisez le descriptif (▶ p. 209) et écrivez-lui un mail pour le lui expliquer. ▶ Méthodes, p. 150/22

C

MOTS EN CONTEXTE   VOLET 1   VOLET 2   VOLET 3   **TÂCHES – AU CHOIX**   POUR ALLER PLUS LOIN

 A Vous voulez participer à la prochaine rencontre des jeunes Européens «Idées pour une meilleure Europe». On y propose des ateliers, des débats, des petits sketches sur ces cinq thèmes:

les jeunes et l'emploi   la révolution numérique   l'avenir de l'UE

le développement durable   les valeurs européennes

Choisissez un thème qui vous intéresse et posez votre candidature en envoyant:
– le CV des participants de votre équipe ▶ Méthodes, p. 147/17
– un film (de 90 secondes) qui présente votre équipe, vos idées et vos points forts.

Dans le CV:
- n'oubliez pas de mentionner vos expériences internationales ou interculturelles et vos contacts ou vos échanges avec d'autres Européens.

Dans le film:
- présentez (brièvement) les membres de votre équipe.
- dites comment vous avez appris l'existence de cette rencontre des jeunes Européens.
- expliquez pourquoi vous voulez y participer.
- exposez quelques idées sur le thème que vous avez choisi.

– 90 secondes, ce n'est pas long. Faites une liste des aspects les plus importants.
– Écrivez un scénario pour le film: Qu'est-ce que vous voulez montrer? Qui dit quoi? Qui fait quoi?
– Choisissez un endroit dont l'ambiance correspond à votre thème.
– Évitez de lire votre texte, notez des mots-clés de votre texte sur une grande affiche que vous positionnerez derrière la caméra.
– N'oubliez pas de rendre votre clip vivant.

 B Pour la journée franco-allemande, vous organisez une exposition dans votre collège. Vous allez y présenter un épisode de l'Histoire franco-allemande à l'aide de collages, de posters, de caricatures, de bédés, de textes.
Travaillez d'abord à deux. Lisez les mots-clés et classez les évènements dans un ordre chronologique.

l'introduction de l'euro   le traité de l'Élysée   la création de l'OFAJ

la création d'ARTE   la Première Guerre mondiale   les guerres de Napoléon

les accords de Schengen

Choisissez un ou plusieurs mots-clés et faites une recherche individuelle. Puis, échangez vos résultats.
Mettez-vous d'accord sur le/s moment/s que vous voulez présenter.

Comment voulez-vous présenter ces épisodes pour votre exposition?
- Vous pouvez créer une bédé, écrire un texte, faire un petit film ou un roman-photo qui visualisent/mettent en relief ce/s moment/s.
- Vous pouvez aussi trouver des caricatures dans les médias ou en créer vous-même.

– Attirez l'attention du spectateur.
– Donnez les informations qu'il faut pour comprendre votre sujet.
– Informez de façon humoristique.
– Utilisez du vocabulaire connu et annotez le vocabulaire inconnu pour vos camarades.

| MOTS EN CONTEXTE | VOLET 1 | VOLET 2 | VOLET 3 | TÂCHES – AU CHOIX | POUR ALLER PLUS LOIN | C |

Les films, lectures et chansons présentés sur cette page vous permettront d'approfondir les thèmes abordés dans ce dossier.

Films

Dany Boon: Rien à déclarer (2010)

Mathias, douanier français, est amoureux d'une jeune fille belge. Le frère de celle-ci, Ruben, est son collègue belge de l'autre côté de la frontière. Malheureusement, Ruben déteste tous les Français et la France toute entière. Entre-temps, le traité de Maastricht met fin à la fermeture des frontières en Europe …

Christian Carion: Joyeux Noël (2005)

La nuit du 24 décembre 1914: les soldats français, écossais et allemands sortent de leurs tranchées pour fêter Noël ensemble. On chante, on échange des cigarettes et du chocolat. Fraternisation invraisemblable? Non, ce film s'inspire de faits réels.

Philippe Lioret: Welcome (2009)

Bilal, 17 ans, un migrant kurde sans-papiers, veut rejoindre sa petite amie à Londres. À Calais, sa première tentative de passer la frontière clandestinement échoue. Il décide alors de traverser la Manche à la nage. Simon, un maître-nageur, va l'aider.

Cédric Klapisch: L'auberge espagnole (2002)

Xavier part à Barcelone afin d'améliorer son espagnol. Il s'installe dans un appartement en colocation avec un Italien, une Anglaise, un Danois, un Allemand, une Espagnole et un Belge. Tous font une année d'études à l'étranger grâce au programme d'échanges universitaires européen (ERASMUS). Une comédie autour du dépaysement, du choc culturel et de l'amour.

Claude Miller: Un secret (2007)

François, né après la Seconde Guerre mondiale, apprend à l'âge de quinze ans ce que son père a vécu pendant l'Occupation allemande.

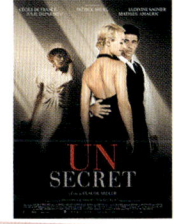

Romans et nouvelles

Tomi Ungerer: Otto, Autobiographie d'un ours en peluche

Suivez Otto dans ses aventures qui le mènent à travers toute l'Europe jusqu'aux États-Unis. Né dans une usine allemande, il passe des jours heureux auprès du petit David, puis connaît les horreurs de la guerre avant de devenir un héros.

Roland Fuentès: L'Échange

Maxime, 14 ans, participe à un échange scolaire en Allemagne. Dans sa famille d'accueil, le jeune Français découvrira la «vraie vie allemande», et devra faire face à toutes sortes de malentendus.

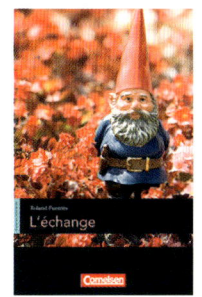

Chansons

Irie Révoltés: Citoyen du monde

Les chanteurs du groupe, «Mal Élevé» et «Carlito», chantent en allemand et en français. Leur style est un mélange de reggae, punk, ska et hip-hop. Pour Irie Révoltés, faire de la musique est une manière de s'engager politiquement. À travers leurs chansons, les musiciens critiquent la société d'aujourd'hui et expriment leur vision d'un monde plus équitable.

soixante et onze 71

Dossier D Destination le Cameroun

PF Tâches – au choix

A imaginer une histoire pour illustrer un proverbe

B expliquer à des jeunes Camerounais comment, en Allemagne, on fête le passage à l'âge adulte / on forme des jeunes talents de foot (médiation)

Compétences communicatives

- parler de sa famille et décrire sa vie quotidienne (▶ V1)
- exposer ses projets d'avenir (▶ V1)
- expliquer des coutumes et des traditions (▶ V1)
- parler de foot (▶ V2)
- décrire la carrière d'un sportif / d'une sportive (▶ V2)
- raconter une histoire (▶ V3)

Grammaire en contexte

- *je regrette que / il est normal que* + subj.
- le subjonctif après *bien que, pour que, jusqu'à ce que, avant que*
- l'accord du participe passé avec *avoir*
  ▶ Grammaire, p. 127/27
- la place des pronoms dans la phrase
  ▶ Grammaire, p. 113/5
- les déterminants indéfinis ▶ Grammaire, p. 111/1
- comprendre le *futur antérieur* ▶ Grammaire, p. 120/15
- comprendre le *passé simple*
- les verbes *s'asseoir, mourir* et *convaincre*
  ▶ Verbes, p. 132–139

Compétences interculturelles

- le Cameroun
- le français du Cameroun
- la CAN (Coupe d'Afrique des Nations)
- l'importance du foot en Afrique

Méthodes et stratégies

- faire une médiation en tenant compte du destinataire
- améliorer son style à l'aide de connecteurs

1 Regardez les photos. Lesquelles attirent votre attention? Dites pourquoi.

2 a Dites quels aspects du Cameroun ces photos évoquent.

b À l'appui des photos, formulez les questions que vous vous posez sur le Cameroun.

L'Afrique en miniature

On dit du Cameroun que c'est l'Afrique en miniature parce qu'on y trouve tout ce qu'il y a en Afrique. Voyager au Cameroun, c'est découvrir un grand nombre de paysages, de climats et de cultures africaines.

Géographie

Le Cameroun est un pays d'Afrique centrale. Yaoundé est la capitale politique et Douala la capitale économique. Dans le nord se trouvent des régions de savane au climat chaud et sec, dans le sud, la forêt équatoriale au climat chaud et humide et dans l'ouest les hauts plateaux où il peut faire froid. Avec ses 4070 m, le mont Cameroun, un volcan, est la montagne la plus haute du pays.

Comme dans beaucoup de pays d'Afrique, l'eau est une ressource rare au Cameroun. À Douala, il y a même une fête de l'eau, le ngondo, qui a lieu tous les ans. C'est une fête traditionnelle qui sert à invoquer les esprits de l'eau.
L'eau du robinet change souvent de couleur et ne coule pas de façon régulière. Les habitants doivent donc acheter de l'eau potable, qu'ils paient cher, aux bornes-fontaines publiques.

Histoire

De 1884 à 1918, le Cameroun est une colonie allemande. De cette époque date la construction de la ligne de chemin de fer Douala – Yaoundé. Et les Camerounais utilisent quelques mots d'origine allemande comme «bahnhof» (prononcer «banof») pour «gare». En 1918, le Cameroun devient français à l'est et anglais à l'ouest. En 1960, le côté français devient indépendant. En 1961, une partie du côté anglais rejoint le Nigeria et l'autre le Cameroun.

Société

Le Cameroun compte environ 23 millions d'habitants et plus de 250 ethnies comme les Bétis, les Bassas ou les Bamilékés. Les Pygmées sont les premiers habitants du Cameroun. Aujourd'hui encore, ils vivent dans la forêt équatoriale.

Au Cameroun, il y a deux langues officielles: le français et l'anglais. 70 % des Camerounais parlent le français et 30 % parlent l'anglais. Le français sert de langue commune à beaucoup de Camerounais parce qu'il y a plus de 250 langues nationales. La majorité des Camerounais parle au moins une langue nationale comme le bulu, le bassa ou le bamoun.

Au Cameroun, on pratique plusieurs religions. 70 % des Camerounais sont chrétiens et environ 21 % sont musulmans. Environ 5,6 % sont animistes. L'animisme est une façon particulière de voir le monde: pour les animistes, des esprits – bons ou mauvais – habitent les ancêtres, tous les êtres vivants (les hommes et les animaux) et aussi les objets (les arbres, les rochers, le vent, la terre, l'eau …).

Les Camerounais, comme tous les Africains, utilisent beaucoup de proverbes. Voici quelques exemples de cette sagesse africaine: «Le vieil éléphant sait où trouver de l'eau.» ou «Si tu n'as pas étudié, voyage.»

MOTS EN CONTEXTE

VOLET 1   VOLET 2   VOLET 3   TÂCHES – AU CHOIX   POUR ALLER PLUS LOIN   **D**

1 Reprenez vos questions sur le Cameroun (▶ p. 73/2). Puis, lisez le texte et trouvez-y des réponses, si possible.

2 Relevez dans le texte les mots et expressions en rapport avec les thèmes suivants.

    paysage(s)   climat(s)   histoire   langue(s)   religion(s)

3 a Choisissez le verbe qui convient et complétez les phrases.

    servir qn/qc   servir de   servir à

1. Le français ? langue commune aux différentes ethnies du Cameroun.
2. Le Ngondo est une fête qui ? invoquer les esprits de l'eau.
3. Au Cameroun, on ? les plats avec de l'eau plate.

    devoir   devoir à

4. On ? Allemands le mot « bahnhof » pour dire « gare ».
5. Les Camerounais qui ne parlent pas le français dans leur famille ? l'apprendre à l'école.

    habiter   habiter à   habiter en

6. Les esprits ? les êtres vivants.
7. Mes parents sont Camerounais mais depuis dix ans, ils ? Europe.
8. Le chef du gouvernement camerounais ? Yaoundé.

    changer   changer de   changer à

9. De Berlin, j'ai pris l'avion pour Douala. J'ai dû ? Paris.
10. Le Cameroun a beaucoup ? ces dernières années.
11. Je parle le bulu, l'anglais et le français. Plusieurs fois dans la journée, je ? langue.

b Traduisez les phrases de a.

4 Rédigez un texte sur ce pays africain d'après le modèle (▶ p. 74). Puis présentez ce pays à votre partenaire B.

B ▶ p. 103   ▶ Carte d'Afrique, p. 212

Republik Kongo (République du Congo)
Lage: Zentralafrika
Politische Hauptstadt: Brazzaville
Wirtschaftliche Hauptstadt: Pointe-Noire
Klima: Savannenregion (heiß und trocken), äquatorialer Tropenwald (heiß und feucht)
Geschichte: französische Kolonie ab 1891; von 1911 bis 1918 war der nördliche Teil des Landes deutsche Kolonie; seit 1960 unabhängig
Bevölkerung/Gesellschaft: ca. 4 Millionen Einwohner; 98 % Bantu, außerdem: Pygmäen, Europäer
Amtssprache: Französisch
Nationalsprachen: Lingàla, Kituba
Religionen: über 75 % Christen, ca. 20 % Animisten, ca. 2 % Muslime

La vie d'un jeune Camerounais

Dans notre série de reportages aux quatre coins du monde, cette semaine, nous vous emmenons[1] au Cameroun.

Du village à la ville

Félix Nguema Atangana, 17 ans, a quitté son village, Nkolandon, situé dans le sud du Cameroun, près d'Ebolowa, pour étudier au lycée, à Douala. Il vit chez un oncle dans le quartier populaire de Bepanda.

Félix est arrivé à Douala à l'âge de douze ans, peu après le rite de passage[2] à l'âge adulte. À la puberté, les filles et les garçons doivent passer des épreuves[3] qui ont pour but de leur montrer de façon symbolique les difficultés de la vie. Félix raconte son expérience. «Ce jour-là, ma mère m'a conduit dans la forêt où le féticheur[4] du village nous attendait. Ils m'ont dit de ne pas bouger jusqu'à ce qu'on vienne me chercher et ils m'ont laissé là, tout seul. J'ai attendu longtemps. J'avais peur. Puis le féticheur est revenu. Il m'a bandé les yeux[5] et j'ai dû marcher pendant un long moment sans savoir où j'allais. Ensuite, on m'a demandé de m'asseoir[6] et on m'a donné à boire quelque chose de très amer[7]. Quand j'ai pu ouvrir les yeux, il faisait nuit. Mon grand-père, mon père et d'autres hommes étaient là. Le féticheur a communiqué avec les ancêtres[8], puis il m'a dit des choses que je n'ai pas comprises, c'étaient des paroles magiques, et on m'a donné mon prénom[9] définitif ‹Nguema› qui veut dire ‹serpent[10] protecteur[11]› parce que les serpents ne m'avaient pas mordu[12] dans la forêt. De retour au village, on a dansé et chanté. J'étais devenu adulte.»

Avant son départ pour Douala, la mère de Félix lui a offert des cauris[13] pour le protéger des mauvais esprits. Quand on lui demande si sa famille au village ne lui manque pas, il répond: «Je suis béti[14] et je suis aussi l'aîné[15] de la famille. Chez nous, l'aîné est responsable[16] de sa famille. Il doit s'occuper d'elle pour qu'elle ne soit jamais dans le besoin[17]. C'est la tradition. Alors, il faudra que j'aie un bon métier pour pouvoir aider ma famille plus tard. C'est pour cela que je suis venu à Douala. Et en Afrique, il est normal que les parents envoient un ou plusieurs de leurs enfants chez un parent ou même dans une autre famille pendant plusieurs années. Une de mes sœurs vit chez une tante à Ebolowa.»

Félix est en première[18], il est très bon élève et il a des idées très précises sur son avenir: après le baccalauréat, il fera des études de médecine en France, à Paris. Quand il aura fini ses études, il travaillera dans la recherche sur les maladies tropicales. Mais il ne restera pas en France parce qu'il sera plus utile au Cameroun. Quand il sera revenu au pays, il travaillera au Centre Pasteur du Cameroun à Yaoundé. S'il est aussi sûr de lui[19], ce n'est pas seulement parce que le féticheur a confié à sa mère qu'il aurait un bel avenir, mais surtout parce qu'il est persuadé[20] que les rêves se réalisent quand on y croit vraiment.

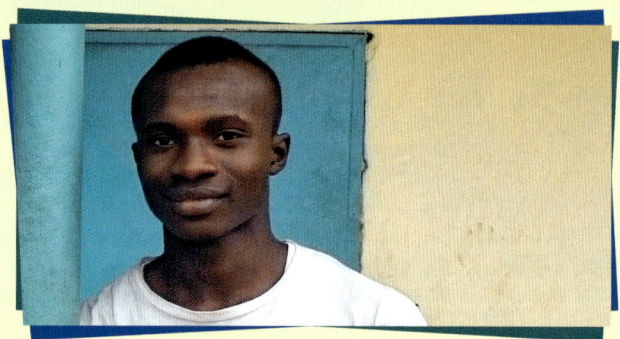

---

1 **emmener qn** jdn mitnehmen   2 **le rite de passage** der Übergangsritus   3 **l'épreuve** f. die Prüfung   4 **le féticheur** der animistische Priester   5 **bander les yeux à qn** jdm die Augen verbinden   6 **s'asseoir** sich hinsetzen   7 **amer/ère** adj. bitter   8 **les ancêtres** m./f. pl. die Vorfahren, die Ahnen   9 **le prénom** der Vorname   10 **le serpent** die Schlange   11 **protecteur/trice** adj. qui protège   12 **mordre qn** jdn beißen   13 **le cauri** die Kaurimuschel   14 **béti** adj. m./f. der Kultur der Beti zugehörig   15 **l'aîné/e** m./f. der/die Älteste   16 **responsable (de)** m./f. adj. verantwortlich (für)   17 **être dans le besoin** ne pas avoir assez d'argent pour vivre   18 **la première** die vorletzte Jahrgangsstufe   19 **être sûr/e de soi** selbstsicher sein   20 **persuadé/e** adj. sûr/e

Comment est la vie de Félix ?

Tous les matins, il va à pied au lycée de Bepanda qui est pratiquement en face de chez son oncle. Au lycée, tous les
55 élèves portent l'uniforme : chemise bleue, pantalon gris pour les garçons et jupe grise pour les filles. Dans la cour, Félix salue ses copains : « – Wééé ! Ça va ? – On est là ! » [= Ça va. *ndlr*[21]] Avec ses copains, Félix parle français et camfranglais[22]. En cours, il parle français et anglais.
60 À midi, Félix mange chez sa tante qui a un chantier [= un petit restaurant de quartier *ndlr*] au marché du coin où elle propose des plats pas trop chers entre 250 et 500 franc CFA. Son plat préféré, c'est le jazz [= des haricots[23] rouges frits *ndlr*] avec des bananes
65 plantain[24] frites ou du riz.

Il nous explique que son oncle, qui est docker, ne gagne pas beaucoup d'argent et que l'activité de sa tante permet à la famille de vivre mieux.

Souvent, Félix doit aider sa tante, mais pendant son
70 temps libre, il est avec ses amis et ses cousins. Ils se baladent dans le quartier d'Akwa, le plus branché de la ville. Ils vont écouter du makossa, une musique qui vient de Douala, sur laquelle on danse et qui est très populaire au Cameroun. Après cela, ils vont
75 boire un jus [= une boisson comme le coca, la limonade, etc. *ndlr*]. Comme Félix est né un mercredi et que le mercredi est le jour où un Béti doit penser aux autres, c'est toujours lui qui doit payer pour ses cousins !
80 Pendant les vacances, Félix retourne dans sa famille, au village. À Nkolandon, on cultive[25] le

manioc, le palmier à huile et la banane. Les parents de Félix cultivent le manioc. Félix nous explique en souriant qu'en bulu, le nom de famille « Atangana » veut dire « bâton de manioc », une spécialité camerounaise. Pendant la 85 journée, Félix aide aux champs. Après, il s'occupe de ses frères et sœurs dont les plus jeunes ont deux et trois ans. « Nous sommes huit enfants de la même mère et 13 enfants en tout avec les cinq enfants de la deuxième femme de mon père, qui habite dans la maison d'à côté. Mon père vit 90 alternativement[26] dans les deux maisons. Bien que[27] ma mère et l'autre femme de mon père ne s'entendent pas très bien, chacune s'occupe des enfants de l'autre comme de ses propres enfants.

Le soir, avec mes frères et sœurs, on s'assoit autour de mon 95 grand-père. On adore ces moments parce qu'il nous raconte toujours des histoires. »

Félix accepte de nous en raconter une, très courte !

« Un jour, le bâton de manioc a dit à l'œuf : « Hé, toi, gros ventre, je parie que je cours plus vite que toi ! » L'œuf lui a répondu : 100 « Pour me rattraper, tu pourras toujours courir ! »

Le singe avait tout entendu. Alors, il a organisé une course entre l'œuf et le bâton de manioc. L'œuf est arrivé le premier. Le singe l'a mangé. Le bâton de manioc, épuisé, est arrivé le dernier. Et le singe l'a mangé aussi ! » 105

Félix sourit et dit : « Mon grand-père m'apprend un tas de choses. Je l'admire et j'ai beaucoup de respect pour lui. Je regrette[28] qu'il vive loin de moi. En Afrique, les personnes âgées ont une place importante dans la société parce qu'elles ont une grande expérience de la vie et qu'elles savent beaucoup 110 de choses. Leur savoir, qui vient des ancêtres, se transmet de bouche à oreille[29]. Chez nous, on dit qu'un vieillard qui meurt[30], c'est une bibliothèque qui brûle[31]. »

Reportage de Marie Laurent et Luc Darmon

---

21 ndlr note de la rédaction **22 le camfranglais** *eine Mischsprache aus Französisch, Englisch und Kamerunischen Nationalsprachen*
23 le haricot *die Bohne* **24 la banane plantain** *die Kochbanane* **25 cultiver qc** *etw. anbauen* **26 alternativement** *abwechselnd*
27 bien que + *subj.* *obwohl* **28 regretter qc** *etw. bedauern* **29 transmettre qc de bouche à oreille** *etw. mündlich überliefern*
30 mourir *sterben* **31 brûler qc** *etw. verbrennen*

D MOTS EN CONTEXTE — VOLET 1 — VOLET 2   VOLET 3   TÂCHES – AU CHOIX   POUR ALLER PLUS LOIN

Objectif lecture

Préparer la lecture

1 Avant de lire le reportage et en vous appuyant sur les titres et les photos, formulez des hypothèses sur son contenu.

Compréhension écrite, analyse et commentaire

 2 Lisez le reportage. Divisez-le en plusieurs parties et trouvez des mots-clés pour chaque partie.

3 a Qu'est-ce que vous apprenez sur Félix? Vérifiez si les phrases ci-dessous sont correctes. Justifiez votre réponse à l'aide du texte.
1. Félix étudie au lycée de Douala depuis l'âge de douze ans.
2. À Douala, il vit chez sa mère.
3. Pour son rite de passage, il a dû passer une nuit, seul dans la forêt.
4. À ce moment-là, il a choisi un nouveau prénom.
5. Félix a la responsabilité de sa famille parce qu'il est le plus âgé des enfants.
6. Après le lycée, Félix rêve de faire des études à Yaoundé.
7. Félix est optimiste pour son avenir.
8. Pendant les vacances, il aide sa tante dans son chantier.
9. Le grand-père joue un rôle important dans la vie de Félix.

b Faites un organigramme du reportage. Tenez compte de vos résultats de a. ▶ Méthodes, p. 158/32

4 Comparez votre vie à celle de Félix. Notez les points communs et les différences.

la famille   les amis   l'école   devenir adulte   la ville et la campagne

5 Choisissez une de ces activités.

a «Un vieillard qui meurt, c'est une bibliothèque qui brûle» (▶ p. 76–77, l. 112–113). Expliquez ce proverbe et commentez-le. ▶ Méthodes, p. 148/20

b Quitter ses parents à l'âge de douze ans, comme Félix, qu'en pensez-vous? Donnez votre avis. ▶ Méthodes, p. 148/20

Compréhension orale

CD 2
8
6 a Quel est le sujet de cette émission de radio? Écoutez et notez la bonne réponse.
1. Servais Salla, un Français qui voyage régulièrement au Cameroun, compare la vie quotidienne en Europe et en Afrique.
2. Servais Salla, un Camerounais qui vit en Allemagne depuis longtemps, présente son pays d'origine et parle de son enfance en Afrique.
3. Servais Salla, un Camerounais qui, depuis des années, habite en France, parle de sa famille franco-camerounaise et présente sa vie quotidienne en Europe.
4. Servais Salla, un Français qui a passé toute son enfance au Cameroun, présente son pays d'origine et parle de sa vie quotidienne en Europe.

 b Écoutez encore une fois l'émission de radio. Notez de quels thèmes parle Servais Salla. ▶ p. 108

 c Choisissez un thème, écoutez encore une fois et notez tout ce que vous apprenez. ▶ Méthodes, p. 142/5

| MOTS EN CONTEXTE | VOLET 1 | VOLET 2 | VOLET 3 | TÂCHES – AU CHOIX | POUR ALLER PLUS LOIN | |

Objectif langage

Vocabulaire et expression

7 Écoutez et lisez ces phrases en français du Cameroun. Trouvez l'équivalent des phrases soulignées en français de France. ▶ Solutions, p. 210

1. – Salut!
   – Salut! <u>C'est comment?</u>

2. – <u>Tu vas go à Mbeng*?</u>
   – Oui, je pars demain.
   – <u>Mais tu es en haut!</u>

3. – Tu sais ce qui s'est passé?
   – <u>Je ne know pas.</u>

4. – Salut, au revoir!
   – <u>On est ensemble!</u>

5. – Il a marqué encore un but!
   – <u>C'est la magie!</u>

6. – <u>How on do comment?</u>
   – Je ne sais pas.

* **Mbeng** l'Europe, en langue douala du Cameroun

8 Faites un associogramme sur le thème de la fête. Complétez-le avec les mots et expressions du texte qui parlent de la fête du rite du passage (l. 7–27). Vous pouvez l'utiliser pour la tâche B, p. 92.

Révisions: les verbes pronominaux de sens passif

9 Vous êtes dans un restaurant africain avec votre famille. La serveuse parle mieux le français que l'allemand. Faites l'interprète. Utilisez les verbes pronominaux. ▶ Grammaire, p. 118/13
Exemple: Est-ce que les feuilles de bananes se mangent aussi?

1. Werden die Bananenblätter auch gegessen?
2. Wird die Sauce mit Erdnussöl zubereitet?
3. Wird das Gericht mit Kochbananen serviert?
4. Dieser Maniok-Kuchen … Wird er als Vorspeise oder als Nachtisch gegessen?
5. Werden die Maniokstangen in Wasser oder in Öl zubereitet?

D MOTS EN CONTEXTE — VOLET 1

Révisions: le subjonctif

10 a Ordnen Sie folgende Sätze einer Sprechabsicht zu.

| Notwendigkeit | Wunsch/Wille | Gefühl | Bewertung |

1. **J'ai peur** que ce soit difficile!
2. **Il est normal** que les parents envoient un ou plusieurs enfants chez un parent.
3. Félix **trouve bizarre** que les familles soient beaucoup plus petites en Europe qu'au Cameroun.
4. Les parents de Félix **sont contents** que leur fils réussisse bien à l'école.
5. La tante de Félix **veut** qu'il l'aide et qu'il fasse ses devoirs.
6. La copine de Félix **voudrait** qu'il lui apprenne à danser le makossa.
7. Félix **regrette** que son grand-père vive loin de lui.
8. **Il faut** que tu ailles chercher de l'eau à la fontaine publique.

b Notez pour chaque forme du subjonctif de **a** la forme correspondante du présent de l'indicatif. Puis, comparez.
▶ Grammaire, p. 120/16.1

c Vous surfez sur un forum franco-camerounais. Reformulez ce que disent les jeunes. Utilisez le subjonctif.
▶ Pense-bête, p. 217

Exemple: Je regrette que mon frère vive en Europe maintenant.

Forum franco-camerounais

1. Mon frère vit maintenant en Europe. Je le regrette. — *Valérie*
2. Les footballeurs français gagnent beaucoup d'argent. C'est cool! — *Ballé*
3. Mes parents préfèrent que je reste à Yaoundé pour mes études. C'est normal. — *Arielle*
4. Mon cousin veut aller en Europe. C'est dommage! — *William*
5. En Europe, les gens sont toujours à l'heure. Je trouve ça bizarre. — *Momo*
6. En France, les grands-parents vivent seuls. C'est nul! — *Yéti*

Grammaire

11 Complétez l'histoire de Samuel et Éveline. Utilisez *bien que*, *jusqu'à ce que*, *pour que*, *avant que* et le subjonctif. ▶ Grammaire, p. 121/16.2 ▶ Pense-bête, p. 217

1. Samedi soir à Douala: Samuel appelle Éveline et insiste ❓ (elle / *sortir* avec lui).
2. Elle accepte ❓ (elle / *avoir* encore des devoirs pour le lycée).
3. Ils se retrouvent dans le quartier Akwa et ils se baladent ❓ (ils / *trouver* un bar sympa).
4. Ils dansent le makossa ❓ (le bar / *fermer*).
5. Samuel dit à Éveline qu'il a décidé d'aller à Paris à la fin de l'été pour faire ses études. Éveline réagit bien, ❓ (elle / *être* très triste). Elle lui dit: «Tu es en haut!»
6. Le samedi suivant, Éveline appelle les cousins de Samuel tôt le matin ❓ (ils / *partir* à la plage).
7. Avec leur aide, elle veut organiser une fête ❓ (Samuel / *revoir* tous ses amis) avant son départ.

MOTS EN CONTEXTE | VOLET 1 | VOLET 2 VOLET 3 TÂCHES – AU CHOIX POUR ALLER PLUS LOIN

12 Sur ce site Internet, plusieurs artistes camerounais s'expriment. Subjonctif ou indicatif? Complétez avec les formes qui conviennent. ▶ Grammaire, p. 122/16.3 ▶ Pense-bête, p. 217

Almo: «Je voudrais qu'il y ___ (avoir) plus de personnages de bédé africains! Il faudrait que nous ___ (avoir) un jour un personnage de bédé aussi célèbre qu'Astérix!» ❶

Michael Kiesson: «Je trouve génial que les gens ___ (aller) dans les clubs pour danser sur ma musique. Je suis content qu'elle ___ (faire) bouger les enfants et les adultes – tout le monde» ❷

Sanzy Viany: «Il faut que nous, les femmes, nous ___ (se battre) pour avoir une place plus importante dans la vie politique et économique du pays. J'espère que ma chanson ‹Minga atan› ___ (permettre) de mieux comprendre que l'Afrique n'est rien sans les femmes.» ❸

Leonora Miano: «Je voudrais que les jeunes d'origine africaine qui vivent en France ___ (savoir) plus de choses sur l'Afrique. Je suis contente que mes livres ___ (pouvoir) les aider à découvrir l'histoire de leurs parents et de leurs grands-parents.» ❺

Pascale M. Tayou: «Je crois que le monde ___ (être) en train de changer. Dans mes œuvres, je veux dénoncer les problèmes de la globalisation*. Et je suis sûr que nous ___ (pouvoir) changer les choses si nous luttons vraiment.» ❹

Sally Nyolo: «Je pense qu'il n'y ___ (avoir) pas assez d'infrastructure pour les artistes au Cameroun. Alors, j'ai créé un studio à Yaoundé parce que j'ai envie que la musique camerounaise ___ (aller) loin!» ❻

* **la globalisation** die Globalisierung

Recherche

13 Faites une recherche sur une des personnalités de 12 et présentez vos résultats en classe. ▶ Méthodes, p. 142/7

Production écrite

14 Vous trouvez ce message de Robert sur un forum franco-camerounais. Répondez-lui.

Robert: J'ai entendu dire que la famille en Europe, ce n'est pas du tout la même chose que la famille en Afrique. Il paraît que chez vous, vous ne vous occupez pas du tout des personnes âgées et que vous les mettez toutes ensemble dans une maison spécialisée? C'est vrai?

D MOTS EN CONTEXTE VOLET 1 **VOLET 2** VOLET 3 TÂCHES – AU CHOIX POUR ALLER PLUS LOIN

Allez les Lions!

Le magazine de sport en ligne

- **News**
- **Pays**
- **Coupes**
- **Championnats**
- **Fan Zone**

www.footafrik.com

Le football est le sport préféré des Camerounais et l'équipe nationale du Cameroun, qu'on surnomme Les Lions Indomptables, est l'une des meilleures d'Afrique. En 1990, elle a été la première équipe d'Afrique à arriver en quarts de finale de la Coupe du monde[1]. Elle a été une fois championne olympique en 2000 et elle a remporté[2] quatre fois la CAN (la Coupe d'Afrique des Nations), qui est la plus importante des compétitions[3] internationales en Afrique!

Peu avant la CAN 2015, l'attaquant Samuel Eto'o fils a annoncé[4] qu'il mettait fin à[5] sa carrière internationale. À 34 ans, il était temps qu'il s'arrête. Mais pour certains[6] fans, sa décision a quand même été un choc. En effet[7], comme son aîné[8] Roger Milla, Samuel Eto'o est une légende du foot camerounais. On l'appelle «le petit Milla» et on dit de lui: «C'est la magie[9]!» Il est le meilleur buteur de l'histoire de l'équipe nationale du Cameroun (56 buts pour 116 sélections!), l'un des meilleurs footballeurs du monde, le meilleur footballeur africain de tous les temps et le meilleur buteur de l'histoire de la CAN!

Vous l'avez compris, Samuel Eto'o est l'idole de la plupart des jeunes Africains qui ont la passion du ballon. Comme eux, il est africain et fier de l'être. Il dit de son pays: «Le Cameroun, c'est mon cœur[10]. Si on me l'enlève[11], je meurs!» Et surtout, il a pu réaliser son rêve: aller en Europe pour devenir un grand footballeur! Pourtant il a eu des débuts difficiles.

«Le petit Milla» avait 12 ans seulement lorsqu'[12]un recruteur a réussi à convaincre[13] ses parents de l'envoyer faire un stage en France. «Je suis arrivé en France avec un visa de 10 jours seulement. Je suis d'abord allé à Marseille, à Avignon et après, j'ai décidé de rester à Paris. C'était un moment difficile, car je suis resté plusieurs mois à Paris sans papiers.» Alors, le jeune Samuel a décidé de retourner au Cameroun pour repartir en Europe, trois ans plus tard, dans de meilleures conditions[14], avec un visa de long séjour. «J'ai signé au Real Madrid et là, mon rêve est devenu réalité.» Depuis, le footballeur a joué pour différents clubs européens célèbres comme le FC Barcelone, l'Inter Milan et Chelsea.

---

1 la Coupe du monde die Weltmeisterschaft **2** remporter qc gagner qc **3** la compétition der Wettbewerb **4** annoncer qc dire qc à tout le monde **5** mettre fin à qc arrêter qc **6** certains/certaines hier: einige, manche **7** en effet in der Tat **8** son aîné/e hier: sein/e Vorgänger/in **9** c'est la magie (en parlant de quelqu'un) il/elle est extraordinaire **10** le cœur das Herz **11** enlever qc à qn jdm etw. wegnehmen **12** lorsque als **13** convaincre qn jdn überzeugen **14** la condition die Bedingung

MOTS EN CONTEXTE　　VOLET 1　　**VOLET 2**　　VOLET 3　　TÂCHES – AU CHOIX　　POUR ALLER PLUS LOIN

Mais tous n'ont pas la même chance que lui. Trop souvent, des recruteurs sans scrupules envoient des jeunes en Europe en leur promettant[15] qu'ils deviendront des champions. Ils convainquent les parents de laisser partir
35　leur fils et leur demandent de grosses sommes[16] d'argent pour payer le voyage et pour s'occuper des papiers et du visa. Alors, les gens empruntent à droite et à gauche et parfois, ils reçoivent l'argent de la tontine[17]. Une fois que ces jeunes sont en Europe, on les abandonne à leur triste sort[18]. Ils ne trouvent pas de club qui les accepte et se retrouvent alors sans argent.
40　Pourquoi ces jeunes ne rentrent-ils pas chez eux? Eh bien, parce que leurs papiers ne sont plus en règle[19] ou qu'on n'a pas voulu les leur rendre[20]. Et puis surtout, ils seraient la honte[21] de leur quartier. Quand on part en Europe, c'est pour avoir du succès. Ils ne parlent pas de leurs problèmes, même pas à leurs parents. Quand on leur demande pourquoi ils ne leur en parlent pas, ils
45　répondent que c'est pour ne pas les décevoir.
Les choses peuvent-elles changer pour les futurs footballeurs? Oui. La FIFA interdit les transferts internationaux de joueurs mineurs[22]. Alors, depuis quelques années il existe de très bons centres de formation sur le continent africain où des jeunes de 13 à 18 ans reçoivent un entraînement sportif tout
50　en continuant[23] leurs études. Les meilleurs d'entre eux ont des chances de jouer ensuite dans un club professionnel étranger et de devenir célèbres. Nicolas Nkoulou, par exemple, né à Yaoundé, est défenseur de l'Olympique de Marseille. Avant de faire carrière en Europe, il a d'abord suivi une formation au Cameroun et a joué dans divers clubs nationaux de haut niveau.
55　En 2015, c'est la Côte d'Ivoire qui a gagné le trophée. Mais Nicolas Nkoulou, Lion Indomptable, regarde en avant avec optimisme: Il est bien décidé à remporter la CAN pour la cinquième fois. Et la CAF (la Confédération africaine de football) a annoncé une bonne nouvelle: elle a décidé qu'en 2019, c'est le Cameroun qui organiserait de nouveau la CAN. Allez les Lions!

60　Exemples de centres de formation africains:
- la **Kadji Sports Academy** de Douala fondé par un industriel.
65　C'est dans ce centre que Nicolas Nkoulou a été formé.
- les **Diambars de Saly** (Sénégal) fondé par des anciens[24] footballeurs
70　professionnels dont Patrick Vieira.

L'Europe aime importer ces jeunes talentueux puisqu'ils sont déjà formés. En 2015,
75　643 Africains jouent en Europe. Les principaux pays qui fournissent[25] des talents sont le Nigeria, le Ghana, la Côte d'Ivoire, le Sénégal et le
80　Cameroun.

---

15 en leur promettant hier: indem sie ihnen versprechen　**16 la somme** der Betrag　**17 la tontine** westafrikanisches Mikrokreditsystem ▶ Civilisation, p.163　**18 abandonner qn à son triste sort** jdn seinem (traurigen) Schicksal überlassen
19 être en règle in Ordnung sein, gültig sein　**20 rendre qc à qn** jdm etw. zurückgeben　**21 être la honte de qn/qc** eine Schande für jdn/etw. sein　**22 mineur/e** adj. minderjährig　**23 tout en continuant qc** mit etw. gleichzeitig weitermachen
24 ancien/ne adj. hier: ehemalig　**25 fournir qc** etw. zur Verfügung stellen

D MOTS EN CONTEXTE VOLET 1 **VOLET 2** VOLET 3 TÂCHES – AU CHOIX POUR ALLER PLUS LOIN

Objectif lecture

Préparer la lecture

CD 2
13

1 Avant de lire l'article (▶ p. 82–83), écoutez cette chanson. De quel genre de chanson s'agit-il?
   – Qui chante?
   – Dans quelle situation?
   – Dans quel but?

Compréhension écrite, analyse et commentaire

 2 Lisez l'article (▶ p. 82–83). Relevez les thèmes qu'il aborde. ▶ Méthodes, p. 144/10  ▶ p. 109

3 Étudiez de façon détaillée* le texte et retracez les parcours possibles d'un/e jeune Africain/e qui voudrait devenir footballeur/euse professionnel/le. ▶ Méthodes, p. 158/32   * ▶ p. 214

```
        oui                                                       non
   ─────────────    Tu es africain/e et doué/e pour le foot.   ─────────────
        ...                                                       ...
```

4 «Partir en Europe à l'aide d'un recruteur, c'est toujours une chance pour un footballeur africain». Commentez cette thèse à l'aide de l'article et tenez compte de vos résultats de 3. ▶ Méthodes, p. 148/20

Compréhension audiovisuelle

 5 a Regardez le début du film *Comme un lion*, qui se passe au Sénégal, et résumez-le.  ▶ p. 109

b Imaginez un dialogue entre Mitri et sa grand-mère qui pourrait avoir lieu à la suite de la séquence. Choisissez vos rôles et jouez le dialogue.

c Imaginez la suite de l'histoire en tenant compte de votre schéma de 3.

Objectif langage

Vocabulaire et expression

Koop **6 a** Cherchez dans le texte (▶ p. 82–83) toutes les expressions utiles pour parler de sport. Notez aussi les expressions utiles pour présenter la carrière d'un sportif / d'une sportive.

b Pour le site Internet de votre école partenaire, rédigez un article dans lequel vous présentez la carrière d'un/e joueur/-euse. Choisissez une des fiches d'identité ci-dessous ou présentez un/e sportif/-ive de votre choix.

Mitri

Miroslav Klose (geb. 1978)
Position: Sturm
Verein in der Jugend: SG Blaubach-Diedelkopf (1987–1997)
In der **Nationalmannschaft** von 2001 bis 2014
Beendete im September 2014 seine Karriere
Auszeichnungen:
Rekordschütze seit 2014: 16 WM-Tore
71 Tore in internationalen Spielen
WM-Sieger 2014

Dirk Nowitzki (geb. 1978; 2,13 m)
Position: Power Forward, Center
Verein in der Jugend: DJK Würzburg (1994–1999)
In der **Nationalmannschaft** seit 1997
Teamkapitän bei den Dallas Mavericks (NBA)
Auszeichnungen:
NBA-Champion und wertvollster Spieler (MVP) der Finals 2011
Silbermedaille EM 2005, Bronzemedaille WM 2002

MOTS EN CONTEXTE   VOLET 1   **VOLET 2**   VOLET 3   TÂCHES – AU CHOIX   POUR ALLER PLUS LOIN   **D**

Révisions: les pronoms objets

7 Sur le site du magazine en ligne *Footafrik*, lisez les commentaires de la «Fan Zone». Complétez les phrases par un pronom objet direct (*le, la, les, l'*) ou indirect (*lui, leur*). ▶ Grammaire, p. 112/2

Fan Zone – le forum est à vous!

1. Samuel Eto'o, c'est notre idole – nous ? admirons! — *Fabrice et Lucille*
2. Roger Milla a beaucoup aidé les jeunes qui ont du talent. Il ? a tout appris. Samuel Eto'o, par exemple, ? doit sa carrière. C'est sans doute pour cela qu'on l'appelle le petit Milla. — *Robert*
3. Dites aux Lions Indomptables que nous, les fans, on est là pour ? aider. Nous voulons ? dire aussi qu'on ? aime!!! — *Les Doudous*
4. Vous avez déjà remporté la CAN quatre fois. Allez-y, vous pouvez ? gagner une cinquième fois!!! — *Kaissa*
5. Allez les Lions, on veut la Coupe! On veut ? voir entre vos mains! — *Titi et Lionz*
6. J'adore Nicolas Nkoulou. J'aimerais trop ? ressembler! Je rêve de ? rencontrer un jour! — *Essaka*

Grammaire

8 a Indiquez les pronoms objets directs et indirects dans les phrases soulignées. ▶ Grammaire, p. 112/2
  1. Eto'o: «Le Cameroun, c'est mon cœur. <u>Si on me l'enlève, je meurs!</u>» (l. 19)
  2. Pourquoi ces jeunes ne rentrent-ils pas chez eux? Eh bien, parce que leurs papiers ne sont plus en règle <u>ou qu'on n'a pas voulu les leur rendre.</u> (l. 39–41)

b Retrouvez les noms auxquels ces pronoms se réfèrent. ▶ Grammaire, p. 112/2

9 a Lisez ces titres de journaux. Puis, choisissez trois titres et formulez des hypothèses sur le contenu des articles correspondants. ▶ Méthodes, p. 144/9

1. **Les stades seront-ils finis à temps?**
2. *Combien le nouveau stade de Bafoussam a-t-il coûté?*
3. **Les journalistes internationaux décriront-ils en détail la CAN?**
4. *Les touristes qui viennent pour la Coupe, se sentiront-ils bien accueillis dans notre pays?*
5. **L'organisation de la CAN va-t-elle aider l'économie du Cameroun?**
6. *Pourquoi le président n'a-t-il pas assisté au premier match?*
7. **Comment notre équipe nationale jouera-t-elle?**
8. *Jusqu'où les Lions Indomptables arriveront-ils?*

b Reformulez les questions de **a**. Utilisez l'interrogation avec *est-ce que*. ▶ Grammaire, p. 126/25
Exemple: Est-ce que les stades seront finis à temps?

Méthodes et stratégies: faire une médiation en tenant compte du destinataire ▶ Méthodes, p. 150/22

10 Lisez l'article ci-dessous. Puis, après avoir étudié le modèle (▶ p. 87), complétez le mail à Nathan.

Gute Geschäfte

Für die Aussicht, in einem großen europäischen Klub Fußball zu spielen, geben afrikanische Jugendliche alles auf. Statt im Stadion endet ihr Traum aber oftmals auf der Straße.

[...] Mit jugendlichen Fußballern aus Afrika werde gehandelt wie mit Schuhen aus China, sagt [...] Gilles Garnier, ehemaliger Kabinettsdirektor im französischen Sportministerium. „Die Klubs verdienen ihr Geld, indem sie billig Talente kaufen, diese vorwärtsbringen und dann mit einem großen Profit an andere Klubs verkaufen. Es lohnt sich, tausend Spieler aus Afrika zu holen, selbst wenn man am Schluss nur mit zwanzig das große Geschäft machen kann."

Wie lohnenswert das Geschäft sein kann, zeigt etwa das Beispiel des ghanaischen Nationalspielers Mickaël Essien. 2005 holte der FC Chelsea den Mittelfeldspieler für 38 Millionen Euro von Olympique Lyonnais nach London. Olympique Lyonnais hatte Essien zwei Jahre zuvor für 11 Millionen vom FC Bastia gekauft. Der korsische Verein wiederum hatte den damals knapp 18-Jährigen im Jahr 2000 bei seinem Stammverein Liberty Professionals Accra in Ghana entdeckt und unter Vertrag genommen. Der Preis damals: 50 000 Euro.

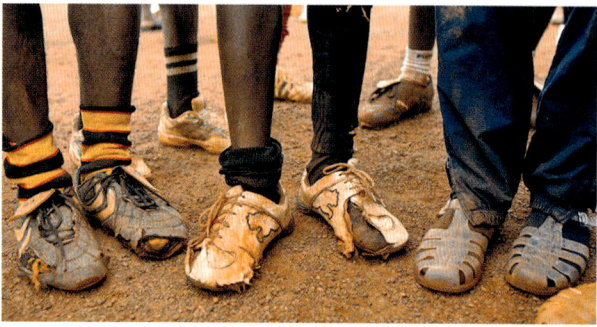

Als Mekka für Talentspäher gilt neben den Fußball-Akademien in Afrika auch der „Norway Cup". Mit rund 30 000 Fußballern zwischen 13 und 19 aus über 40 Ländern ist der Norway Cup das größte Fußballturnier der Welt. [...]

Ein Mann, der den Norway Cup sehr wichtig nimmt, ist Aziz Kone Agnero, der Gründer des ivorischen Fußball Trainings-Centers (CFIF) in Adjame. [...] 2008 stellte er 22 Visaanträge für Jugendliche, die nach seiner Aussage „unter 19 Jahre alt sind", wie das die Regeln des Norway Cup vorschreiben. „Ich unterhalte eine Wohltätigkeitsorganisation", sagt Agnero. „Flugtickets, Visa, Teilnahmegebühren, Unterkunft – alles bezahle ich aus meiner Tasche. Die Eltern kostet das keinen Cent. Aber wenn ein Kind in Norwegen Erfolg hat, dann macht das die Familie und mich glücklich."

An Agneros Aussagen darf gezweifelt werden. Der Norway Cup arbeitet mit einer Reihe von Organisationen zusammen, die für Flugtickets, Verpflegung und Unterkunft in Oslo aufkommen. Agnero bezahlt nichts dafür. Statt Wohltätigkeit dürfte hinter Agneros Engagement vielmehr die Aussicht auf hohe Gewinne stehen. Er ist damit nicht allein. Nach Agneros eigenen Aussagen waren 2008 in Oslo Talentspäher aus 45 Ländern vor Ort. „Ein Jugendlicher, der am Norway Cup entdeckt wird, kann bis zu einer halben Million Euro einbringen", so Agnero. „Und falls er jünger ist als 18, so werden seine Eltern nach Europa eingeladen, um für ihn den Vertrag zu unterschreiben."

Solche Geschichten sind fast zu schön, um wahr zu sein. Claude Mbouvin kennt die Kehrseite der Medaille. Der ehemalige kamerunische Nationalspieler gründete im Jahr 2000 die Non-Profit-Organisation „Culture Foot Solidaire". Ziel der in der Nähe von Paris angesiedelten Organisation ist es, junge Afrikaner zu unterstützen, die als Fußballspieler nach Frankreich gebracht wurden, dann aber fallengelassen wurden. „Wir sprechen von einer modernen Art von Sklavenhandel", sagt Mbouvin. [...] Rund 600 Fälle von gestrandeten jugendlichen Fußballern hat Culture Foot Solidaire allein in Paris dokumentiert. In ganz Frankreich dürften es nach Schätzungen rund 7000 sein.

Am Ende, so berichtet Mbouvin, lebten die Jugendlichen irgendwo: „Manche finden Unterschlupf in einer Kirche. Die meisten sind obdachlos, und 95 Prozent von ihnen haben keine Papiere. Viele sind noch nicht 18, und um zu überleben, werden sie kriminell, oftmals, indem sie Autos stehlen. Manche arbeiten ohne Bezahlung in Lagerhäusern. Aber die meisten leben lieber so, als nach Hause zurückzukehren. Das würde bedeuten, die Niederlage einzugestehen."

Extrait de: Fußballnachwuchs. Aus Liebe zum schönen Spiel, Eric Mwamba / Thomas Angeli, Beobachter Online 09.03.2015

| MOTS EN CONTEXTE | VOLET 1 | **VOLET 2** | VOLET 3 | TÂCHES – AU CHOIX | POUR ALLER PLUS LOIN | **D** |

> **Consigne:** Nathan, votre correspondant français de 17 ans qui habite à Paris, vous a informé dans un mail qu'il voudrait s'engager dans une association, mais il ne sait pas dans laquelle. Vous venez de lire l'article *Gute Geschäfte*. **Faites la médiation de cet article pour Nathan, sous forme de mail.**

Quand on fait une médiation, il faut toujours tenir compte de la personne à laquelle on s'adresse (= le destinataire). Les informations dont il/elle a besoin dépendent de son âge, de ce qui l'intéresse, de sa situation, de l'endroit où il/elle vit, des connaissances qu'il/elle a etc.

Phase 1: Dans la consigne, repérez ce que vous apprenez sur votre destinataire.

Nathan
- corres français, 17 ans, habite à Paris
- veut s'engager dans une association
- ne sait pas quelle association choisir

Phase 2: Dans la consigne, repérez aussi la situation et le type de texte que vous devez écrire (lettre, mail, article etc.).

Situation
- E-Mail von Nathan erhalten
- gerade Artikel „Gute Geschäfte" gelesen, in dem ein Verein in Frankreich vorgestellt wird, in dem sich Nathan engagieren kann

Zieltext
- E-Mail schreiben

Phase 3: Lisez l'article (▶ p. 86) et relevez sous forme de mots-clés (en allemand) toutes les informations qui sont importantes pour votre destinataire (→ phase 1) dans la situation donnée (→ phase 2).

Informationen
- Verein nahe bei Paris
- hilft jungen Fußballern aus Afrika, die von keinem Club in Europa engagiert wurden
- viele < 18 Jahre, 95 % ohne Papiere
- Gefahren: Obdachlosigkeit, moderne Sklavenarbeit, Kriminalität
- nach Hause fahren = Niederlage → sie müssen in Europa bleiben

Phase 4: Rédigez votre texte de médiation en français. Pensez à:
- choisir le niveau de langue qui convient au type de texte que vous devez écrire et à votre destinataire.
- expliquer les choses que votre destinataire ne connaît (peut-être) pas parce qu'il vit dans un autre pays, une autre culture.
- expliquer les choses pour lesquelles vous ne connaissez pas le mot français.
- rappeler la situation au début de votre texte.

E-Mail an Nathan
Cher Nathan,
Tu cherches une association dans laquelle tu pourrais t'engager près de chez toi. À ta place, je contacterais «Culture Foot solidaire». Je viens de lire un article sur ce qu'ils font.

11 a Aliou, un jeune Camerounais de Douala que votre famille parraine*, rêve de devenir footballeur professionnel en Europe. Il vous a informé/e par écrit qu'il voudrait participer à la «Norway Cup». Vous venez de lire l'article *Gute Geschäfte* (▶ p. 86). Faites la médiation de cet article pour Aliou, sous forme de mail.

* **parrainer** qn/qc für jdn/etw. die Patenschaft übernehmen

b Comparez votre mail à Aliou au mail que vous avez écrit à Nathan (▶ Exercice 10). Relevez les différences.

> Ici, les contes[1] ne servent pas à endormir, mais à éveiller[2]. Ce sont des leçons de vie, destinées[3] aux petits comme aux grands.
>
> Léonora Miano

Le mille-pattes
Conte douala

Il y a longtemps, le mille-pattes[4] était très ami avec l'araignée[5]. Ils avaient l'habitude de passer toutes leurs journées ensemble, à faire le kongossa, c'est-à-dire à parler de tout et de rien. C'est ainsi qu'[6]un après-midi, le mille-pattes raconta ceci à propos des humains[7] :
— Tu sais, chère amie, que tous les êtres humains sont complètement sourds[8] ? Lorsque je piétine[9] le sol[10] de mes mille pieds en même temps, ils ne remarquent même pas ma présence …
L'araignée lui répondit :
— Eh bien … à vrai dire, de mon côté, j'ai aussi remarqué que les humains sont complètement aveugles[11] : dès que[12] je tisse une nouvelle toile[13] pour attraper des insectes et me nourrir, il y en a toujours un qui vient marcher tout droit et se prendre la tête dedans.

1 **le conte** das Märchen, die Erzählung 2 **éveiller qn/qc** jdn/etw. aufwecken 3 **être destiné/e à qn** sich an jdn richten 4 **le mille-pattes** der Tausendfüßler 5 **l'araignée** f. die Spinne 6 **c'est ainsi que** so kam es, dass 7 **l'humain** m. der Mensch (im Gegensatz zum Tier) 8 **sourd/e** adj. taub 9 **piétiner qc** auf etw. herumtrampeln 10 **le sol** der Boden 11 **aveugle** adj. m/f. blind 12 **dès que** sobald 13 **tisser une toile** ein Netz spinnen

et l'araignée

Le mille-pattes se mit à sourire[14], puis renchérit[15]:
– Par ailleurs[16], je ne sais pas si tu as également remarqué que les humains semblent détester leurs corps[17]: dès qu'ils se réveillent et se lèvent, ils commencent par le recouvrir[18], comme s'ils avaient honte de[19] ce que Dieu leur avait donné …

L'araignée était morte de rire[20], et elle poursuivit:
– Tu sais, cher mille-pattes, il n'y a pas que leur corps que les humains n'aiment pas: j'ai aussi remarqué que lorsqu'il pleut, ils se protègent la tête avec des petits toits[21] portatifs[22] qu'ils nomment parapluies[23], tandis que, paradoxalement, dès que le soleil réapparaît, ils se protègent immédiatement avec des chapeaux[24]!

Et les deux animaux conclurent[25] leur kongossa en se disant que[26] les humains étaient des êtres bien stupides pour ne pas apprécier[27] tout ce que Dieu leur avait offert.

---

14 **se mettre à faire qc** commencer à faire qc
15 **renchérir** noch eins draufsetzen 16 **par ailleurs** übrigens
17 **le corps** der Körper 18 **recouvrir qc** etw. bedecken
19 **avoir honte de qn/qc** sich für jdn/etw. schämen
20 **être mort/e de rire** sich totlachen 21 **le toit** das Dach
22 **portatif/-ive** *adj.* qu'on peut porter 23 **le parapluie** der Regenschirm 24 **le chapeau** der Hut 25 **conclure qc** *hier:* etw. beenden 26 **en se disant que** *hier:* indem sie feststellten, dass 27 **apprécier qn/qc** jdn/etw. schätzen

Extrait de: Aux origines du monde. Contes et légendes du Cameroun, Didier et Jessica Reuss-Nliba / Anastassia Elias, Éditions Flies France, p. 96–97

D

MOTS EN CONTEXTE   VOLET 1   VOLET 2   **VOLET 3**   TÂCHES – AU CHOIX   POUR ALLER PLUS LOIN

Objectif lecture

Compréhension écrite, analyse et commentaire

1 Lisez le conte et exposez la situation. Qui parle? De quoi?

2 Dégagez les traits de caractère que les protagonistes du conte prêtent aux humains et pour quelles raisons.

3 a Que pensez-vous de la conclusion du kongossa? Donnez votre avis. ▶ Méthodes, p. 148/20

b Pour vous, quel est le message du conte? Justifiez votre réponse.

c Citez une histoire (un conte, une fable …) à laquelle *Le mille-pattes et l'araignée* vous fait penser et précisez leurs points communs.

4 «Ici, les contes ne servent pas à endormir, mais à éveiller» (▶ p. 88). Expliquez cette citation de l'auteure camerounaise Léonora Miano à l'aide du conte.

Production orale

5 À l'aide de romans ou de films que vous connaissez, donnez des exemples d'histoires qui servent à éveiller.

> Dans le roman / le film de ___, il y a une scène qui montre ___.
> C'est une histoire / un film qui fait réfléchir sur ___ / à ___.
> Quand on voit ce film, on se pose des questions sur ___.
> Le livre / le film permet de comprendre beaucoup de choses sur la vie / la mort / ___.
> Ce livre donne envie de s'engager pour ___ / d'aider ___ / de ___.

Objectif langage

Grammaire

6 Retrouvez les formes du passé simple dans le conte *Le mille-pattes et l'araignée*. Notez-les avec leur infinitif puis mettez-les au passé composé. ▶ Grammaire, p. 119/14
Exemple: il raconta → raconter → il a raconté

> Le passé simple est une forme du passé qu'on utilise surtout dans les textes littéraires. Dans la langue courante, on utilise plutôt le passé composé.

Vocabulaire et expression

7 a Expliquez au moins quatre de ces proverbes avec vos propres mots ou présentez un exemple qui les illustre.

1. Le vieil éléphant sait où trouver de l'eau.
2. Si tu n'as pas étudié, voyage.
3. Les arbres qui ont la même taille communiquent facilement.
4. Le cœur de l'homme est un coffre qui ne s'ouvre pas facilement.
5. Le chien vole et c'est à la chèvre qu'on coupe les oreilles.
6. Poule et homme entrent par la même porte.
7. L'égoïste est celui qui* mange dans le noir.

* **celui qui** derjenige, der

Koop b Pour les proverbes de a, trouvez un proverbe allemand qui exprime la même chose, si possible.

MOTS EN CONTEXTE   VOLET 1   VOLET 2   **VOLET 3**   TÂCHES – AU CHOIX   POUR ALLER PLUS LOIN   **D**

Compréhension orale

8 a Écoutez cette comptine camerounaise puis racontez l'histoire au présent.

b Formulez une morale pour cette histoire.

Méthodes et stratégies: améliorer son style à l'aide de connecteurs

9 Améliorez le texte à l'aide des connecteurs ci-dessous.
Si vous utilisez des connecteurs quand vous écrivez un texte, votre texte deviendra plus vivant, plus intéressant et le lecteur le comprendra mieux.

c'est pourquoi   mais   car   quand   et   finalement   soudain   ensuite
un jour   alors   donc   en plus   puis   sinon

> Simbamba était la plus grande panthère de la région. Tout le monde avait peur d'elle. Elle avait un jardin de mangues. Personne n'osait y aller. Simbamba ne voulait pas qu'on y entre.
> La tortue Kuhl entra dans le jardin. Elle mangea une mangue. Le fruit était très bon. Elle revint le lendemain et tous les jours qui suivirent.
> Simbamba voulut manger ses fruits. Il ne restait presque plus de mangues. La panthère s'énerva. Elle appela tous les animaux: «Venez tous ici! Je veux que l'animal qui a mangé mes mangues se dénonce. Je vais vous manger tous!»
> La tortue Kuhl s'avança: «Simbamba, ne sois pas furieuse, tu sais que nous te respectons. À mon avis, l'animal qui a mangé tes mangues est encore en train de mâcher[1].» Simbamba regarda chaque animal. Elle découvrit une petite chèvre[2] qui n'avait pas fini de mâcher ses feuilles. La panthère sauta sur la petite chèvre. Elle la mangea. Elle alla voir la tortue Kuhl. Elle lui dit: «Merci, mon amie! Tu m'as donné un très bon conseil. Je t'offre mes dernières mangues!» La tortue Kuhl mangea les dernières mangues.
>
> 1 **mâcher qc** etw. kauen   2 **la chèvre** die Ziege

Médiation

10 Votre copain camerounais prépare un exposé sur les contes européens. Par mail, donnez-lui des informations sur le rôle d'Ésope et racontez-lui le conte *Le lièvre et la tortue* à titre d'exemple.

Der Hase und die Schildkröte
nach Äsop

Der Überlieferung nach lebte Äsop um ca. 600 v. Chr. in Griechenland. Die ihm zugeschriebenen Fabeln wurden wahrscheinlich mündlich überliefert. Sein Werk ist nur in den zahlreichen späteren Überarbeitungen anderer europäischer Autoren erhalten.

Ein Hase machte sich über eine Schildkröte lustig, weil sie so langsam war. Eines Tages fasste sich die Schildkröte ein Herz und forderte den Hasen zu einem Wettlauf auf. Der Hase hielt dies für einen Scherz, nahm die Herausforderung aber an. Der Tag des Wettlaufs kam und das Ziel wurde bestimmt. Beide betraten zum gleichen Zeitpunkt die Bahn. Die Schildkröte kroch langsam, jedoch unermüdlich. Um die Schildkröte zu verspotten, machte der Hase unendlich viele Seitensprünge. Das ständige Umherspringen und Verspotten erschöpfte ihn und so legte er sich schließlich – nur noch wenige Schritte vom Ziele entfernt – in das Gras nieder und schlief vor Müdigkeit ein. Plötzlich weckte ihn der laute Jubel der Zuschauer und er erblickte die Schildkröte bereits oben am Ziel.

Fleiß und Ausdauer siegen oft über Schnelligkeit.

D | MOTS EN CONTEXTE · VOLET 1 · VOLET 2 · VOLET 3 · TÂCHES – AU CHOIX · POUR ALLER PLUS LOIN

 A Inventez une histoire qui illustre un proverbe de votre choix. Vous pouvez choisir un des proverbes camerounais ci-dessous ou en trouver un autre (français, allemand, turc etc.). ▶ Méthodes, p. 145/13–15

1. Le vieil éléphant sait où trouver de l'eau.
2. Si tu n'as pas étudié, voyage.
3. Les arbres qui ont la même taille communiquent facilement.
4. Le cœur de l'homme est un coffre qui ne s'ouvre pas facilement.
5. Le chien vole et c'est à la chèvre qu'on coupe les oreilles.
6. Poule et homme entrent par la même porte.
7. L'égoïste est celui qui* mange dans le noir.
8. On ne dit pas du mal du crocodile quand on est au milieu de l'eau.
9. Le taureau des gens de son village est le petit poisson d'un village étranger.
10. Que celui qui* n'a pas encore traversé un fleuve, ne se moque pas de celui qui s'est noyé.

* **celui qui** derjenige, der

1. Vous pouvez inventer une histoire ou raconter un évènement que vous avez vécu.
2. Décidez si les protagonistes seront des hommes, des animaux ou des objets.
3. Vous pouvez raconter l'histoire sous forme de dialogue, de sketch ou de conte.
4. Réfléchissez comment vous allez présenter votre histoire (accessoires, instruments de musique pour accompagner la présentation …).

  B Sur un forum afro-européen, vous tombez sur les deux posts ci-dessous. Informez-vous et répondez à un des deux posts en faisant la médiation. ▶ Méthodes, p. 150/22

Forum sans frontières

Félix: Salut! Moi, c'est Félix et je suis au lycée bilingue de Bepanda à Douala. J'aimerais savoir comment ça se passe, devenir adulte en Allemagne? Est-ce qu'il y a aussi des rites?

Menkam: Bonjour, je m'appelle Menkam, j'ai 16 ans et je vais à la Kadji Sports Academy de Douala. Pouvez-vous m'expliquer comment on devient footballeur professionnel en Allemagne?

1. Lisez les posts et choisissez à quel post vous allez répondre, selon le thème sur lequel vous voulez travailler («devenir adulte» ou «le football»).
2. Récapitulez ce que vous savez de votre destinataire. Relisez toutes les infos en rapport à Félix (▶ **Texte, p. 76–77**) ou à Menkam (▶ **Rubrique Info, p. 83**).
3. Informez-vous à l'aide de l'article allemand correspondant: «Ich will Fußballprofi werden» ou «Kommunion, Jugendweihe und Co. – Rituale des Übergangs» (▶ webcode **APLUS-C-92**).
4. À l'aide des informations de l'article, formulez un post pour répondre à la question de votre destinataire.
   - Dans la première partie de votre post, faites la médiation de l'article.
   - Dans une deuxième partie du post, vous pouvez parler de vos expériences personnelles et prendre position.

Les films, lectures et chansons présentés sur cette page vous permettront d'approfondir les thèmes abordés dans ce dossier.

Romans et nouvelles

Philippe Arnaud: Indomptables

Jean-Jules et Momo, deux jeunes Camerounais, grandissent ensemble. En parallèle, le lecteur lit le journal intime d'Olivia, jeune Française, qui ne se sent pas bien dans sa peau. Un jour, les chemins de Jean-Jules et d'Olivia se croisent.

Léonora Miano: Afropean Soul et autres nouvelles

Dans cinq courtes nouvelles, l'auteure fait le portrait de personnages dont le point commun est d'être noirs, nés en Afrique ou d'origine africaine et de vivre en France aujourd'hui. Il y a, par exemple, un jeune footballeur prometteur qui quitte Douala pour réussir en France. Ou encore Amélie, Sophie, Maya qui vivent à Paris, dans un centre d'hébergement d'urgence.

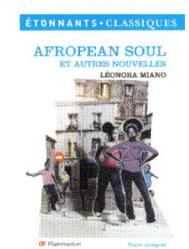

Bandes dessinées

Eto'o Fils / Joëlle Esso: Eto'o Fils

En trois tomes *(Naissance d'un champion, L'envol* et *Tournant décisif)* cette bédé raconte l'histoire passionnante du futur champion de foot Samuel Eto'o, entre le Cameroun et la France.

Pahé: La vie de Pahé

En images et avec humour, Pahé nous raconte son enfance, qu'il a passée d'abord en Afrique, puis en France: sa première rentrée des classes à Libreville au Gabon, son départ en avion pour la France, sa découverte de la neige, de la télévision et des hypermarchés immenses.

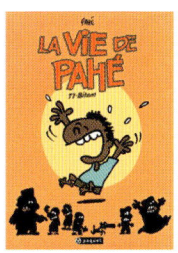

Films

Samuel Collardey: Comme un lion (2013)

Mitri a 15 ans et vit dans un village au Sénégal. Comme tous les jeunes de son âge, il joue au foot en rêvant du Barça et de Chelsea. Quand un agent recruteur le voit jouer, Mitri croit en sa chance. Mais pour lui permettre de partir et de joindre les grands clubs européens, sa famille s'endette. Une fois à Paris, Mitri se retrouve abandonné sans argent et ne peut pas s'imaginer de retourner au village … ▶ p. 84/5

Michel Ocelot: Kirikou et la sorcière (1998)

Le petit Kirikou naît dans un village africain sur lequel la sorcière Karaba a jeté un terrible sort: il n'y a plus d'eau dans la source, les hommes disparaissent mystérieusement … Kirikou décide d'agir pour sauver son village.

Chansons

Lè Featurist: Elle est Bamiléké

Les camerounais City et Yanstar chantent un mélange de français, de pidgin et des langues de la région de l'Ouest.

Mani Bella: Face à face

Dans *Face à face*, la jeune femme se demande pourquoi les gens d'aujourd'hui sont jaloux les uns des autres au lieu de s'entraider.

Michael Kiessou: Tourner les reins

En 2014, *Tourner les reins* connaît un grand succès. Le clip montre de la danse, de la mode et différents paysages du Cameroun.

BILAN DES COMPÉTENCES

facultatif

Unter Webcode (▶ APLUS-C-94) finden Sie die Arbeitsblätter und Hörtexte zum *Bilan*, sowie die Lösungen der Aufgaben zur Selbstkontrolle. Bereiten Sie sich mit diesen Materialien auf die Abschluss- oder DELF-Prüfung vor.

Compréhension écrite

1 Lisez le texte, puis notez la bonne réponse et écrivez les informations demandées.

Voyage à travers le Mali

Pierre Veia

Ils sont les descendants des plus grands empires africains. L'histoire difficile de leur pays ne leur a enlevé ni leur humour ni leur gentillesse, et les étrangers y sont très bien accueillis: nous sommes au Mali. Dans les rues, nous entendons des langues que nous ne comprenons pas: le bambara, le peul. Mais à la poste, à la banque où nous avons changé de l'argent, on parle français.

5 Nous avons traversé le pays. Du désert au nord jusqu'à la savane au sud, c'est un paysage superbe, avec des villages aux marchés animés. Et il y a ce fleuve fascinant, le Niger, qui parcourt le pays et lui donne la vie. La plupart des villages sont construits près du fleuve. Parfois de juillet à
10 septembre, à la saison des pluies, des inondations[1] entre Koulikoro et Tombouctou transforment le fleuve et créent une sorte de mer d'eau douce qui permet d'irriguer les terres. C'est la raison pour laquelle le sud du pays (Sikasso) est une région fertile. On nous dit qu'au Mali, 75 % de la
15 population vit de l'agriculture. Cependant le réchauffement climatique[2] risque de menacer cet équilibre.

Nous sommes allés voir M. Sangaré, un professeur de l'école publique à Hombori, petit village du Sahel. Ce village, qui grossit d'année en année, est situé le long de la seule route
20 goudronnée qui traverse le Mali d'est en ouest. Les gens y vivent surtout de la culture du millet[3]. Le professeur nous invite dans sa classe. Cent élèves par classe!

La plupart n'ont pas de matériel scolaire. «Mais ils ont
25 quand même de la chance», sourit le professeur. «Il y a des quantités d'enfants qui n'iront jamais à l'école. Il n'y a pas assez d'argent, pas assez d'écoles, pas assez de professeurs, pas assez de routes et pas assez de moyens de transport. 60 % des enfants seulement peuvent régulièrement
30 fréquenter une école. Et il y a moins de filles scolarisées[4] que de garçons, car envoyer leurs filles à l'école représente un luxe pour beaucoup de familles en difficulté. Mais depuis que certaines villes ou certains villages ont décidé que l'école serait gratuite, les parents les y envoient.»

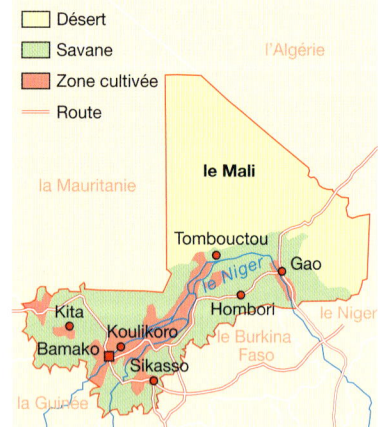

BILAN DES COMPÉTENCES

35 En effet, la situation s'améliore. «Des progrès se font grâce à Internet et aussi grâce à la radio scolaire», nous dit le professeur. «À la radio, il y a des émissions spéciales pour la formation des professeurs ainsi que pour les enfants de tous les âges qui peuvent, de cette manière, s'instruire sur tous les sujets.» Dans un pays où les routes sont rares[5],
40 Internet, la radio et la télévision offrent une solution aux problèmes de l'enseignement mais aussi de la communication en général. Internet apporte l'information à tous et dans tous les milieux. Même les agriculteurs utilisent de plus en plus[6] ces médias qui leur permettent de s'informer sur les prévisions météorologiques[7]. Et les étudiants ont accès aux bibliothèques virtuelles du monde entier.
45 À Kita, dans l'ouest du pays, nous allons dans un cybercafé. Sankou nous explique: «Grâce à Internet, les habitants de Kita ont la possibilité de communiquer avec les membres de leur famille qui vivent à l'étranger.»

1 **l'inondation** f. die Überschwemmung   2 **le réchauffement climatique** die Klimaerwärmung   3 **la culture du millet** der Hirseanbau   4 **être scolarisé/e** die Schule besuchen   5 **être rare** selten (vorhanden) sein   6 **de plus en plus** mehr und mehr   7 **la prévision météorologique** die Wettervorhersage

1. Le texte est …
   a un reportage sur un séjour au Mali.
   b un article présentant les préjugés européens sur le Mali.
   c un blog quotidien d'un jeune Malien sur les sites touristiques du Mali.

2. Selon l'auteur, les Maliens sont ouverts envers les touristes.
   a vrai   b faux
   justification:

3. L'auteur parle les langues qu'on parle au Mali.
   a vrai   b faux
   justification:

4. Quand il veut changer de l'argent, l'auteur a du mal à se faire comprendre.
   a vrai   b faux
   justification:

5. Au Mali, il pleut beaucoup au mois d'août.
   a vrai   b faux
   justification:

6. Qu'est-ce qui est vrai d'après le texte?
   a Le nord du Mali est riche en agriculture.
   b Les inondations sont une catastrophe pour l'agriculture du Mali.
   c Les trois quarts de la population malienne dépendent de l'agriculture.

7. Le village de Hombori …
   a est riche grâce au tourisme.
   b est traversé par une grande route.
   c perd beaucoup d'habitants chaque année.

8. D'après le professeur Sangaré, les élèves de Hombori «ont quand même de la chance» (l. 24) …
   a parce qu'ils peuvent aller à l'école.
   b parce qu'ils ont des livres et des stylos.
   c parce qu'il n'y a pas beaucoup d'élèves par classe.

9. Aujourd'hui, au Mali, il y a moins de garçons que de filles qui vont à l'école.
   a vrai   b faux
   justification:

10. Pourquoi est-ce qu'il y a de plus en plus de filles à l'école?

11. Au Mali, la radio et Internet …
    a sont utilisés surtout dans les grandes villes.
    b ne jouent pas un grand rôle dans la vie quotidienne.
    c sont beaucoup utilisés dans le domaine de l'éducation.

BILAN DES COMPÉTENCES

2 a Vous recherchez un correspondant français / une correspondante française. Vous avez écrit dans un forum que vous voulez lui rendre visite deux semaines au mois de mai. Vous voulez vivre de préférence à la campagne, avec une chambre à vous. Vous voulez aussi aller à l'école avec lui/elle. Vous préférez faire des activités en plein air avec lui/elle. Enfin, vous vous intéressez à la culture française.
Ces quatre jeunes vous ont répondu dans le forum. Recopiez le tableau (▶ p. 97), lisez leurs réponses et remplissez votre tableau.

«trouver_des_amis.net»   En France   À l'étranger   Rencontres   Photos   Informations

Salut, je m'appelle **Yann**, j'ai 16 ans et je viens de Paris. Depuis deux mois, j'habite avec ma famille à Montpellier. La vie ici est très différente de celle à Paris! Nous habitons dans une maison en plein centre de Montpellier (ce qui était impossible à Paris, vu le prix des loyers!). Si tu décides de faire un échange avec moi, tu pourras avoir une chambre à toi. Tu vas aussi pouvoir assister aux cours de
5 ma classe et rencontrer mes amis. D'habitude, après les cours, on va au gymnase tous ensemble pour jouer au basket. Et il faut que tu saches que j'ai horreur de me promener dans des musées. La culture, ce n'est pas mon truc. Je préfère passer du temps avec mes amis, faire des journées jeux vidéo, c'est plus tranquille.

Je m'appelle **Liliane**, j'ai 19 ans et je vis à Cabourg. C'est en Normandie, au bord de la mer, pas loin
10 de la ville de Caen. Quand il fait beau, nous pouvons faire de la voile. J'habite avec mon père et mes deux petits frères près d'une petite forêt. Je ne voudrais pas vivre en ville, il y a trop de gens et trop de bruit. Mais je fais souvent des balades en ville pour visiter des églises et des musées. Il n'y a malheureusement pas de chambre d'amis dans notre maison si bien que tu dormiras chez nos voisins (ils ont une belle chambre pour toi!). Ça ne nous empêchera pas de passer beaucoup de
15 temps ensemble. Je travaille à Caen où se trouve aussi un collège dans lequel tu pourrais aller en cours. Je pourrais te déposer tous les matins, et après les cours, tu auras l'occasion de découvrir la ville et la région.

Je m'appelle **Manon** et j'ai 18 ans. J'habite au centre de Quimper, en Bretagne. Si tu te décides pour un séjour en Bretagne, tu pourras habiter avec moi, ma mère et ma grand-mère dans notre
20 appartement. On partagera ma chambre parce que notre appartement n'est pas très grand. Il y a des gens qui préfèrent vivre à la campagne, mais moi personnellement, je ne voudrais pas y vivre. Je n'aime pas trop être dehors. C'est vrai qu'en ville, il y a du bruit, mais ça ne me dérange pas parce que les avantages l'emportent sur les inconvénients. En ville, il y a tout ce qu'il me faut. Tu pourras venir me voir au travail quand tu auras le temps. Ici, à Quimper, tu pourras visiter les musées
25 régionaux pour comprendre nos traditions. De plus, je pourrais t'apprendre des recettes bretonnes.

Salut! Moi, c'est **Enzo** et j'ai 17 ans. J'habite dans une ferme près de Vichy. Ici, on vit au rythme de la nature et nous avons beaucoup de place. Je peux te proposer une chambre à côté de la mienne. Pour faire plus de progrès en français, il y a la possibilité d'assister aux cours du collège de Vichy. Tous les ans, ils accueillent des élèves étrangers. Moi, je suis élève au lycée d'à côté, alors on se
30 verra quand même un peu parce qu'on prendra le bus ensemble. Après les cours, je prends souvent mon vélo pour faire des courses, pour me balader … Mon VTT, je ne peux pas m'en passer! J'ai même un vélo supplémentaire que tu pourras utiliser! J'espère que tu ne t'intéresses pas trop à l'histoire de la région parce que là, je suis nul. À mon avis, c'est mieux d'être actif que d'apprendre des trucs sur l'histoire.

BILAN DES COMPÉTENCES

	Yann		Liliane		Manon		Enzo	
	Oui	Non	Oui	Non	Oui	Non	Oui	Non
logement à la campagne								
chambre pour vous								
cours dans la classe du / de la correspondant/e								
activités en plein air								
intérêt pour la culture locale								

b   Quelle annonce correspond le mieux à vos critères? Justifiez votre réponse.

Compréhension orale

CD2 17

3   Écoutez l'interview avec Lilian Thuram, ancien champion de foot des années 90, qui s'engage socialement aujourd'hui.

Vous allez entendre un document sonore. Vous aurez
– *une minute pour lire les questions ci-dessous;*
– *une première écoute;*
– *puis trois minutes de pause pour commencer à répondre aux questions;*
– *une deuxième écoute;*
– *puis deux minutes de pause pour compléter vos réponses.*
Répondez aux questions en notant la bonne réponse ou en écrivant l'information demandée.

In der DELF-Prüfung werden Sie aufgefordert, die richtigen Antworten anzukreuzen oder die geforderten Informationen aufzuschreiben («*Répondez aux questions en cochant la bonne réponse ou en écrivant l'information demandée.*»). Dazu können Sie das Arbeitsblatt unter Webcode (▶ APLUS-C-94) herunterladen.

1. Où est-ce que Lilian Thuram est né?
2. En quelle année est-ce que Lilian Thuram est né?
3. La famille Thuram est partie pour Paris …
   a parce qu'elle voulait fuir la misère.
   b parce que le père de Lilian y avait trouvé un travail.
   c parce qu'un club de foot parisien avait invité Lilian.
4. Quand il était enfant, Lilian rêvait de travailler dans le domaine …
   a du sport.
   b de la religion.
   c de la politique.
5. En banlieue, Lilian Thuram …
   a se sentait bien intégré dans la vie sociale.
   b n'avait pas de contact avec des étrangers.
   c avait beaucoup de conflits avec les autres jeunes.

6. Quand Lilian Thuram était petit, il …
   a ratait les cours pour jouer au foot.
   b oubliait souvent de faire ses devoirs.
   c jouait au foot et travaillait pour l'école.
7. Aujourd'hui, Lilian Thuram s'engage socialement parce qu'il …
   a est très connu.
   b a beaucoup d'argent.
   c a connu la violence dans sa famille.
8. D'après Lilian Thuram, …
   a il y a beaucoup de racisme dans le sport.
   b les sportifs viennent surtout de familles riches.
   c le sport offre aux jeunes la possibilité de s'en sortir.

BILAN DES COMPÉTENCES

4 Écoutez l'émission de radio sur le métro parisien.

Vous allez entendre un document sonore. Vous aurez
- *30 secondes pour lire les questions ci-dessous;*
- *une première écoute;*
- *puis 30 secondes de pause pour commencer à répondre aux questions;*
- *une deuxième écoute;*
- *puis une minute de pause pour compléter vos réponses.*

1. À quelle occasion est-ce qu'on a ouvert la première ligne de métro?

2. Quand on a ouvert la première ligne de métro, le plus grand nombre des Parisiens …
   a avait peur du métro.
   b était fasciné par le métro.
   c ne s'intéressait pas au métro.

3. Pourquoi est-ce que Madame Jauvin se souvient bien du jour de l'ouverture?

4. Ce jour-là, Mme Jauvin a pris le métro …
   a seule.
   b avec ses parents.
   c avec des copains.

5. Qui se trouvait dans son wagon de métro?

6. Pendant son premier voyage en métro, elle …
   a s'est perdue.
   b avait très peur.
   c était heureuse.

Production écrite

5 Vous surfez sur Internet et vous trouvez ce commentaire dans le forum «Échangez_des_idées.fr»:

> Salut tout le monde. J'ai 16 ans et j'ai un gros problème: depuis quelques mois, je cherche un petit boulot parce que je voudrais gagner un peu d'argent en plus de mon argent de poche. Mes parents, eux, ne m'en donnent pas assez. À cause de mes mauvaises notes en maths et en français, mon père ne veut pas que je travaille. Pour lui, c'est l'école qui compte et rien d'autre. Comment est-ce que ça se passe pour vous? Qu'est-ce que je peux faire? Qu'est-ce que vous feriez à ma place? J'attends vos réponses. Merci!
> Sébastien

Vous répondez aux questions de Sébastien. Dans votre réponse,
- vous lui donnez des conseils pour calmer et persuader ses parents. Indiquez les avantages d'un petit boulot.
- vous parlez de vos expériences pendant un stage ou un job d'été.
- vous dites ce qui est important pour vous dans le choix d'un job d'été.

Écrivez un texte bien construit et cohérent dans le forum (160 à 180 mots).

6 Vous surfez sur Internet et vous trouvez ce commentaire dans le forum «discussions_entre_jeunes.fr»:

> Salut! J'ai un problème et je ne sais plus quoi faire. Je vous explique mon problème: pendant mes dernières vacances, j'ai fait la connaissance d'un garçon, Hugo. Depuis, on s'envoie presque tous les jours des messages sur Facebook et Twitter. Eh bien imaginez, j'ai vu ce matin qu'il avait mis sur son profil deux photos horribles de moi: une photo où je suis sur la plage et une autre avec lui. Je suis furieuse … Qu'en pensez-vous? Aidez-moi s. v. p.!
> Soda1789, 16 ans

BILAN DES COMPÉTENCES

Vous répondez au message de Soda1789. Dans votre réponse,
- vouz donnez votre avis sur ce qu'Hugo a fait. Comment peut-elle réagir?
- vous lui donnez des conseils.
- vous parlez des expériences que vous avez faites dans les réseaux sociaux comme *Facebook* ou *Twitter*.
- vous dites ce que vous pensez des réseaux sociaux en général.

Écrivez un texte bien construit et cohérent dans le forum (160 à 180 mots).

Production orale

7 Entretien dirigé: A se présente. B écoute, pose des questions et prend des notes. Puis, vous échangez les rôles.

- Présentez-vous, s'il vous plaît.
- Parlez de vos hobbys.
- Parlez de votre famille et de vos amis.
- Quelles sont vos tâches à la maison?
- Qu'avez-vous fait pendant vos dernières vacances?
- Quels sont vos projets professionnels?

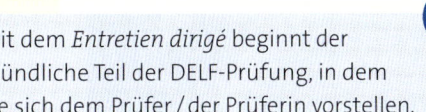

Mit dem *Entretien dirigé* beginnt der mündliche Teil der DELF-Prüfung, in dem Sie sich dem Prüfer/der Prüferin vorstellen.

8 a Exercice en interaction: B va à la page 103.
A: Pendant un échange de deux semaines dans un collège français, vous habitez chez votre correspondant/e en France, mais vous n'êtes pas content/e (chambre, repas, collège).

B commence et joue le rôle de votre correspondant/e. Vous répondez à ses questions et lui expliquez vos problèmes. Vous essayez de trouver une solution ensemble. ▶ B, p. 103

b Exercice en interaction: B va à la page 103.
A: Vous êtes le professeur français responsable d'un échange scolaire avec une classe allemande. Un élève allemand / Une élève allemande n'est pas content/e de sa famille d'accueil. Vous discutez et essayez de trouver une solution ensemble. Vous lui posez des questions. ▶ B, p. 103
1. Dans quelle famille êtes-vous? Décrivez la famille.
2. Pourquoi est-ce que vous n'êtes pas content/e? Quels sont vos problèmes?
3. Quelles activités faites-vous en famille?
4. Est-ce que vous en avez déjà parlé à votre famille d'accueil? Comment a-t-elle réagi?
5. À votre avis, qu'est-ce qu'on pourrait faire?

9 Monologue suivi:
A: Vous choisissez d'abord un des deux textes (▶ p. 100), vous le lisez et en dégagez le thème. Puis, vous présentez le sujet, les idées principales et votre opinion sous forme d'exposé (trois minutes environ). Après votre exposé, l'examinateur (B) vous posera encore quelques questions. Puis, échangez les rôles.

quatre-vingt-dix-neuf **99**

BILAN DES COMPÉTENCES

1 Les rencontres sur Internet

Bénédicte, 16 ans, vient de Paris. Dans une interview, elle nous parle de ses rencontres virtuelles sur Internet: «Il est de plus en plus difficile de trouver de vrais amis dans la vie réelle. Par exemple, les jeunes qui habitent dans un petit village où il n'y a pas de clubs de sport ou de musique, n'ont pas beaucoup de possibilités de rencontrer quelqu'un qui les intéresse. À Paris, on a un autre problème: on connaît beaucoup de monde, mais on accorde trop d'importance à l'aspect des gens: leur look, leur physique ... Quand on contacte quelqu'un sur Internet, par contre, on prend le temps de faire connaissance. C'est la personnalité qui compte, pas la beauté. Du coup, sur Internet, on rencontre des gens à qui on n'aurait peut-être jamais parlé normalement. En plus, le monde fabuleux d'Internet permet de trouver des amis dans le monde entier. Mais attention: ce nouvel «ami» n'est peut-être pas celui que tu crois ... Quelqu'un qui a l'air sympa sur Internet peut être fou ou criminel.»

Le monde des jeunes

Voici quelques questions que votre examinateur (B) pourrait vous poser après votre exposé:
- Qu'est-ce que vous pensez des (nouvelles) rencontres sur Internet? / À votre avis, est-ce que les rencontres sur Internet sont dangereuses? Justifiez votre réponse.
- Quelles autres possibilités est-ce qu'il y a pour faire connaissance avec quelqu'un de votre âge?
- Est-ce que vous utilisez des réseaux sociaux sur Internet? Justifiez votre réponse.
- Quelles activités est-ce que vous faites avec vos amis dans la vie «réelle»?
- «L'amitié», qu'est-ce que cela veut dire pour vous? Expliquez. / Quelles qualités sont importantes pour vous dans une amitié?

2 Conduire en ville et être écolo

Les Autolib', premières voitures électriques en libre-service, sont à l'essai. À partir du mois de décembre, elles pourront être louées à la journée, au mois, ou à l'année, sur l'une des 250 bornes installées à Paris et en banlieue parisienne. Ainsi, chacun pourra se déplacer dans toute la région et parcourir jusqu'à 250 kilomètres sans émettre de CO_2, ce gaz responsable du réchauffement climatique. La mairie de Paris veut motiver les automobilistes à moins utiliser leur voiture personnelle.
Le fonctionnement est similaire à celui des Vélib', qui existent depuis plusieurs années dans les grandes villes de France. L'idée est de pouvoir se déplacer plus facilement et plus rapidement qu'à vélo ou qu'en métro. Le tout sans frais d'essence ou de parking, sans polluer et sans faire de bruit.

24heures Infos

Voici quelques questions que votre examinateur (B) pourrait vous poser après votre exposé:
- Qu'est-ce que vous pensez de l'idée de Vélib' et d'Autolib'?
- Quel(s) moyen(s) de transport est-ce que vous utilisez? Dans quelle(s) situation(s)?
- Est-ce que c'est une bonne idée d'interdire les voitures dans le centre-ville? Justifiez votre réponse.
- Qu'est-ce que vous faites pour protéger l'environnement dans votre vie de tous les jours?
- Imaginez: vous êtes éco-délégué/e dans votre collège/lycée. Qu'est-ce que vous pourriez faire?

Médiation

CD 2 / 19 **10** Votre ami français et vous, vous écoutez un reportage sur un flashmob à la radio allemande. Il ne comprend que le mot *flashmob*. Il veut savoir de quoi parle le reportage et ce que vous trouvez amusant. Écoutez, prenez des notes et répondez aux questions de votre ami français.

BILAN DES COMPÉTENCES

11 Cette année, vous participez à un programme d'échange avec le Maroc. Votre correspondant/e vient d'abord chez vous. Il/Elle aimerait savoir quelles sont les différences culturelles auxquelles il/elle doit s'attendre. Vous avez lu ce blog d'une participante de l'année dernière et vous répondez à votre correspondant/e par mail.

Hallo Bslehma Maroc!

Vom 24. Juli bis zum 3. August waren 14 Jugendliche mit dem Austauschprogramm „Hallo Bslehma Maroc!" in der Hauptstadt Rabat. Sie waren in Gastfamilien untergebracht und erlebten eine Woche lang den marokkanischen Alltag hautnah mit. In sechs Folgen erzählen sie uns von ihren Erlebnissen. Folge 4 hat Vanessa Lucaferri für uns verfasst.

Bunte Farben, fremde Gerüche, ungewohnte Geräusche, viele neue Gesichter und lauter fremde Menschen. Gemischte Gefühle.

Marokko. Ein Land, das voller Gegensätze ist: Während einige Menschen in Villenvierteln an verkehrsberuhigten Straßen leben, teilen sich anderenorts Großfamilien eine 50 m^2 Wohnung inmitten von Marktgetümmel und Kindergeschrei.

Einige Frauen sind mit der Burka von Kopf bis Fuß und sogar an den Händen bedeckt, andere stillen ihre Kinder zu Hause problemlos auch vor männlichen Familienmitgliedern. Während sich einige Männer mit 103er-Motorrädern den Weg durch den Verkehr bahnen, sieht man viele Frauen am Steuer von großen, teuren, deutschen Autos.

In Marokko wird das Einhalten des Betretungsverbots von einigen Plätzen, z. B. den vor dem Königspalast, strengstens überwacht, aber Taxifahren zu siebt in einem Fünfsitzer ist vollkommen legal. Einerseits erntet man für Körperkontakt zwischen Jungen und Mädchen bzw. zwischen Männern und Frauen schiefe Blicke, andererseits ist es völlig normal, dass sowohl Männer als auch Frauen sich immer gegenseitig sehr herzlich mit Küssen und Umarmungen grüßen. Während manche mit ihrem teuren Smartphone vor dem Fünfsternehotel Rabat stehen, verkaufen fünfjährige Kinder keine drei Straßen weiter Taschentücher, um sich wenigstens eine Mahlzeit leisten zu können.

Rabat. Eine Stadt, die auch viele Unterschiede zu deutschen Städten aufweist: Während man in Deutschland Menschen verschiedener Nationalitäten und Kulturen sieht, trifft man in Rabat vor allem auf Einheimische und Schwarzafrikaner. In Rabat heißt man „Ausländer" herzlich willkommen, in Deutschland werfen viele den Einwanderern misstrauische Blicke zu.

In Deutschland besteht eine Mahlzeit oft nur aus der Hauptspeise, in Rabat gibt es auch bei den ärmeren Familien drei Gänge. Während in Rabat auch die Kusinen vierten Grades zur engeren Verwandtschaft gehören, beschränkt sie sich in Deutschland meistens auf die Großeltern und Kusinen ersten Grades.

In Deutschland kümmern sich viele zuerst um ihr eigenes Wohl, in Rabat habe ich beobachtet, dass viele den Armen helfen. Und während man in Rabat jede Art von Hilfe schätzt, versucht man in Deutschland oft zu beweisen, dass man vieles selbst auf die Reihe bekommt. Jetzt, da ich wieder nach Deutschland zurückkehre, sehne ich mich schon zurück nach Marokko …

Marokko. Ein Land, das wunderschön, einzigartig und absolut sehenswert ist. Ich bin überglücklich, dass mir „Hallo Bslehma Maroc!" die Möglichkeit gegeben hat, dieses faszinierende Land zu besichtigen, zu erleben und zu fühlen. DANKE!

PARTENAIRE B

Dossier A

Volet 2

page 22

6 b Le *Dictionnaire du look* présente des looks de jeunes de manière stéréotypée. Décrivez ces looks à votre partenaire (A). Utilisez la restriction avec *ne ... que*. ▶ Grammaire, p. 126/24

Le « Caillera », c'est quelqu'un qui _____.

le look Caillera*

se balader / dans les cités
mettre / des baskets
écouter / du rap ou du hip-hop
rentrer chez lui / après minuit

* **caillera** *verlan* de « racaille » population des quartiers à problèmes

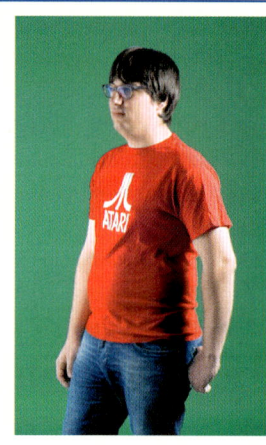

le look Geek

avoir / un seul ami : son ordi
porter / des tee-shirts à motifs
jouer / à des jeux en réseau
manger / du fast-food

page 22

7 Décrivez ces personnes à votre partenaire et trouvez les deux personnes que vous avez en commun.
▶ Vocabulaire, webcode APLUS-C-140

Volet 3

page 26

6 b Faites une recherche sur les associations suivantes, puis présentez vos résultats à votre partenaire.

1001 Fontaines   Diambars   Unis-Cité

Nom de l'association: _____
Domaine: _____
Fondée en/par: _____
Lutte contre/But: _____
Actions: _____
Autres infos: _____

PARTENAIRE B

Dossier D

Mots en contexte

page 75

4 Rédigez un texte sur ce pays africain d'après le modèle (▶ p. 74).
Puis présentez ce pays à votre partenaire A. ▶ Carte d'Afrique, p. 212

Republik Mali (République du Mali)
Lage: Westafrika
Hauptstadt: Bamako - rund 1,8 Millionen Einwohner
Klima: im Norden Wüstenklima (heiß und trocken), im Süden Savannenregion (überwiegend heiß und feucht)
Geschichte: von 1880 bis 1960 französische Kolonie; seit 1960 unabhängig
Bevölkerung/Gesellschaft: ca. 16 Millionen Einwohner; zahlenmäßig stärkste Volksgruppen: Bambara, Malinke, Fulbe, Sonrhai, Sarakollé, Tuareg, Bobo, Dogon, Senufo, Bozo
Amtssprache: Französisch
Nationalsprachen: Bambara, Fulfulde, Sonrhai, Sarakollé, Tamaschek, Bobo, Dogon, Senufo, Maurisch-Arabisch (Verkehrssprache: Bambara)
Religionen: über 95% Muslime, ca. 5% Christen, viele – auch zugleich – Animisten

Bilan des compétences

page 99

8 a Exercice en interaction: Vous êtes le correspondant français / la correspondante française d'un élève allemand / d'une élève allemande. Vous l'accueillez chez vous dans le cadre d'un échange de deux semaines, mais il/elle n'est pas content/e. Vous discutez et essayez de trouver une solution ensemble. Vous lui posez des questions.
  – Pourquoi est-ce que tu n'es pas content/e?
  – Quels sont tes problèmes?
  – Comment est ta chambre chez toi?
  – Comment sont les repas en Allemagne?
  – Est-ce que tes copains ont les mêmes problèmes? Qu'est-ce qu'ils ont fait?
  – Qu'est-ce que tu veux que je fasse?

b Pendant un échange scolaire en France, vous habitez chez votre correspondant/e. Vous n'êtes pas content/e de votre famille d'accueil (correspondant/e, repas, activités).
A commence et joue le rôle du professeur français responsable de l'échange. Vous répondez à ses questions et lui expliquez vos problèmes. Vous essayez de trouver une solution ensemble.

DIFFÉRENCIATION

Dossier A

___ **Volet 1**

page 14

1 a Lisez la première partie du texte (▶ Texte, p. 12, l. 1–30), puis trouvez les affirmations qui y correspondent.

1. Justine et Thibault sont …
   a deux adultes.
   b deux enfants.
   c deux adolescents.

2. Justine et Thibault sont …
   a un couple.
   b amoureux, mais ne sortent pas ensemble.
   c meilleurs amis, mais Justine est amoureuse de Thibault.

3. Thibault décide d'aller passer une année …
   a au Japon.
   b en Afrique.
   c aux États-Unis.

4. Thibault explique qu'il va partir …
   a parce que c'est son rêve.
   b parce que ses parents le veulent.
   c parce qu'il en a marre de la France.

5. Justine …
   a est choquée.
   b se met à pleurer.
   c est contente pour Thibault.

page 17

7 b Réécoutez la chanson et lisez les paroles (▶ p. 206). Classez les passages suivants en deux groupes, selon l'idée qu'ils expriment. À l'aide de vos résultats, identifiez la valeur-clé de Zaz. ▶ Méthodes, p. 144/12

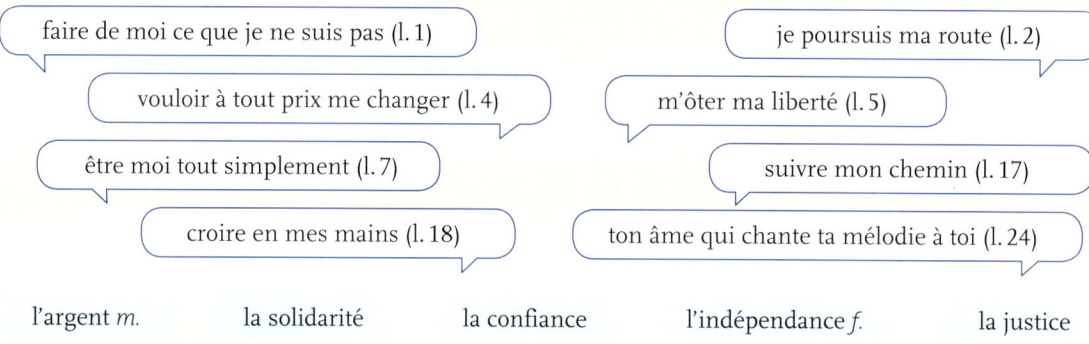

    l'argent *m.*   la solidarité   la confiance   l'indépendance *f.*   la justice

___ **Volet 2**

page 20

2 b Expliquez à l'aide du texte (l. 65–89) pour quelles raisons on peut dire que Clichy-sous-Bois est «loin» de Paris. Vous pouvez utiliser les expressions ci-dessous. ▶ Méthodes, p. 152/24.3

Au sens propre, Clichy-sous-Bois n'est pas loin de Paris, parce que ____.
Mais on peut dire qu'au sens figuré, Clichy-sous-Bois est loin de Paris parce que ____.

être différent/e   *ne pas avoir* le/la/les même(s) ____   ____ différemment   *avoir* plus/moins de ____

DIFFÉRENCIATION

page 20

3 b Consultez la rubrique *Keskidi* (▶ p. 19) pour mieux comprendre ce que les jeunes disent. Puis, écoutez encore une fois le micro-trottoir et trouvez à quel/le jeune les affirmations suivantes correspondent.

> 1 Je me sens bien dans ma cité parce que j'ai une vie normale ici. J'aime ma banlieue et je n'ai pas besoin d'aller dans une grande ville pour me sentir cool.

> 2 Je me sens bien ici parce qu'avec mes amis, on est comme une grande famille et qu'on ne s'ennuie pas.

> 3 Je me sens bien dans ma cité parce que ce n'est pas une cité à problèmes. On a tout ce qu'il faut pour nos loisirs et je me bats contre ce que les médias ont dit sur ma cité.

> 4 Je voudrais partir d'ici pour mes études parce que c'est moche et que je n'aime pas l'ambiance. Je ne me sens pas libre.

Volet 3

page 26

3 Comparez ce que disent les jeunes interviewés (trouvez leurs points communs, différences). Les aspects ci-contre peuvent vous aider:

> (ne pas) *s'engager* maintenant
> *participer* à des manifestations
> *s'engager* de manière régulière
> *vouloir* changer la société

Dossier B

Volet 2

page 43

9 Ils parlent tous du *Marathon des Sables*. Retrouvez les expressions françaises qui correspondent à ces phrases.

1. Man muss daran glauben.
2. Er träumt davon.
3. Sie hat es geschafft.
4. Er gewöhnt sich daran.
5. Sie wollen daran teilnehmen.
6. Sie spricht oft darüber.
7. Sie profitieren davon.
8. Es ist so weit.

a Elle y est arrivée.
b Ça y est.
c Ils/Elles en profitent.
d Ils/Elles veulent y participer.
e Il faut y croire.
f Il en rêve.
g Il s'y habitue.
h Elle en parle souvent.

Volet 3

page 47

2 b Trouvez les quatre phrases qui correspondent à l'extrait, mettez-les dans l'ordre pour résumer ce qui se passe dans l'histoire.

1. Zaynab et Si Mahmoud veulent parler du mariage d'Abbas et Malika.
2. Si Mahmoud rend visite à Zaynab parce qu'il veut lui parler.
3. Zaynab est étonnée qu'Abbas ne soit pas venu lui-même.
4. Si Mahmoud veut faire la connaissance de Malika.
5. Si Mahmoud annonce à Zaynab qu'Abbas voudrait épouser sa fille Malika.
6. Malika connaît déjà Abbas mais n'ose pas lui parler.
7. Zaynab essaie d'expliquer à Si Mahmoud que Malika ne s'intéresse pas à Abbas.

DIFFÉRENCIATION

Dossier C

Volet 1

page 59

6 a Des jeunes Européens qui ont participé à un chantier de bénévoles ont laissé des commentaires sur le site de l'association. Trouvez dans les passages indiqués les expressions qui conviennent pour compléter leurs commentaires. ▶ Texte, p. 56–57

Forum

1. Sur un chantier, l'ambiance n'est jamais la même. Elle ____ l'organisation, bien sûr, mais surtout des gens qui participent à ces chantiers. *Lilli (→ l. 40–45)*

2. Un chantier de bénévoles, c'est vraiment international: cela permet de rencontrer d'autres jeunes ____ différents pays. *Novak (→ l. 42–48)*

3. Tout le monde participe aux tâches ménagères; on les fait ____. *Cristina (→ l. 51–55)*

4. Pour poser sa candidature, c'est facile: ____ contacter un responsable en envoyant un mail à l'association. *Kim (→ l. 53–58)*

5. J'ai participé au chantier en juillet. Je me suis bien entendu avec les autres. Je me suis tout de suite senti ____. *Juan (→ l. 57–61)*

6. Ce ne sont pas vraiment des vacances. Il y a beaucoup de travail à faire: on a toujours ____. *Sven (→ l. 61–65)*

7. On s'est super bien amusés: ah, ____! *Adriano (→ l. 61–65)*

8. Je me souviendrai très longtemps de cette expérience. Vraiment, je ne ____. *Elsa (→ l. 61–65)*

9. Ce chantier m'a plu parce que j'aime bien ____ et que je sais que cela sert à quelque chose. *Mirko (→ l. 66–71)*

DIFFÉRENCIATION

page 61

11 a Reformulez la lettre que Tom a envoyée à un magazine de jeunes. Utilisez le gérondif dans les parties surlignées. ▶ Grammaire, p. 117/10

Das *gérondif* bietet die Möglichkeit Nebensätze zu vermeiden und wird im geschriebenen und gesprochenen Französisch sehr häufig verwendet. Um die Gleichzeitigkeit zweier Handlungen, eine Bedingung oder die Art und Weise, wie man etwas macht oder erreicht, auszudrücken, können Sie das *gérondif* verwenden. Einzige Voraussetzung: Das Subjekt der beiden Handlungen ist dasselbe.

> Bonjour,
> Je m'appelle Tom Tork, j'ai 17 ans et je suis élève au lycée Goethe, à Regensburg. ==Quand j'ai lu votre article sur la situation écologique en Europe,== j'ai tout de suite eu envie de vous écrire cette lettre. ==Vous décrivez notre situation de façon réaliste et==
> 5 ==comme cela,== vous sensibilisez beaucoup de jeunes. Je trouve que c'est très important. Moi-même, je m'intéresse depuis longtemps à la protection de l'environnement et aux problèmes du réchauffement climatique. À mon avis, on peut économiser beaucoup d'énergie ==si on adopte des gestes quotidiens.== Je ne suis pas parfait, mais je fais des efforts et ==en même temps, je vis quand même normalement.==
> 10 Vous voulez des exemples?
> Le matin, ==quand je prends ma douche,== j'utilise un minimum d'eau. ==Quand je quitte la maison,== je contrôle les lampes et les appareils électriques. De plus, dans ma famille, on fait le tri des déchets depuis longtemps.
> ==Si nous faisions tous la même chose,== nous pourrions sauver la planète!
> 15 *Tom Tork*

Volet 2

page 63

5 a Écoutez l'interview avec Lucie Morin, péjiste à Montpellier. Qu'est-ce que vous apprenez sur elle? Lisez les phrases et notez si c'est vrai ou faux.

1. Elle a 15 ans.
2. Elle fait des études de journalisme.
3. Elle est devenue péjiste parce que son copain était déjà péjiste.
4. Son rôle au PEJ est de contacter les députés du Parlement européen.
5. Elle a pu participer à une réunion en Allemagne parce qu'elle a un ami au PEJ-Allemagne.
6. Elle n'a jamais participé à une réunion internationale du PEJ.

DIFFÉRENCIATION

page 65

10 Vous connaissez l'Europe? Corrigez ces phrases en utilisant le pronom démonstratif qui convient (*celle*/*celles*, *celui*/*ceux*). ▶ Grammaire, p. 114/7, ▶ Solutions, p. 210

Exemple: – «Unie dans la diversité» c'est la devise de la France?
– Non, c'est celle de l'Europe.

1. «Unie dans la diversité» c'est la devise de la France?
2. Bruxelles, c'est la capitale des Pays-Bas?
3. Strasbourg, c'est l'endroit qui symbolise la force en Europe?
4. Bleu, blanc, rouge, ce sont les couleurs du drapeau belge?
5. Le Rhin, c'est la frontière entre l'Italie et la France?
6. De Gaulle et Adenauer, ce sont les hommes politiques qui ont signé le traité de Maastricht?
7. L'OFAJ, c'est l'organisation qui s'occupe de la banque européenne?
8. Karambolage, c'est l'émission qui passe sur TV5?
9. L'échange Brigitte Sauzay, c'est l'échange avec lequel on peut passer six mois en France ou en Allemagne?

Dossier D

Volet 1

page 78

2 Lisez le reportage. Puis divisez-le en plusieurs parties et choisissez un de ces mots-clés pour chaque partie. Il y a deux mots-clés en trop.
- les projets d'avenir
- la vie quotidienne à Douala
- la copine
- le rite de passage
- les vacances à la campagne
- le week-end à la plage
- le savoir* des vieillards
- le rôle de l'aîné

* **le savoir** das Wissen

page 78

6 b Écoutez encore une fois l'émission de radio. Parmi les thèmes proposés ci-dessous, notez les thèmes abordés par Servais Salla. Il y a deux thèmes en trop.
- les langues nationales africaines
- ce qui le frappe quand il retourne au Cameroun
- l'université de Yaoundé
- le rite d'initiation d'un jeune pêcheur
- la musique typique
- la région de Kribi
- la cuisine africaine
- son enfance

DIFFÉRENCIATION

page 79

9 Vous êtes dans un restaurant africain avec votre famille. La serveuse parle mieux le français que l'allemand. Faites l'interprète. Utilisez les verbes pronominaux. ▶ Grammaire, p. 118/13

Exemple: Est-ce que les feuilles de bananes se mangent aussi?

1. Werden die Bananenblätter auch gegessen?
2. Wird die Sauce mit Erdnussöl zubereitet?
3. Wird das Gericht mit Kochbananen serviert?
4. Dieser Maniok-Kuchen … Wird er als Vorspeise oder als Nachtisch serviert?
5. Werden die Maniokstangen in Wasser oder in Öl zubereitet?

les feuilles de bananes / *se manger*
la sauce / *se préparer* avec de l'huile d'arachides
le plat / *se servir* avec des bananes plantain frites
le gâteau de manioc / *se servir* en entrée ou en dessert
les bâtons de manioc / *se préparer* à l'eau ou à l'huile

Volet 2

page 84

2 Lisez l'article. Parmi les thèmes proposés ci-dessous, notez les thèmes qu'il aborde. Il y a deux thèmes en trop.

- les Lions Indomptables
- la CAN
- l'équipe nationale du Sénégal
- Roger Milla
- la carrière de Samuel Eto'o
- les recruteurs sans scrupules
- l'avenir du foot africain
- les centres de formations européens
- Nicolas Nkoulou
- les centres de formation africains

page 84

5 a Regardez le début du film *Comme un lion*, qui se passe au Sénégal, et résumez-le. Vous pouvez utiliser les expressions ci-dessous.

se laver les mains / le visage
se préparer à la prière[1]
prier[2]
courir pieds nus[3]
donner le maximum[4]
montrer ce qu'on sait faire[5]
promettre / demander de l'argent à qn
annoncer une bonne nouvelle à qn
mettre son ami en garde[6]
essayer de convaincre sa grand-mère
faire une bonne impression auprès[7] du recruteur
discuter avec ses amis
imaginer sa vie future[8]

1 la prière das Gebet 2 prier beten 3 pieds nus barfuß
4 donner le maximum sein Bestes geben 5 monter ce qu'on sait faire zeigen, was man kann 6 mettre qn en garde jdn warnen 7 faire une bonne impression auprès de qn jdn beeindrucken, einen guten Eindruck bei jdm hinterlassen
8 imaginer sa vie future sich seine Zukunft ausmalen

GRAMMAIRE

Inhaltsverzeichnis | Table des matières

1. Die indefiniten Begleiter | Les déterminants indéfinis 111
2. Die Personal-, Objekt- und Reflexivpronomen | Les pronoms personnels, objets et réfléchis 112
3. Das Pronomen *y* | Le pronom *y* 112
4. Das Pronomen *en* | Le pronom *en* 113
5. Die Stellung der Pronomen im Satz | La place des pronoms dans la phrase 113
6. Die Possessivpronomen | Les pronoms possessifs 114
7. Die Demonstrativpronomen | Les pronoms démonstratifs 114
8. Infinitivsätze | Propositions infinitives 115
9. Verben und Ausdrücke mit Infinitivergänzungen | Expressions suivies de l'infinitif 116

Die Verbkonjugationen | La conjugaison des verbes ▶ p. 132–139

10. Das *gérondif* | Le gérondif 117
11. Das *participe présent* | Le participe présent 117

Die Bildung der einfachen Verbformen | Pense-bête ▶ p. 217

12. Das Passiv | Le passif 118
13. Die Möglichkeiten zur Wiedergabe des deutschen Passivs im Französischen | Les expressions actives de sens passif 118
14. Das *passé simple* | Le passé simple 119
15. Das *futur antérieur* | Le futur antérieur 120
16. Der *subjonctif* | Le subjonctif 120
17. Das *conditionnel passé* | Le conditionnel passé 122
18. Der Bedingungssatz | La phrase conditionnelle 123
19. Die Verneinung | La négation avec *ne … pas*, *ne … plus*, *ne … rien*, *ne … jamais* 124
20. Die Verneinung mit *ne … personne* | La négation avec *ne … personne* 124
21. Die Verneinung mit *personne ne* und *rien ne* | La négation avec *personne ne* et *rien ne* 124
22. Die Verneinung mit *ne … aucun/e* | La négation avec *ne … aucun/e* 125
23. Die Verneinung mit *ni … ni … ne …* und *ne … ni … ni …* | La négation avec *ni … ni … ne …* et *ne … ni … ni …* 125
24. Die Einschränkung mit *ne … que* | La restriction avec *ne … que* 126
25. Die absolute Frage | L'interrogation absolue 126
26. Die Infinitivfrage | L'interrogation à l'infinitif 126
27. Die Angleichung des *participe passé* nach *avoir* | L'accord du participe passé après le verbe *avoir* 127
28. Der Relativsatz mit *qui*, *que* und *où* | La proposition relative avec *qui*, *que* et *où* 128
29. Der Relativsatz mit *dont* | La proposition relative avec *dont* 128
30. Der Relativsatz mit Präposition + *lequel* | La proposition relative avec préposition + *lequel* 129
31. Die *mise en relief* | La mise en relief 130
32. Die indirekte Rede in der Vergangenheit | Le discours indirect au passé 131

Verweise

▶ p. 22/5 Übung zu diesem Grammatikpunkt in den Dossiers (S. 22/5)

G 10.4 weiterführende Erläuterungen im Abschnitt 10.4 der *Französischen Grammatik für die Mittel- und Oberstufe* (ISBN 978-3-464-22014-6)

GRAMMAIRE

Solutions ▶ webcode APLUS-C-111

1 Die indefiniten Begleiter | Les déterminants indéfinis

G 1.9

Chaque mois / **chaque** semaine, il envoie de l'argent à sa famille. — jede/r
Il a raté **plusieurs** matchs. / Il s'est blessé **plusieurs** fois. — mehrere
Quelques mois / **quelques** semaines plus tard, elle a mis fin à sa carrière. — einige

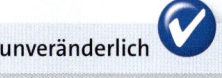

Pour **certains** fans / **certaines** personnes, cela a été un choc. — gewisse, manche
Elle a joué pour **divers** clubs / dans **diverses** équipes en Europe. — verschiedene
Il y a **différents** projets / **différentes** associations qui l'intéressent. — verschiedene

Die indefiniten (unbestimmten) Begleiter *chaque, quelques, plusieurs, certain(e)s, différent(e)s* und *divers/es* stehen allein vor dem Nomen.

❗ Il a fait des stages dans **différentes** entreprises. — ... in verschiedenen Firmen ...
Cette entreprise est **différente** des autres entreprises. — ... anders als andere Firmen ...

Das Adjektiv *différent/e* unterscheidet sich vom indefiniten Begleiter *différent(e)s* in seiner Bedeutung („anders, unterschiedlich") und darin, dass es auch Singularformen hat.

	masculin		féminin	
singulier	**tout** le livre **tout** ton temps	das ganze Buch deine ganze Zeit	**toute** la nuit **toute** une journée	die ganze Nacht einen ganzen Tag
pluriel	**tous** les films **tous** nos matchs	alle Filme alle unsere Spiele	**toutes** les équipes **toutes** ces bédés	alle Mannschaften all diese Comics

Der indefinite Begleiter *tout* steht vor dem Nomen, zusammen mit einem weiteren Begleiter (z. B. einem bestimmten oder unbestimmten Artikel, einem Possessiv- oder Demonstrativbegleiter).

Solutions webcode APLUS-C-111

Leon a répondu à un questionnaire sur l'utilisation du portable. Reformulez en français les informations que Leon a données.
Exemple: 1. Tous les élèves de sa classe ont un portable.

1. Wieviele Schüler deiner Klasse besitzen ein Handy? — *alle Schüler*
2. Von wievielen Schülern aus deiner Klasse hast du die Telefonnummer? — *von allen Mädchen*
3. Wie oft schaust du auf dein Handy? — *die ganze Zeit*
4. Benutzt du eine oder mehrere Nachrichten-Apps[1]? — *mehrere Nachrichten-Apps*
5. Wie oft lädst du dein Handyguthaben auf[2]? — *jede Woche*
6. Wofür brauchst du noch einen Computer? — *für gewisse Dinge (z. B. Hausaufgaben)*
7. Wieviele Personen kennen deinen Code? — *einige Personen*
8. Nutzt du nur ein soziales Netzwerk oder verschiedene? — *verschiedene soziale Netzwerke*

1 die Nachrichten-App *l'application de messagerie f.* **2 das Handyguthaben aufladen** *acheter une recharge*

GRAMMAIRE

2 Die Personal-, Objekt- und Reflexivpronomen | Les pronoms personnels, objets et réfléchis

G 3.1–5
▶ p. 16/5
▶ p. 85/7

Elles n'ont rien compris.
J'aimerais discuter avec **eux**.
Est-ce que tu **te** souviens de lui?
Je ne **t'**ai pas oublié.
Pourquoi tu ne **leur** as rien dit?

verbundenes Personalpronomen — *pronom personnel conjoint*
unverbundenes Personalpronomen — *pronom personnel disjoint*
Reflexivpronomen — *pronom réfléchi*
direktes Objektpronomen — *pronom objet direct*
indirektes Objektpronomen — *pronom objet indirect*

verbundene Personalpronomen	unverbundene Personalpronomen	direkte Objektpronomen	indirekte Objektpronomen	Reflexivpronomen
je	moi	me	me	me
tu	toi	te	te	te
il	lui	le	lui	se
elle	elle	la	lui	se
nous	nous	nous	nous	nous
vous	vous	vous	vous	vous
ils	eux	les	leur	se
elles	elles	les	leur	se

– Est-ce que <u>tes parents</u> vont te manquer?   – Oui, parce que je **les** aime.
– Pourquoi Thibault <u>part</u>-il <u>aux États-Unis</u>?   – Parce qu'il **le** veut.
– Est-ce que Thibault a menti <u>à Justine</u>?   – Non, il ne **lui** a pas menti.

Die direkten Objektpronomen ersetzen direkte Objekte, also Objekte, die direkt, d. h. ohne Präposition an das Verb angeschlossen werden (z. B. *aimer qc/qn*). Wie das deutsche „es" kann das Objektpronomen *le* auch ganze Sachverhalte ersetzen.
Die indirekten Objektpronomen ersetzen indirekte <u>Personen</u>objekte, die mit der Präposition *à* an das Verb angeschlossen werden (z. B. *mentir à qn*).

Solutions
webcode
APLUS-C-111

Retrouvez les compléments qui sont remplacés par les pronoms objets directs et indirects. Parfois, il y a plusieurs possibilités. De plus, il y a deux intrus.

1. Nous <u>le</u> verrons demain.
2. Il <u>lui</u> parle pendant des heures.
3. Il aimerait <u>la</u> revoir.
4. Je <u>leur</u> fais confiance.
5. On ne <u>les</u> choisit pas.

a. notre frère
b. ses profs
c. à son frère
d. à ma copine
e. au cinéma

f. son amie Sarah
g. le film «La Cité rose»
h. les amis de ses amis
i. à mes parents
j. à la cantine

3 Das Pronomen *y* | Le pronom *y*

G 3.6
▶ p. 43/9

– Ton ami habite toujours <u>en Alsace</u>?   – Oui, il **y** habite toujours.   dort
– Tu vas <u>au Maroc</u> cette année?   – Non, je n'**y** vais pas.   dorthin
– Tu vas réfléchir <u>à ma proposition</u>?   – Oui, je vais **y** réfléchir.   darauf/daran/darüber

Das Pronomen *y* ersetzt:
1. Ortsangaben mit allen Präpositionen <u>außer</u> *de* (z. B. *à, chez, dans, en, …*)
2. indirekte <u>Sach</u>objekte mit *à* (z. B. *à ma proposition*).   Indirekte Personenobjekte mit *à* ▶ p. 112/2
Stellung der Pronomen im Satz ▶ p. 113/5

GRAMMAIRE

4 Das Pronomen *en* | Le pronom *en*

G 3.7

▶ p.43/9

1. – Tu veux <u>de l'eau</u>? – Non merci, je n'**en** veux pas. ... davon ...
2. – Il a acheté <u>des cartes postales</u>? – Oui, il **en** a acheté huit. ... davon ...
3. – Vous avez beaucoup <u>d'affaires</u>? – Oui, nous **en** avons trop. ... davon ...
4. – Tu te souviens <u>de notre journée à Casablanca</u>? – Oui, je m'**en** souviens! ... daran ...
5. – Elle a envie <u>de participer au Marathon des Sables</u>? – Oui, elle **en** a envie. ... darauf ...
6. – Quand reviendront-ils <u>de leur expédition</u>? – Ils **en** reviendront en mai. ... davon ...

Das Pronomen *en* ersetzt:
1. Nomen mit Teilungsartikel (*du, de la, de l', des*),
2. direkte <u>Sach</u>objekte, vor denen ein Zahlwort oder ein unbestimmter Artikel steht (*un, une, des*),
3. Mengenangaben mit *de*,
4. indirekte <u>Sach</u>objekte mit *de*,
5. Infinitivergänzung mit *de*,
6. Ortsangaben mit *de*.

Stellung der Pronomen im Satz ▶ p. 113/5

! Je parle <u>de Mathilde</u>. → Je parle d'**elle**.

Indirekte <u>Personen</u>objekte mit *de* werden nicht durch *en* ersetzt, sondern durch *de* mit dem unverbundenen Personalpronomen. ▶ p. 112/2

Solutions webcode
US-C-111

1 Retrouvez les compléments qui sont remplacés par les pronoms *y* et *en* (attention, les phrases doivent avoir un sens). Parfois, il y a plusieurs possibilités. De plus, il y a deux intrus.

1. Elle <u>en</u> a acheté hier.
2. Elles <u>y</u> vont souvent.
3. Vous devez <u>y</u> faire attention.
4. Nous <u>y</u> pensons régulièrement.
5. Je m'<u>en</u> souviens parfois.

a. aux voitures
b. des fraises
c. à vos affaires
d. en Bretagne
e. du coca

f. de nos vacances
g. à Marie
h. de Marie
i. à nos vacances
j. à Marseille

Solutions webcode
US-C-111

2 Formulez des questions à partir des verbes ci-dessous et posez-les à votre partenaire, qui répond en utilisant des pronoms objets et/ou les pronoms *y* et *en*.
Exemple: – Tu vas inviter Maxime? – Non, je ne vais pas l'inviter.

| inviter qn | s'intéresser à qc | parler de qc | parler à qn |
| manger qc | penser à qc | acheter qc | ranger qc |

5 Die Stellung der Pronomen im Satz | La place des pronoms dans la phrase

G 3.8

▶ p. 36/5
▶ p. 85/8

Il			les	<u>adore</u>.
Il			leur	<u>a annoncé</u> son départ.
Il	<u>veut</u>		y	<u>aller</u>.
Il ne	<u>va</u>	pas	en	<u>souffrir</u>.
Il	<u>promet</u>	de	leur	<u>écrire</u>.
Il	<u>a peur</u>	de	la	<u>décevoir</u>.

Die Objektpronomen sowie die Pronomen *y* und *en* stehen <u>vor dem konjugierten Verb</u>, außer in Sätzen mit Infinitiv. Dort stehen diese Pronomen <u>vor dem Infinitiv</u>.

Verben und Ausdrücke mit Infinitivergänzungen ▶ p. 116/9

GRAMMAIRE

Elle **lui en** veut.
Tu **me l'**as dit mille fois.
Je ne **leur en** ai pas parlé.

Tu vas **le leur** donner demain?
Je ne peux pas **te l'**interdire.
Il avait envie de **le lui** dire.

Wenn mehrere Pronomen in einem Satz vorkommen, folgen diese einer festen Reihenfolge:

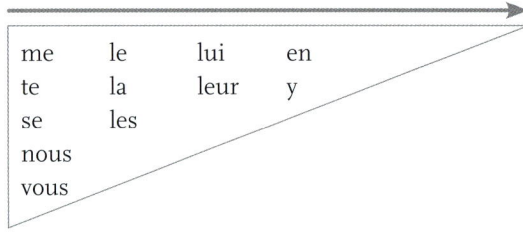

Ich kann **es dir** nicht sagen.
Je ne peux pas **te le** dire.

Solutions webcode
APLUS-C-111

Traduisez les phrases suivantes en utilisant les verbes entre parenthèses. Pour traduire «es», utilisez *le*.

1. Du hast es mir versprochen! *(promettre qc à qn)*
2. Wir bringen es ihnen morgen mit. *(apporter qc à qn)*
3. Ich habe es euch gesagt! *(dire qc à qn)*
4. Sie bringt uns hin. *(amener qc/qn)*
5. Warum wollt ihr es uns nicht zeigen? *(montrer qc à qn)*
6. Er schickt es euch. *(envoyer qc à qn)*
7. Ich gebe dir davon. *(donner qc à qn)*
8. Ich kann nicht mit dir darüber reden. *(parler de qc à qn)*

6 Die Possessivpronomen | Les pronoms possessifs

G 3.12
▶ p. 37/6

	déterminant possessif	pronom possessif	
Lola: C'est mon stylo?		Léa: Non, c'est **le mien**.	meiner, meine, meins
Lola: C'est ta valise?		Léa: Non, c'est **la sienne**.	seiner, seine, seins / ihrer, ihre, ihrs

Das Possessivpronomen ersetzt ein Nomen mit Possessivbegleiter. Es wird immer mit dem bestimmten Artikel verwendet.

		je	tu	il/elle	nous	vous	ils/elles
singulier	♂	le mien	le tien	le sien	le nôtre	le vôtre	le leur
	♀	la mienne	la tienne	la sienne	la nôtre	la vôtre	la leur
pluriel	♂	les miens	les tiens	les siens	les nôtres	les vôtres	les leurs
	♀	les miennes	les tiennes	les siennes	les nôtres	les vôtres	les leurs

7 Die Demonstrativpronomen | Les pronoms démonstratifs

G 3.11
▶ p. 65/10

– Tu prends le sandwich au poulet ou au fromage?
– Lise, c'est la fille qui fait du théâtre avec toi?
– Tu peux m'acheter des crayons, s'il te plaît?
– Ce sont tes nouvelles baskets?

– **Celui** au poulet.
– Non, c'est **celle** qui m'aide pour les maths.
– Oui, tu préfères **ceux-ci** ou **ceux-là**?
– Non, **celles** de mon frère.

GRAMMAIRE

	masculin	féminin
singulier	celui	celle
pluriel	ceux	celles

Das Demonstrativpronomen steht anstelle eines Nomens. Es steht nie alleine, sondern mit einem Relativsatz, mit einer Ergänzung (z. B. mit *de* oder *à*), mit *-ci* oder *-là*.

Reconstituez les phrases et dites de quoi il est question. Puis, replacez ces phrases dans des mini-dialogues.

1. Celle-ci
2. Celle que
3. Ceux qui
4. Celui qui
5. Celui aux
6. Celles à
7. Ceux de
8. Ceux en

a. joue dans la série «Soda» est très doué.
b. participent au tournoi n'ont pas cours.
c. pommes de terre a l'air bon.
d. 130 euros sont vraiment trop chères.
e. notre classe sont les plus forts.
f. or te vont moins bien.
g. est très belle.
h. tu m'as donnée a disparu.

8 Infinitivsätze | Propositions infinitives

pour + infinitif
Les gens vont au souk **pour** acheter quelque chose.
Pour voir des arganiers, il faut aller au Maroc.

ZWECK/ABSICHT
... *um* etwas zu kaufen.
Um Arganbäume zu sehen, ...

sans + infinitif
Luc a acheté des tissus **sans** marchander.
Il ne va pas retourner en France **sans** avoir vu l'Atlas.

ART UND WEISE
... *ohne* zu handeln.
... *ohne* das Atlasgebirge gesehen zu haben.

avant de + infinitif
Avant d'acheter le tapis, Lounis a marchandé.
Léa retourne à l'hôtel **avant de** partir pour l'aéroport.

VORZEITIGKEIT
Bevor er den Teppich gekauft hat, ...
..., *bevor* sie zum Flughafen fährt.

après + infinitif passé (= avoir/être + participe passé)
Après avoir marchandé, Lounis achète le tapis.
Léa part pour l'aéroport **après** être retournée à l'hôtel.

NACHZEITIGKEIT
Nachdem er gehandelt hat, ...
... *nachdem* sie zum Hotel zurückgegangen ist.

Nach den Präpositionen *pour*, *sans*, *avant de* und *après* können Infinitive stehen.
 Das ist nur möglich, wenn das Subjekt in Haupt- und Nebensatz dasselbe ist.

1 À partir des expressions suivantes, faites des phrases en utilisant *avant de + infinitif* **ou** *après avoir / après être + participe passé*. **Il y a plusieurs possibilités.**

1. Farid / *partir* au Maroc → *dire* au revoir à tout le monde   2. Céline / *prendre* son petit-déjeuner → *se promener* au souk   3. François et Romain / *aller* à Marrakech → *découvrir* l'Atlas   4. Théo / *se coucher* → *noter* ses impressions dans son journal   5. Iris et Leïla / *arriver* dans le village berbère → *marcher* longtemps   6. Fouad / *retrouver* Julien à la porte Bab el-Kebir → *faire* un tour sur la Corniche

2 Traduisez les phrases suivantes en français.

1. Wir haben auf dich gewartet, ohne zu meckern.   2. Er ruft sie an, um ihr die Situation zu erklären.   3. Wir haben meinen Geburtstag gefeiert, ohne die Nachbarn zu stören.   4. Du bist verschwunden, ohne mich zu benachrichtigen.   5. Ich mache einen Austausch, um unabhängiger zu werden.

GRAMMAIRE

9 Verben und Ausdrücke mit Infinitivergänzungen | Expressions suivies de l'infinitif

G 17.3.5
▶ p. 17/6

Ma meilleure copine **commence** à m'énerver.
Mes parents m'**ont interdit** d' aller au concert.
Mon frère **déteste** ⊠ ranger sa chambre.

Nach bestimmten Verben und Ausdrücken können Infinitivergänzungen stehen. Je nach Verb/Ausdruck wird die Infinitivergänzung mit *à*, mit *de* oder ohne Präposition angeschlossen.

à	de		⊠
aider qn à + *inf.*	(s')arrêter de + *inf.*	avoir envie/peur de + *inf.*	adorer + *inf.*
apprendre à + *inf.*	choisir de + *inf.*	avoir la chance de + *inf.*	aimer + *inf.*
arriver à + *inf.*	décider de + *inf.*	avoir l'habitude de + *inf.*	avoir failli + *inf.*
autoriser qn à + *inf.*	demander (à qn) de + *inf.*	avoir le droit/temps de + *inf.*	détester + *inf.*
commencer à + *inf.*	dire (à qn) de + *inf.*	avoir des chances de + *inf.*	devoir + *inf.*
continuer à + *inf.*	empêcher qn de + *inf.*	avoir pour but de + *inf.*	faire + *inf.*
encourager qn à + *inf.*	essayer de + *inf.*	c'est poli/sympa/___ de + *inf.*	il faut + *inf.*
inviter qn à + *inf.*	interdire (à qn) de + *inf.*	donner envie de + *inf.*	laisser + *inf.*
réussir à + *inf.*	oublier de + *inf.*	être capable de + *inf.*	oser + *inf.*
se décider à + *inf.*	permettre (à qn) de + *inf.*	être triste/___ de + *inf.*	pouvoir + *inf.*
se mettre à + *inf.*	promettre (à qn) de + *inf.*	être obligé/e de + *inf.*	préférer + *inf.*
servir à + *inf.*	proposer (à qn) de + *inf.*	être près de + *inf.*	savoir + *inf.*
être prêt à + *inf.*	rêver de + *inf.*	être en train de + *inf.*	vouloir + *inf.*
	servir de + *inf.*	faire semblant de + *inf.*	venir + *inf.*
	venir de + *inf.*	il suffit de + *inf.*	

▶ p. 22/8

! *laisser* + *inf.* (= jdn etw. tun lassen *im Sinne von* jdm erlauben etw. zu tun, etw. zulassen)
Mes parents **laissent** souvent **gagner** mon petit frère.
Mes parents ne me **laissent** pas **inviter** mes copains.
Mes parents m'**ont laissé choisir** mon métier.

faire + *inf.* (= jdn etw. tun lassen *im Sinne von* jdn dazu bringen/zwingen/veranlassen etw. zu tun)
Mes parents me **font** souvent **travailler** dans le jardin.
Souvent, mes parents me **font rire**.
Longtemps, mes parents m'**ont fait croire** que le père Noël existe.

Das Verb „lassen" kann im Deutschen zweierlei bedeuten: „etwas erlauben/zulassen" und „zu etwas bringen/zwingen/veranlassen". Im Französischen gibt es dafür zwei unterschiedliche Ausdrücke: *laisser* + *inf.* und *faire* + *inf.* Sie entsprechen den englischen Ausdrücken „to let somebody do something" (= *laisser* + *inf.*) und „to make somebody do something" (= *faire* + *inf.*).

Solutions
webcode
APLUS-C-111

Complétez les phrases par: *à*, *de* ou ⊠ (= rien).

1. Les jeunes Français rêvent ❓ trouver leur place sur le marché de travail.   2. J'ai envie ❓ devenir indépendante financièrement.   3. Est-ce que vous savez ❓ travailler de manière autonome?   4. Je suis sûr qu'elle réussira ❓ fonder sa propre entreprise.   5. Alors c'est vrai, tu as décidé ❓ partir aux États-Unis?   6. Ses parents le laissent ❓ sortir tous les soirs.   7. Ce diplôme lui permettra ❓ trouver un emploi plus facilement.   8. Tu peux m'aider ❓ chercher un stage, s'il te plaît?   9. Tu n'es pas obligée ❓ rentrer tout de suite.   10. Nos profs nous font ❓ travailler énormément cette année.

GRAMMAIRE

10 Das *gérondif* | Le gérondif

G 14.2
p. 60/8+9
▶ p. 61/10

1. Elle téléphone **en faisant** les courses.   ... *beim* Einkaufen / *während* sie einkauft.
2. Il a appris le français **en regardant** la télé française.   ..., *indem* er französisches Fernsehen geschaut hat.
3. **En prenant** le bus, on arriverait à l'heure.   *Wenn* wir den Bus nehmen würden, ...

Mit dem *gérondif* können ausgedrückt werden:
- die Gleichzeitigkeit von Handlungen oder Ereignissen (Satz 1),
- die Art und Weise, wie eine Handlung geschieht, bzw. das Mittel, durch das man etwas erreicht (Satz 2),
- Bedingungen oder Annahmen (Satz 3).

Das *gérondif* kann in Verbindung mit allen Zeiten gebraucht werden.

❗ Das *gérondif* bezieht sich immer auf das Subjekt des Satzes.

Präsensstamm der 1. Person Plural		Endung		*gérondif*
en +	nous fais~~ons~~ nous regard~~ons~~ nous attend~~ons~~ nous choisiss~~ons~~	-ant	→	en faisant en regardant en attendant en choisissant

❗ Drei Ausnahmen:
- être → en étant
- avoir → en ayant
- savoir → en sachant

Das *gérondif* ist unveränderlich.

11 Das *participe présent* | Le participe présent

G 14.1
▶ p. 49/9

1. Les enfants **ayant** beaucoup de frères et sœurs / <u>qui ont</u> beaucoup de frères et sœurs sont souvent autonomes.
   ..., *die* viele Geschwister haben, ...

2. Ne **connaissant** personne ici, / <u>Comme il ne connaît</u> personne ici, il sort peu.
   Da er hier niemanden kennt, ...

3. **Posant** son verre sur la table, / <u>Elle a posé</u> son verre sur la table, <u>et en même temps</u>, elle a commencé à me raconter son histoire.
   Während sie ihr Glas auf dem Tisch abstellte, ...

Das *participe présent* wird vor allem in der Schriftsprache verwendet. Es kann ersetzen:
- einen Relativsatz mit *qui* (Satz 1),
- einen Kausalsatz (mit dem ein Grund angegeben wird), z. B. mit *comme* oder *parce que* (Satz 2),
- eine Zeitangabe, die Gleichzeitigkeit ausdrückt (z. B. mit *en même temps*, *au même moment*) (Satz 3).

Das *participe présent* ist zeitlich neutral. Es kann in Verbindung mit allen Zeiten stehen.

gérondif	*participe présent*
~~en~~ faisant	faisant
~~en~~ regardant →	regardant
~~en~~ attendant	attendant
~~en~~ choisissant	choisissant

Das *participe présent* ist unveränderlich.
participe présent = *gérondif* ohne *en*
Bildung des *gérondif* ▶ p. 117/10

GRAMMAIRE

12 Das Passiv | Le passif

G 13.1
▶ p. 43/10

	Subjekt			direktes Objekt
Aktiv:	Patrick Bauer	organise		le Marathon des Sables.
Passiv:	Le Marathon des Sables	est organisé	par	Patrick Bauer.
	Subjekt			„Urheber"

	Subjekt	Form von *être*	Partizip Perfekt		„Urheber"
	L'eau	est	distribué**e**.	par	les organisateurs.
	L'eau	est	distribué**e**		

Das Passiv eines Verbs wird gebildet mit einer konjugierten Form des Hilfsverbs *être* und dem Partizip Perfekt des Verbs. Das Partizip Perfekt wird an das Subjekt angeglichen. Der „Urheber" der Handlung, sofern er genannt wird, wird mit der Präposition *par* angeschlossen.

	Aktiv			**Passiv**		
présent	on **distribue**	l'eau		l'eau **est**	**distribuée**	… wird verteilt.
imparfait	on **distribuait**	l'eau		l'eau **était**	**distribuée**	… wurde verteilt.
passé composé	on **a distribué**	l'eau		l'eau **a été**	**distribuée**	… ist verteilt worden.
futur simple	on **distribuera**	l'eau		l'eau **sera**	**distribuée**	… wird verteilt werden.
subjonctif	qu' on **distribue**	l'eau	que	l'eau **soit**	**distribuée**	… werde verteilt.
conditionnel présent	on **distribuerait**	l'eau		l'eau **serait**	**distribuée**	… würde verteilt.

Wie im Aktiv gibt es auch im Passiv verschiedene Zeiten und Modi.

Solutions
webcode
APLUS-C-111

Reformulez les phrases suivantes en utilisant le passif.
1. Lahcen Ahansal a gagné neuf fois le Marathon des Sables.
2. Souvent, les coureurs soutiennent des associations caritatives.
3. L'association «Solidarité Marathon des Sables» a distribué du matériel scolaire dans les villages.
4. On invitera les coureurs au prochain Marathon des Sables.
5. Tout le monde n'accepte pas le Marathon des Sables.

13 Die Möglichkeiten zur Wiedergabe des deutschen Passivs im Französischen | Les expressions actives de sens passif

G 13.1
▶ p. 79/9

1. In Kamerun <u>wird</u> Französisch und Bulu <u>gesprochen</u>. Au Cameroun, **on parle** le français et le bulu.
   Im Sommer <u>wird</u> mehr <u>getrunken</u> als im Winter. **On boit** plus en été qu'en hiver.

2. Im Chinesischen <u>werden</u> Verben nicht <u>konjugiert</u>. En chinois, les verbes ne **se conjuguent** pas.
   Kamerun <u>wird</u> mit „k" <u>geschrieben</u>. «Cameroun», ça **s'écrit** avec un «c».

Ist der „Urheber" der Handlung nicht bekannt oder nicht angegeben, verwendet man anstelle eines Passivsatzes:
– die Wendung „*on* + Verb" (1) oder
– einen Aktivsatz mit einem reflexiven Verb (2).

GRAMMAIRE

14 Das *passé simple* | Le passé simple

G 10.4
G 15.9
▶ p. 49/8
▶ p. 90/6

Napoléon Bonaparte **fut** une des personnalités les plus importantes de l'Europe du 18ᵉ et 19ᵉ siècle. Il **vécut** de 1769 à 1821. Soldat de métier, il **participa** à de nombreuses batailles et **devint** célèbre. Dix ans après la Révolution française, à 30 ans, il **prit** le pouvoir et **réorganisa** la société française de manière radicale. Entre 1804 et 1815, il **fut** empereur* des Français et **fit** la guerre à toute l'Europe. Mais, après avoir perdu la guerre en Espagne, au Portugal et en Russie, il **dut** s'exiler sur l'île de Sainte-Hélène, où il **mourut**.

* l'empereur / l'impératrice der/die Kaiser/in

Das *passé simple* kommt fast nur im geschriebenen Französisch vor (z. B. in literarischen oder historischen Texten). Besonders die Formen der 3. Person Singular und Plural sollte man beim Lesen verstehen können, da diese am häufigsten auftreten. Da, wo es verwendet wird, hat das *passé simple* die gleiche Funktion wie das *passé composé* bei der Darstellung von vergangenen Ereignissen.

Verben auf -er

	-ai	je	parl**ai**	
	-as	tu	parl**as**	
parl~~er~~	-a	il/elle/on	parl**a**	
	-âmes	nous	parl**âmes**	
	-âtes	vous	parl**âtes**	
	-èrent	ils/elles	parl**èrent**	

Verben auf -re und -ir

	-is	j'	attend**is**	
	-is	tu	fin**is**	
attend~~re~~ / fin~~ir~~ / part~~ir~~	-it	il/elle/on	part**it**	
	-îmes	nous	attend**îmes**	
	-îtes	vous	fin**îtes**	
	-irent	ils/elles	part**irent**	

Die Formen des *passé simple* werden mit dem Präsensstamm gebildet.

❗ avoir → il **eut** [y] / ils **eurent** [yʀ]
courir → il cour**ut** / ils cour**urent**
devoir → il d**ut** / ils d**urent**
disparaître → il disparu**t** / ils disparu**rent**
être → il **fut** / ils **furent**
faire → il **fit** / ils **firent**
falloir → il fall**ut**

mourir → il mour**ut** / ils mour**urent**
pouvoir → il p**ut** / ils p**urent**
prendre → il pr**it** / ils pr**irent**
savoir → il s**ut** / ils s**urent**
vouloir → il voul**ut** / ils voul**urent**
venir → il vint / ils vinrent
vivre → il véc**ut** / ils véc**urent**

Die *passé simple*-Formen dieser Verben sind unregelmäßig. Die meisten davon enden auf *-us, -us, -ut, -ûmes, -ûtes, -urent*.

Solutions
webcode
LUS-C-111

Trouvez pour chacune des formes suivantes l'infinitif correspondant, puis traduisez-la en allemand.

ils firent – ils furent – elle dut – il eut – elle répondit – ils trouvèrent – elle vint – elles offrirent – il sut

cent dix-neuf 119

GRAMMAIRE

15 Das *futur antérieur* | Le futur antérieur

G 11.6
G 15.11

présent   *futur antérieur*   *futur simple*

Félix dit: «Quand j'**aurai fini** mes études, je reviendrai au Cameroun.»
Sofia dit: «Quand je **serai revenue** en Suisse, je travaillerai pour ‹Médecins du Monde›.»

Mit dem *futur antérieur* drückt man aus, dass eine zukünftige Handlung noch vor einer anderen – ebenfalls zukünftigen – Handlung stattfinden wird.
Das *futur antérieur* wird mit der *futur simple*-Form eines Hilfsverbs (*avoir* oder *être*) und dem *participe passé* gebildet. Nach dem Hilfsverb *être* wird das *participe passé* an das Subjekt angeglichen.

Solutions
webcode
APLUS-C-111

Répondez aux questions en utilisant le futur antérieur.
Exemple: – Quand est-ce que tu répondras à son texto? – Je répondrai à son texto quand j'aurai bien réfléchi.

1. Quand est-ce que tu répondras à son texto?   (je / bien *réfléchir*)
2. Quand est-ce que je pourrai regarder la télé?   (tu / *finir* tes devoirs)
3. Quand est-ce qu'on mangera?   (papa / *préparer* le repas)
4. Quand est-ce que j'aurai mon dessert?   (tu / *terminer* ton assiette)
5. Quand est-ce qu'il pourra récupérer son portable? (il / *s'excuser*)

16 Der *subjonctif* | Le subjonctif

G 10.6 **16.1 Gebrauch und Bildung des *subjonctif* | Emploi et formation du subjonctif**
G 15.14

▶ p. 80/10

Je voudrais qu'il **revienne**!

Il faut que tu **l'oublies**.

J'avais peur qu'on **arrive** trop tard …

Moi, je trouve bizarre qu'il n'y **ait** personne …

Der *subjonctif* wird nach bestimmten Verben und Ausdrücken verwendet, die:
1. einen Wunsch, einen Willen oder eine Notwendigkeit ausdrücken,
2. ein Gefühl ausdrücken oder etwas bewerten.
Im Deutschen gibt es keine Entsprechung zum *subjonctif*.

Subjonctif-Auslöser | Les déclencheurs du subjonctif

Wunsch/Wille	Notwendigkeit	Gefühl	Bewertung		
je voudrais que j'aimerais que je veux que je voulais que	il faut que il faudrait que il fallait que	j'ai peur que j'ai envie que ça m'énerve que je regrette que je suis triste / contente que	je trouve	intéressant bizarre	que
			il est	normal important possible	que
			c'est	dommage	que

GRAMMAIRE

Präsensstamm der 3. Person Plural	*subjonctif*-Endung					
	-e		je	travaille	finisse	descende
	-es		tu	travailles	finisses	descendes
ils/elles travaill~~ent~~	-e	que/qu'	il/elle/on	travaille	finisse	descende
ils/elles finiss~~ent~~	-ions		nous	travaillions	finissions	descendions
ils/elles descend~~ent~~	-iez		vous	travailliez	finissiez	descendiez
	-ent		ils/elles	travaillent	finissent	descendent

Die *subjonctif*-Formen vieler Verben sind mit deren Indikativ-Formen identisch:
– 1.–3. Person Singular = Formen des *présent* (bei den regelmäßigen Verben auf *-er*)
– 1. + 2. Person Plural = Formen des *imparfait*
– 3. Person Plural = Form des *présent*

❗ Einige sehr häufig benutzte Verben haben unregelmäßige *subjonctif*-Formen, z. B. *aller, avoir, être, faire, prendre, venir*. ▶ Pense-bête, p. 217

❗ Je pars. Elle est contente. → Elle est contente **que je parte.**
Je pars. Je suis content. → Je suis content **de partir.**

Der *subjonctif* wird nur verwendet, wenn die Subjekte in Haupt- und Nebensatz unterschiedlich sind. Ist das Subjekt in Haupt- und Nebensatz dasselbe, verwendet man eine Infinitivergänzung.

1 Formulez des objectifs* pour votre classe. Utilisez *je voudrais qu'on …, il faudrait qu'on …* et le subjonctif.
Exemple: Je voudrais qu'on travaille moins souvent en groupe.   * *l'objectif m.* das Ziel

travailler plus/moins souvent en groupe   *venir* toujours à l'heure
avoir plus/moins de devoirs   *réussir* tous notre année
faire plus/moins d'interros   *partir* en voyage de classe à ___
être plus/moins sérieux en cours   *s'entendre* mieux avec ___

2 a Trouvez des adjectifs qui expriment un sentiment (*Gefühl*) ou un jugement (*Bewertung*). À partir de ces adjectifs, formulez d'autres déclencheurs (*Auslöser*) du subjonctif et complétez la liste (▶ p. 120). ▶ Dictionnaire

b Votre ami/e se confie à vous. Réagissez à ce qu'il/elle dit en utilisant des déclencheurs de a et le subjonctif.
Exemple: 1. Ça ne va pas trop. → Je suis désolée que ça n'aille pas trop.

1. Ça ne va pas trop. 2. Mes parents veulent tout le temps que je garde ma petite sœur. 3. Mon frère fait ce qu'il veut et moi, je n'ai le droit de rien faire! 4. Je ne peux pas venir à la fête de l'école. 5. Ma sœur me dérange quand je chatte sur Internet. 6. Ma sœur prend mes affaires sans me demander. 7. Ma mère sait des choses sur moi dont je parle seulement dans mon journal intime. 8. Je suis amoureux/-euse de notre prof de maths. 9. Toi, tu es la seule personne qui m'accepte. 10. Je t'adore!

3 Écoutez la chanson *Faux amis* (▶ webcode APLUS-C-121) et retrouvez les 13 formes de subjonctif qui y apparaissent.

GRAMMAIRE

▶ p.80/11 **16.2** Der *subjonctif* nach Konjunktionen | Les conjonctions suivies du subjonctif

Félix travaille bien au lycée **pour que** sa famille soit fière de lui.
Avant que Félix parte à Douala, sa mère lui a donné des cauris.
Pour lui, ce sont ses frères **bien qu'**ils n'aient pas la même mère.
Félix a traversé la forêt **sans qu'**un serpent le morde.
Félix va rester à Douala **jusqu'à ce qu'**il ait son bac.
Pourvu que tout aille bien!

..., *damit* seine Familie stolz auf ihn ist.
Bevor Félix nach Douala gezogen ist, ...
..., *obwohl* sie nicht dieselbe Mutter haben.
..., *ohne dass* ihn eine Schlange gebissen hat.
..., *bis* er sein Abitur hat.
Wenn nur alles gut geht!

Nach den Konjunktionen *pour que*, *avant que*, *bien que*, *sans que*, *jusqu'à ce que*, *pourvu que* steht der *subjonctif*.
❗ Nach den Konjunktionen *parce que*, *alors que* und *après que* steht der Indikativ.

G 15.15 **16.3** *Subjonctif* oder Indikativ? | Subjonctif ou indicatif?
▶ p.81/12

Bejahter Satz → *indicatif*	Verneinter Satz → *subjonctif*
Je trouve qu'ils <u>savent</u> bien danser.	Je ne trouve pas qu'ils <u>sachent</u> bien danser.
Je pense que c'<u>est</u> une bonne idée.	Je ne pense pas que ce <u>soit</u> une bonne idée.
Je crois que ta sœur <u>a</u> des problèmes.	Je ne crois pas que ta sœur <u>ait</u> des problèmes.
Je suis sûr/e qu'elle <u>veut</u> te parler.	Je ne suis pas sûr/e qu'elle <u>veuille</u> te parler.
J'ai l'impression que vous <u>m'écoutez</u>.	Je n'ai pas l'impression que vous <u>m'écoutiez</u>.

Nach einigen Verben und Ausdrücken des Denkens/Meinens wird nur dann der *subjonctif* verwendet, wenn sie <u>verneint</u> sind.
❗ Nach *espérer que* und *dire que* steht immer der *indicatif*.

17 Das *conditionnel passé* | Le conditionnel passé

G 11.7 À ta place, je **serais rentrée** plus tôt.
G 15.13 Tu **aurais pu** l'appeler.
▶ p. 26/7 Il n'**aurait** jamais **fait** ça!

An deiner Stelle <u>wäre</u> ich früher nach Hause <u>gegangen</u>.
Du <u>hättest</u> ihn/sie <u>anrufen können</u>.
Er <u>hätte</u> das nie <u>gemacht</u>!

Das *conditionnel passé* wird z. B. verwendet, um über vergangene Ereignisse nachzudenken (was jemand getan hätte, hätte tun können oder sollen).

	Hilfsverb	Partizip Perfekt		Hilfsverb	Partizip Perfekt
j'	aurais	choisi	je	serais	parti(e)
tu	aurais	choisi	tu	serais	parti(e)
il/elle/on	aurait	choisi	il/elle/on	serait	parti(e)
nous	aurions	choisi	nous	serions	parti(e)s
vous	auriez	choisi	vous	seriez	parti(e)s
ils/elles	auraient	choisi	ils/elles	seraient	parti(e)s

Das *conditionnel passé* wird gebildet mit einem Hilfsverb (*avoir* oder *être*) im *conditionnel présent* und einem Partizip Perfekt. Nach dem Hilfsverb *être* wird das *participe passé* an das Subjekt angeglichen.

GRAMMAIRE

18 Der Bedingungssatz | La phrase conditionnelle

si-Satz	Hauptsatz	Erfüllung der Bedingung?
1. S'il **court** un peu plus vite, *présent*	il **gagnera** / il **peut** gagner. *futur simple / présent*	☀️ möglich oder wahrscheinlich
2. S'il **courait** plus vite, *imparfait*	il **pourrait** encore gagner. *conditionnel présent*	⛅ unmöglich oder möglich, aber unwahrscheinlich
3. S'il **avait couru** plus vite, *plus-que-parfait*	il **aurait gagné**. *conditionnel passé*	⛈️ unmöglich, da vergangen

Es gibt drei Arten von Bedingungssätzen im Französischen:
1. den realen Bedingungssatz *(la condition réelle)* ☀️
2. den irrealen Bedingungssatz im Präsens *(la condition irréelle du présent)* ⛅
3. den irrealen Bedingungssatz in der Vergangenheit *(la condition irréelle du passé)* ⛈️

Von der Art des Bedingungssatzes hängt ab, welche Verbformen im si-Satz und im Hauptsatz stehen.
❗ Im si-Satz steht nie *futur* oder *conditionnel*.

If you **sleep** more, you **will be** less tired.
If you **slept** more, you **would be** less tired.
If you **had slept** more, you **would have been** less tired.

Die französischen Bedingungssätze entsprechen den *if-clauses* im Englischen.

1 Traduisez ces phrases en français. Utilisez le conditionnel passé.

1. Wenn er pünktlich losgegangen wäre, hätte er den Bus nicht verpasst.   2. Wenn ich Geld gehabt hätte, wäre ich mit euch ins Kino gegangen.   3. An deiner Stelle hätte ich diesen Sommer ein Praktikum gemacht.   4. Wenn du nicht zu spät nach Hause gekommen wärst, wären deine Eltern nicht wütend gewesen.   5. Wenn ihre Eltern „ja" gesagt hätten, wäre sie mit ihren Freunden in die Ferien gefahren.   6. An seiner Stelle hätte ich Martha nicht vertraut.   7. Wenn wir nicht auf dieses Konzert gegangen wären, hätte ich diese Band nie entdeckt.   8. Wenn sie gewollt hätte, hätte sie Ärztin werden können.

2 Regardez le symbole et formulez la phrase conditionnelle correspondante.
Exemple: 1. Si elle n'avait pas oublié son pull, elle n'aurait pas été malade.

1. ⛈️ Si elle *(ne pas oublier)* son pull, elle *(ne pas être)* malade.
2. ⛅ Si tu *(être)* un animal, tu *(être)* une panthère.
3. ⛈️ Si tu *(répondre)* à son message, il *(se sentir)* mieux.
4. ☀️ Si on *(partir)* à 6 h, on *(arriver)* à Marseille avant midi.
5. ⛅ S'il *(faire)* des efforts, il *(pouvoir)* avoir de très bonnes notes.
6. ⛈️ Si je *(savoir)*, je *(choisir)* un autre film.
7. ⛅ Tu *(réagir)* autrement si tu l'*(aimer)*.

GRAMMAIRE

19 Die Verneinung | La négation avec *ne … pas*, *ne … plus*, *ne … rien*, *ne … jamais*

G 23.1–2

	Subjekt	Objekt-pronomen	konjugiertes Verb	Objekt-pronomen	Partizip Perfekt oder Infinitiv	Ergänzung
einfache Zeiten (z. B. *présent*)	Il	ne	regarde	pas		le film.
	Il	ne le	regarde	pas.		
zusammengesetzte Zeiten (z. B. *passé composé* oder *futur composé*) + Verben mit Infinitivergänzung	Il	n'	a	pas	regardé	le film.
	Il	ne l'	a	pas	regardé.	
	Il	ne	va	pas	regarder	le film.
	Il	n'	arrive	pas	à regarder	le film.
	Il	ne	veut	pas	le regarder.	

Bei der Verneinung mit *ne … pas* („nicht"), *ne … pas de* („kein/e"), *ne … pas encore* („noch nicht"), *ne … plus* („nicht mehr"), *ne … plus rien* („nichts mehr"), *ne … rien* („nichts") und *ne … jamais* („nie/niemals") umschließen die Verneinungswörter das konjugierte Verb.

20 Die Verneinung mit *ne … personne* | La négation avec *ne … personne*

G 23.2

	Subjekt	Objekt-pronomen	konjugiertes Verb		Objekt-pronomen	Partizip Perfekt oder Infinitiv	
einfache Zeiten (z. B. *présent*)	Il	ne	voit			personne.	
	Il	n' en	parlera	à		personne.	
zusammengesetzte Zeiten + Verben mit Infinitivergänzung	Il	n'	a			vu	personne.
	Il	n' en	a			parlé à	personne.
	Il	ne	va		en	parler à	personne.

– In den einfachen Zeiten verhält sich die Verneinung mit *ne … personne* („niemanden/niemandem") wie die Verneinung mit *ne … pas*: Die Verneinungswörter *ne* und *personne* umschließen das konjugierte Verb.
– In den zusammengesetzten Zeiten (z. B. *passé composé* oder *futur composé*) oder bei Verben mit Infinitivergänzungen (▶ 116/9) steht *personne* hinter dem Partizip Perfekt bzw. hinter dem Infinitiv.

21 Die Verneinung mit *personne ne* und *rien ne* | La négation avec *personne ne* et *rien ne*

G 23.2

Subjekt		Objekt-pronomen	konjugiertes Verb	Objekt-pronomen	Partizip Perfekt oder Infinitiv
Rien	ne	l'	étonne.		
Rien	ne		peut	l'	étonner.
Personne	ne	le	comprend.		
Personne	ne	l'	a		compris.
Personne	ne		peut	le	comprendre.

Personne ne („niemand") und *rien ne* („nichts") sind Subjekte des Verneinungssatzes und stehen vor dem Verb. Nach *personne ne* und *rien ne* steht das Verb immer in der 3. Person Singular.

GRAMMAIRE

Dites-le en français.

1. Nichts macht ihr Angst. 2. Niemand hindert dich daran, zu studieren. 3. Nichts interessiert dich.

22 Die Verneinung mit *ne ... aucun/e* | La négation avec *ne ... aucun/e*

– Tu as une idée?	– Non, je **n'**ai **aucune** idée.	(gar) keine Idee/Ahnung
– Tu as fait les exercices?	– Non, je **n'**ai fait **aucun** exercice.	(gar) keine Übung/Aufgabe
– J'ai fait des fautes?	– Non, tu **n'**as fait **aucune** faute.	(gar) keinen Fehler

Bei der Verneinung mit *ne ... aucun/e* steht *ne* vor dem konjugierten Verb und *aucun/e* vor dem Nomen, das verneint werden soll. *Aucun/e* wird an dieses Nomen angeglichen.

❗ *Ne ... aucun/e* wird im Deutschen mit „(gar) kein/e" oder „kein/e einzige/r" übersetzt und hat dementsprechend keine Pluralformen.

Répondez à ces questions en suivant l'exemple. Utilisez *ne ... aucun/e*.
Exemple : 1. – Il a fait des progrès? – Non, il n'a fait aucun progrès.

1. Il a fait des progrès? 2. Il y a un problème? 3. Est-ce qu'ils ont des preuves? 4. Est-ce qu'elle a une chance de gagner? 5. Il a fait un commentaire? 6. Elles ont apporté des boissons?

23 Die Verneinung mit *ni ... ni ... ne ...* und *ne ... ni ... ni ...* | La négation avec *ni ... ni ... ne ...* et *ne ... ni ... ni ...*

1. **Ni** Yassin **ni** Aziz **ne** sont passés hier.
2. **Ni** la littérature **ni** la musique **ne** l'intéressent.
3. Les parents de Louna **ne** sont **ni** riches **ni** pauvres.
4. Il y a des adultes qui **ne** savent **ni** lire **ni** écrire.
5. Nous **n'**avons parlé **ni** à Yassin **ni** à Aziz.
6. Je **ne** veux aller **ni** à la Maison de la jeunesse **ni** au terrain de foot.
7. Je **n'**aime **ni** les associations **ni** les partis politiques.

Mit *ni ... ni ... ne ...* kann man mehrere Subjekte verneinen (1 + 2), mit *ne ... ni ... ni ...* mehrere Ergänzungen (3–7). Beide entsprechen dem deutschen „weder ... noch ...". Dabei steht *ne* vor dem konjugierten Verb und *ni* vor den Satzteilen, die verneint werden sollen.
❗ Nach dem Verb steht kein *pas*.
❗ *Ni* wird nie apostrophiert.

1 Traduisez les phrases 1 à 7 en allemand.

2 Répondez aux questions par la négation. Utilisez *ne ... ni ... ni ...* et *ni ... ni ... ne ...*

1. Est-ce que tu as des frères et sœurs? 2. Est-ce que ce livre est intéressant ou ennuyeux? 3. Est-ce que ton meilleur ami et toi, vous êtes accros aux réseaux sociaux? 4. Est-ce que tu parles chinois ou arabe? 5. Est-ce que tu vas à Paris ou à Bordeaux? 6. Est-ce que tes parents et tes profs te comprennent? 7. Est-ce que tu aimes les olives et les dattes?

GRAMMAIRE

24 Die Einschränkung mit *ne ... que* | La restriction avec *ne ... que*

G 23.3
▶ p. 21/6

1 Zut! Il **n'**y a **que** 8 euros ...

2 Ça va, il **n'**est **que** 11 heures ...

3 Et on **n'**a joué **que** des morceaux classiques ... Allez, on essaie du jazz!

Die Einschränkung mit *ne ... que* kann sich sowohl auf Mengen („nur") als auch auf Zeit („erst") beziehen. *Ne* steht dabei vor dem konjugierten Verb und *que* vor dem Satzteil, auf den es sich bezieht.

25 Die absolute Frage | L'interrogation absolue

G 18.4
▶ p. 85/9

Le foot est-**il** le sport préféré des Camerounais?

Nicolas Nkoulou met-**il** fin à sa carrière ?

Quand **le Cameroun** organisera-t-**il** la Coupe d'Afrique des Nations?

Comment **la carrière d'Eto'o** a-t-**elle** commencé?

Die absolute Frage ist eine Variante der Inversionsfrage. Sie wird nur verwendet, wenn das Subjekt des Fragesatzes ein Nomen (kein Pronomen) ist.

26 Die Infinitivfrage | L'interrogation à l'infinitif

G 18.5

Que **faire**?	Was tun?
Où **aller**?	Wohin soll(te) ich / soll(t)en wir gehen?
Qui **inviter**?	Wen soll(te) ich / soll(t)en wir einladen?
Quel chemin **prendre**?	Welchen Weg soll(te) ich / soll(t)en wir nehmen?
À qui **demander** conseil?	Wen um Rat fragen? / Wen soll(te) ich / soll(t)en wir um Rat fragen?
Lequel **choisir**?	Welche/n soll(te) ich / soll(t)en wir auswählen?

Anstatt eine Frage mit *pouvoir, devoir* oder *il faut* zu stellen (z. B. *Où est-ce qu'il faut aller?*), kann man mit Fragewörtern und Infinitiven verkürzte Fragen bilden (*Où aller?*). Der Infinitiv wird im Deutschen meistens mit „sollen + Verb" übersetzt („Wohin soll(te) ich / soll(t)en wir / soll(t)e man gehen?").

Solutions
webcode
APLUS-C-111

Traduisez ces questions en allemand.

1. Comment faire? 2. Que dire? 3. Que penser? 4. Où chercher des réponses? 5. Quel métier choisir? 6. À qui s'identifier? 7. Pourquoi ne pas essayer? 8. Comment ne pas tomber amoureux d'elle?

GRAMMAIRE

27 Die Angleichung des *participe passé* nach *avoir* | L'accord du participe passé après le verbe *avoir*

G 11.2

			direktes Objekt		Verb
1.	– Tu as mis **tes clés** sur la table?	– Non, je	les		ai mis**es** dans mon sac.
2.	– Tu as vu **Carla** ce matin?	– Non, je ne	l'		ai pas vu**e**.
3.	Souleymane a écrit **des poèmes**.	Les poèmes	qu'	il	a écrit**s** sont très beaux.
4.	Muriel a écrit **des nouvelles**.	Les nouvelles	que	Muriel	a écrit**es** sont drôles.
5.	– J'ai dû choisir entre **deux robes**.	– Et	quelle robe		as-tu choisi**e**?
6.	– J'ai acheté **des albums**.		Combien d'albums		as-tu acheté**s**?

Wenn das direkte Objekt <u>vor</u> dem Verb steht, ist das Partizip Perfekt auch im *passé composé* mit *avoir* veränderlich. Es wird dann dem <u>direkten Objekt</u> angeglichen (nicht dem Subjekt!).
Ein direktes Objekt kann nur in drei Fällen vor dem Verb stehen:
– als direktes Objektpronomen (Sätze 1 + 2)
– als Relativpronomen *que* (Sätze 3 + 4)
– als Nomen mit *quel* oder *combien de* in Fragesätzen (Sätze 5 + 6)
Bei einigen Partizipien ist die Angleichung nicht nur sichtbar, sondern auch hörbar (Sätze 1 + 4).

1 Combinez les deux phrases en utilisant le pronom relatif *que*. Soulignez les participes passés où on entend l'accord.

Exemple : 1. J'ai relu des textos. Bastien m'avait envoyé ces textos. → J'ai relu les textos que Bastien m'avait envoyés.

1. J'ai relu des textos. Bastien m'avait envoyé ces textos.
2. Thibault porte souvent des baskets vertes. Son oncle lui a offert ces baskets.
3. Abel lit une lettre. Sa grand-mère lui a écrit cette lettre.
4. Driss a acheté des mangas. Nous avions vu ces mangas le week-end dernier.
5. Célia adore ces photos. Sa meilleure amie a pris ces photos.
6. Paul a retrouvé son agenda. Il avait perdu son agenda.

2 Complétez les phrases suivantes par la forme du participe passé qui convient. Soulignez les participes passés où on entend l'accord.

1. Les élèves de la classe ont *(faire)* une fête à la fin de l'année.
2. – J'ai besoin de mes rollers, redonne-les-moi, s'il te plaît.
   – Mais je te les ai *(redonner)* tout à l'heure!
3. J'ai lu la bédé que tu m'as *(conseiller)*. Elle est géniale!
4. Il était triste à cause des choses que tu lui as *(dire)*.
5. Elle a *(oublier)* son agenda à la maison.
6. – Tu as encore *(perdre)* ta veste?
   – Non, je ne l'ai pas *(perdre)*, je l'ai *(mettre)* là, sur la chaise!
7. Il a utilisé des mots que je n'ai pas *(comprendre)*.
8. Ils ont *(garder)* un très bon souvenir de leur voyage au Cameroun.

cent vingt-sept 127

GRAMMAIRE

28 Der Relativsatz mit *qui, que* und *où* | La proposition relative avec *qui, que* et *où*

G 3.9

	Bezugswort	Relativpronomen		
C'est	un domaine	**qui**	m'intéresse.	der/die/das
Explique-moi	ce	**qui**	te dérange.	was
C'est	quelqu'un	**que**	j'admire.	den/die/das
J'ai trouvé	ce	**que**	je cherchais.	was
Comment s'appelle	la ville	**où**	tu es né?	wo

Mit einem Relativsatz werden Personen, Sachen oder Sachverhalte näher bestimmt.
- Das Relativpronomen *qui* ist das Subjekt des Relativsatzes → *qui* + Verb
- Das Relativpronomen *que* ist das direkte Objekt des Relativsatzes → *que* + Subjekt + Verb
- Das Relativpronomen *où* ist die Ortsangabe des Relativsatzes → *où* + Subjekt + Verb

! Je n'ai pas trouvé ~~qu'est-ce que~~ je cherchais.   Je n'ai pas trouvé **ce que** je cherchais.
Je lui ai demandé ~~qu'est-ce qui~~ l'intéresse.   Je lui ai demandé **ce qui** l'intéresse.

Qu'est-ce que und *qu'est-ce qui* verwendet man nur in direkten Fragesätzen. In Aussagesätzen und indirekten Fragesäätzen verwendet man *ce que* und *ce qui*.

29 Der Relativsatz mit *dont* | La proposition relative avec *dont*

G 3.9

▶ p. 64/9

1. Des traducteurs traduisent des documents.   Les députés ont besoin de ces documents.
   Des traducteurs traduisent les documents **dont** les députés ont besoin.
   … die Dokumente, *die* die Abgeordneten brauchen …

2. Le Parlement européen a un rôle important dans l'UE. Le siège de ce parlement se trouve à Strasbourg.
   Le Parlement européen, **dont** le siège se trouve à Strasbourg, a un rôle important dans l'UE.
   Das Europäische Parlament, *dessen* Sitz …

3. Les péjistes ont présenté une proposition.   Ils sont fiers de cette proposition.
   Les péjistes ont présenté une proposition **dont** ils sont fiers.
   … einen Vorschlag, *auf den* sie stolz sind …

Mit dem Relativpronomen *dont* können unterschiedliche Ergänzungen mit *de* ersetzt werden: die Ergänzung eines Verbs (Satz 1), die Ergänzung eines Nomens (Satz 2) oder die Ergänzung eines Adjektivs (Satz 3). *Dont* ist unveränderlich.
Wie man *dont* ins Deutsche übersetzt, hängt von der Ergänzung ab, die es ersetzt (z. B. *être fier de qc* = auf etw. stolz sein; *s'occuper de qn/qc* = sich um jdn/etw. kümmern).

Solutions
webcode
APLUS-C-111

Traduisez ces expressions en allemand.

1. le livre dont tu m'as parlé   2. le film dont il s'agit   3. la seule chose dont je me souviens
4. les enfants dont ils s'occupent   5. une chanson dont les paroles ne me plaisent pas
6. les vacances dont j'ai envie   7. le métier dont elle rêve

GRAMMAIRE

30 Der Relativsatz mit Präposition + *lequel* | La proposition relative avec préposition + *lequel*

G 3.9
▶ p. 64/8

C'est <u>un objet</u>   avec **lequel** on découpe du papier.   … ein Gegenstand, <u>mit</u> dem …

C'est <u>une chanson</u>   dans **laquelle** Tal parle de la vie.   … ein Lied, <u>in</u> dem …

Ava et Oscar, ce sont <u>des amis</u> sur **lesquels** je peux compter.   … Freunde, <u>auf</u> die …

Ava et Lise, ce sont <u>des amies</u> sans **lesquelles** je ne pourrais pas vivre. … Freundinnen, <u>ohne</u> die …

Verben können Ergänzungen mit Präpositionen haben (z. B. *monter dans le bus*). Daher gibt es im Französischen (wie im Deutschen auch) Relativsätze, die mit einer Präposition beginnen („der Bus, in den ich eingestiegen bin"). Im Französischen folgt auf die Präposition das Relativpronomen *lequel*. Es wird an das Bezugswort angeglichen.

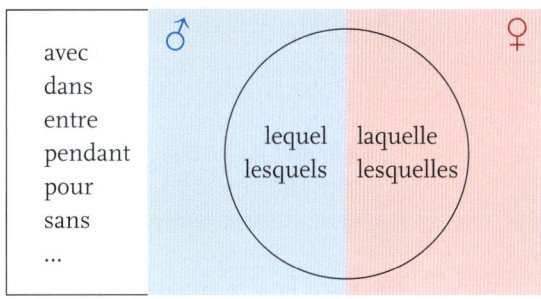

	♂	♀
avec dans entre pendant pour sans …	lequel lesquels	laquelle lesquelles

! C'est <u>un problème</u>   **auquel**   je n'avais jamais réfléchi.
  C'est <u>une chose</u>   **à laquelle** je n'avais jamais réfléchi.
  Ce sont <u>des problèmes</u>   **auxquels**   je n'avais jamais réfléchi.
  Ce sont <u>des choses</u>   **auxquelles** je n'avais jamais réfléchi.

  à ~~lequel~~ → auquel
  à ~~lesquels~~ → auxquels
  à ~~lesquelles~~ → auxquellles ✓

  C'est <u>le garçon</u>   à cause **duquel**   elle n'a pas voulu venir.
  C'est <u>la fille</u>   à cause **de laquelle**   il n'a pas voulu venir.
  Ce sont <u>les gens</u>   à côté **desquels**   j'étais assis dans le train.
  Ce sont <u>les filles</u> à côté **desquelles**   j'étais assis au cinéma.

  de ~~lequel~~ → duquel
  de ~~lesquels~~ → desquels
  de ~~lesquelles~~ → desquellles ✓

Beginnt der Relativsatz mit der Präposition *à* oder *de* (auch in zusammengesetzten Ausdrücken wie *grâce à* oder *à cause de*) werden *à* und *de* mit *lequel*, *lesquels* und *lesquelles* zusammengezogen.

! Tu te souviens du garçon **avec qui** j'ai discuté hier?
  C'est la dernière personne **à qui** j'ai envie de parler.

Wenn das Bezugswort eine <u>Person</u> ist, kann statt *lequel* auch *qui* verwendet werden.

Solutions
webcode
LUS-C-111

Complétez les phrases suivantes par la préposition et la forme de *lequel* qui conviennent.

| entre | sans | pour | dans | sur | avec | à (2x) |

1. La liberté est une valeur ❓ il faut lutter. 2. C'est la conjugaison ❓ j'ai le plus de problèmes. 3. Est-ce qu'il y a des objets ❓ tu ne partirais pas en vacances? 4. En cours d'anglais, on lit un roman ❓ Amir s'intéresse beaucoup. 5. Voilà la maison ❓ j'ai habité pendant dix ans. 6. Il y a deux jeux ❓ Ludovic est complètement accro. 7. Elle m'a montré des photos ❓ on voit toute sa famille. 8. Il y a deux menus ❓ vous pouvez choisir.

cent vingt-neuf 129

GRAMMAIRE

31 Die *mise en relief* | La mise en relief

G 17.4

1. **C'est** moi **qui** vais organiser cette manifestation.
   C'est Stéphane Hessel **qui** a écrit l'essai «Indignez-vous!».
   Ce sont les jeunes **qui** s'engagent le plus dans le domaine de l'environnement.

2. **C'est** lui **que** Mathilde a consolé hier.
   – Nous allons parler à la CPE.   – Non, **c'est** au proviseur **que** nous devons parler.
   – On se retrouve à 17 h demain.   – Non, **ce n'est pas** à 17 h **qu'**on se retrouve, mais à 18 h.
   C'est devant le supermarché **qu'**il faudrait manifester.
   C'est pour l'égalité **que** je veux m'engager.
   C'est en manifestant **qu'**ils ont sauvé leur lycée.

Die *mise en relief* verwendet man, um etwas hervorzuheben oder richtig zu stellen.
– Mit *c'est … qui* und *ce sont … qui* werden Subjekte hervorgehoben (1).
  ❗ Anders als im Deutschen wird das Verb immer dem hervorgehobenen Subjekt angeglichen (*C'est toi qui as mangé les biscuits!*)
– Mit *c'est … que* werden Ergänzungen hervorgehoben, z. B. direkte und indirekte Objekte, Zeit- und Ortsangaben (2).
  ❗ Nach *c'est* und *ce sont* stehen die unverbundenen Personalpronomen.

Solutions
webcode
APLUS-C-111

Lisez le mail de Laurent. Puis, à l'aide du programme de la semaine d'action, répondez à Laurent pour lui dire ce qui a changé. Utilisez la mise en relief.

> Salut! Ça va?
> Je t'écris juste parce que quelqu'un m'a dit que le programme de notre semaine d'action avait changé. C'est vrai? Voici ce que j'avais noté. Tu peux me dire ce qui a changé?
> **lundi, 17 h:** distribuer des tracts avec Mathilde devant le supermarché «Priba»
> **mercredi, 18 h:** action «Sans plastique, c'est fantastique» dans le centre commercial
> **jeudi:** téléphoner aux associations «Recyclutopia» et «Conso-conscience»
> **vendredi, 19 h:** préparer les tee-shirts pour la manif chez Mathilde
> **samedi, 11 h:** manif devant l'hôtel de ville.
> Merci et à bientôt, Laurent.

Association Éco-Jeunes – Semaine d'action – Programme actualisé						
	Lundi	**Mardi**	**Mercredi**	**Jeudi**	**Vendredi**	**Samedi**
Action	distribuer des tracts	acheter le matériel	action «Sans plastique, c'est fantastique»	téléphoner à des associations	préparer la manifestation (à 19 h chez Mathilde)	manifestation
Laurent	supermarché «Priba» à 17 h avec Louise	–	centre commercial à 17 h	«Éco-attitude»	slogans	rendez-vous à 11 h devant la gare

> Salut Laurent, tu as raison: le programme a changé. Lundi, c'est avec Louise que tu distribues des tracts …

GRAMMAIRE

32 Die indirekte Rede in der Vergangenheit | Le discours indirect au passé

G 22.3

Alexis dit …
… qu'il **faut** s'engager.
… que ses amis **ont voté**.
… qu'il **ferait** des études.

présent	→ imparfait
passé composé	→ plus-que-parfait
futur simple	→ conditionnel présent

Alexis a dit …
… qu'il **fallait** s'engager.
… que ses amis **avaient voté**.
… qu'il **ferait** des études.

Steht bei der indirekten Rede das Verb der Redeeinleitung (z. B. *dire que, croire que, penser que*) bzw. der Frageeinleitung (z. B. *demander si, demander pourquoi*) in der Vergangenheit, wird im Nebensatz nicht immer die gleiche Zeitform verwendet wie in der indirekten Rede im Präsens.

Alexis dit …
… qu'il **allait** mal dimanche.
… qu'il **était resté** chez lui.
… qu'il **voudrait** voyager.

imparfait	→ imparfait
plus-que-parfait	→ plus-que-parfait
conditionnel présent	→ conditionnel présent

Alexis a dit …
… qu'il **allait** mal dimanche.
… qu'il **était resté** chez lui.
… qu'il **voudrait** voyager.

Diese drei Zeitformen werden in der indirekten Rede bzw. Frage nicht verändert.

❗ Nora demande:
«**Est-ce que** Jean est déjà arrivé?»
«**Pourquoi est-ce** qu'il n'est pas encore là?»
«**Qu'est-ce qui** s'est passé?»
«**Qu'est-ce que** la police a dit?»

Nora a demandé …
… **si** Jean était déjà arrivé.
… **pourquoi** Jean n'était pas encore là.
… **ce qui** s'était passé.
… **ce que** la police avait dit.

Die Fragewörter der indirekten Frage sind nicht dieselben wie in der direkten Rede.

Sébastien raconte à Lucas: «**Hier, ma** copine est tombée de vélo.»
Sébastien a raconté à Lucas que **la veille, sa** copine était tombée de vélo.

Orts- und Zeitangaben (z. B. „hier", „morgen") und auch Pronomen sind an die Redesituation gebunden. Sie müssen in der indirekten Rede häufig angepasst werden.

hier/demain	→ la veille / le lendemain	am Tag davor / am Tag danach
aujourd'hui	→ ce jour-là / le jour même	an jenem Tag / am selben Tag
ce soir	→ ce soir-là / le soir même	an jenem Abend / am selben Abend
la semaine dernière	→ la semaine d'avant	in der Woche davor
la semaine prochaine	→ la semaine d'après	in der Woche danach

---

Solutions webcode
_US-C-111

Que dira la fille à sa copine? Utilisez le discours indirect au passé.

Mais qu'est-ce qu'il a dit?

Il a dit que …
Il a demandé …

Il m'a parlé de toi.

1 Je la trouve jolie.
2 Elle sait bien danser.
3 Est-ce qu'elle a un petit ami?
4 Qu'est ce qu'elle a dit sur moi?
5 Je voudrais sortir avec elle.
6 Je reviendrai demain.

LA CONJUGAISON DES VERBES

Symbole und Abkürzungen

(ê) So gekennzeichnete Verben bilden das *passé composé* mit *être*. Beachten Sie, dass das Partizip dieser Verben veränderlich ist.

❗ Das Ausrufezeichen macht Sie auf Besonderheiten aufmerksam.

La conjugaison des verbes

Les verbes auxiliaires *avoir* et *être*

infinitif		**avoir**		**être**
présent	j'	ai	je	suis
	tu	as	tu	es
	il/elle/on	a	il/elle/on	est
	nous	avons	nous	sommes
	vous	avez	vous	êtes
	ils/elles	ont	ils/elles	sont
imparfait	j'	avais	j'	étais
futur simple	j'	aurai	je	serai
conditionnel	j'	aurais	je	serais
subjonctif	que j'	aie	que je	sois
	que tu	aies	que tu	sois
	qu'il/elle/on	ait	qu'il/elle/on	soit
	que nous	ayons	que nous	soyons
	que vous	ayez	que vous	soyez
	qu'ils/elles	aient	qu'ils/elles	soient
passé simple	j'	eus	je	fus
	il/elle/on	eut	il/elle/on	fut
	ils/elles	eurent	ils/elles	furent
impératif	Aie. Ayons. Ayez.		Sois. Soyons. Soyez.	
passé composé	j'ai	eu	j'ai	été

Les verbes réguliers en *-er* et *-re*

infinitif		**regarder**			**attendre**	
présent	je	regard	e	j'	attend	s
	tu	regard	es	tu	attend	s
	il/elle/on	regard	e	il/elle/on	attend	
	nous	regard	ons	nous	attend	ons
	vous	regard	ez	vous	attend	ez
	ils/elles	regard	ent	ils/elles	attend	ent
imparfait	je	regardais		j'	attendais	
futur simple	je	regarderai		j'	attendrai	
conditionnel	je	regarderais		j'	attendrais	
subjonctif	que je	regarde		que j'	attende	
passé simple	je	regardai		j'	attendis	
	il/elle/on	regarda		il/elle/on	attendit	
	ils/elles	regardèrent		ils/elles	attendirent	
impératif	Regarde. Regardons. Regardez.			Attends. Attendons. Attendez.		
passé composé	j'ai	regardé		j'ai	attendu	

ebenso:
défendre, dépendre, (ê) descendre, entendre, mordre, perdre, rendre, répondre, vendre

LA CONJUGAISON DES VERBES

Die folgenden Verben auf -er haben eine Besonderheit in der Schreibung:

acheter: j'ach**è**te, nous achetons
ebenso: amener, harceler, se lever
appeler: j'appe**ll**e, nous appelons
ebenso: rappeler, s'appeler
commencer: nous commen**ç**ons
ebenso: dénoncer, menacer, recommencer, se déplacer
essayer: j'essa**i**e, nous essayons
ebenso: nettoyer, payer, s'ennuyer

jeter: je je**tt**e, nous jetons
manger: nous mang**e**ons
ebenso: bouger, changer, corriger, déranger, échanger, encourager, engager, nager, ranger, télécharger, voyager
préférer: je préf**è**re, nous préférons
ebenso: espérer, exagérer, récupérer, répéter, s'inquiéter
protéger: je prot**è**ge, nous prot**e**geons

Les verbes en -ir (sortir, réagir et offrir)

infinitif	(ê) sortir	réagir	offrir
présent	je sor s	je réagi s	j' offr e
	tu sor s	tu réagi s	tu offr es
	il/elle/on sor t	il/elle/on réagi t	il/elle/on offr e
	nous sort ons	nous réagiss ons	nous offr ons
	vous sort ez	vous réagiss ez	vous offr ez
	ils/elles sort ent	ils/elles réagiss ent	ils/elles offr ent
imparfait	je sortais	je réagissais	j' offrais
futur simple	je sortirai	je réagirai	j' offrirai
conditionnel	je sortirais	je réagirais	j' offrirais
subjonctif	que je sorte	que je réagisse	que j' offre
passé simple	je sortis	je réagis	j' offris
	il/elle/on sortit	il/elle/on réagit	il/elle/on offrit
	ils/elles sortirent	ils/elles réagirent	ils/elles offrirent
impératif	Sors. Sortons. Sortez.	Réagis. Réagissons. Réagissez.	Offre. Offrons. Offrez.
passé composé	je suis sorti/e	j'ai réagi	j'ai offert
ebenso:	dormir, endormir, mentir, (ê) partir, (ê) repartir, sentir, servir	agir, applaudir, choisir, (ê) se définir, finir, fournir, garantir, grandir, (ê) se nourrir, réfléchir, réussir	découvrir, ouvrir, recouvrir, souffrir

Les compléments du verbe (différences avec l'allemand)

Häufig entspricht ein französisches direktes Objekt einem deutschen Akkusativobjekt und ein französisches indirektes Objekt einem deutschen Dativobjekt. Die folgenden Verben haben aber ein anderes Objekt als im Deutschen.

🇫🇷 direktes Objekt	🇩🇪 Dativobjekt	🇫🇷 indirektes Objekt	🇩🇪 Akkusativobjekt
aider qn	jdm helfen	*demander à qn*	jdn fragen
applaudir qn	jdm applaudieren	*jouer à/de qc*	etw. spielen
croire qn	jdm glauben	*mentir à qn*	jdn anlügen
écouter qn	jdm zuhören	*répondre à qc*	etw. beantworten
suivre qn	jdm folgen	*téléphoner à qn*	jdn anrufen

LA CONJUGAISON DES VERBES

Les verbes irréguliers

infinitif	**accueillir**	**(ê) aller**	**battre**
présent	j' accueille	je vais	je bats
	tu accueilles	tu vas	tu bats
	il/elle/on accueille	il/elle/on va	il/elle/on bat
	nous accueillons	nous allons	nous battons
	vous accueillez	vous allez	vous battez
	ils/elles accueillent	ils/elles vont	ils/elles battent
imparfait	j' accueillais	j' allais	je battais
futur simple	j' accueillerai	j' irai	je battrai
conditionnel	j' accueillerais	j' irais	je battrais
subjonctif	que j' accueille	que j' aille	que je batte
		❗ que nous allions	
passé simple	j' accueillis	j' allai	je battis
	il/elle/on accueillit	il/elle/on alla	il/elle/on battit
	ils/elles accueillirent	ils/elles allèrent	ils/elles battirent
impératif	Accueille. Accueillons. Accueillez.	Va. Allons. Allez.	Bats. Battons. Battez.
passé composé	j'ai accueilli	je suis allé/e	j'ai battu

infinitif	**boire**	**connaître**	**construire**
présent	je bois	je connais	je construis
	tu bois	tu connais	tu construis
	il/elle/on boit	il/elle/on connaît	il/elle/on construit
	nous buvons	nous connaissons	nous construisons
	vous buvez	vous connaissez	vous construisez
	ils/elles boivent	ils/elles connaissent	ils/elles construisent
imparfait	je buvais	je connaissais	je construisais
futur simple	je boirai	je connaîtrai	je construirai
conditionnel	je boirais	je connaîtrais	je construirais
subjonctif	que je boive	que je connaisse	que je construise
	❗ que nous buvions		
passé simple	je bus	je connus	je construisis
	il/elle/on but	il/elle/on connut	il/elle/on construisit
	ils/elles burent	ils/elles connurent	ils/elles construisirent
impératif	Bois. Buvons. Buvez.	Connais. Connaissons. Connaissez.	Construis. Construisons. Construisez.
passé composé	j'ai bu	j'ai connu	j'ai construit
ebenso:		*disparaître, réapparaître, reconnaître*	*conduire, introduire, produire*

134 cent trente-quatre

LA CONJUGAISON DES VERBES

		convaincre		**courir**		**croire**
infinitif						
présent	je	convaincs	je	cours	je	crois
	tu	convaincs	tu	cours	tu	crois
	il/elle/on	convainc	il/elle/on	court	il/elle/on	croit
	nous	convainquons	nous	courons	nous	cro**y**ons
	vous	convainquez	vous	courez	vous	cro**y**ez
	ils/elles	convainquent	ils/elles	courent	ils/elles	croient
imparfait	je	convainquais	je	courais	je	cro**y**ais
futur simple	je	convaincrai	je	cou**rr**ai	je	croirai
conditionnel	je	convaincrais	je	cou**rr**ais	je	croirais
subjonctif	que je	convainque	que je	coure	que je	croie
					❗ que nous	cro**y**ions
passé simple	je	convainquis	je	courus	je	crus
	il/elle/on	convainquit	il/elle/on	courut	il/elle/on	crut
	ils/elles	convainquirent	ils/elles	coururent	ils/elles	crurent
impératif		Convaincs. Convainquons. Convainquez.		Cours. Courons. Courez.		Crois. Cro**y**ons. Cro**y**ez.
passé composé	j'ai	convaincu	j'ai	couru	j'ai	cru

		décevoir		**devoir**		**dire**
infinitif						
présent	je	déçois	je	dois	je	dis
	tu	déçois	tu	dois	tu	dis
	il/elle/on	déçoit	il/elle/on	doit	il/elle/on	dit
	nous	décevons	nous	devons	nous	disons
	vous	décevez	vous	devez	vous	**dites**
	ils/elles	déçoivent	ils/elles	doivent	ils/elles	disent
imparfait	je	décevais	je	devais	je	disais
futur simple	je	décevrai	je	devrai	je	dirai
conditionnel	je	décevrais	je	devrais	je	dirais
subjonctif	que je	déçoive	que je	doive	que je	dise
	❗ que nous	décevions	❗ que nous	devions		
passé simple	je	déçus	je	dus	je	dis
	il/elle/on	déçut	il/elle/on	dut	il/elle/on	dit
	ils/elles	déçurent	ils/elles	durent	ils/elles	dirent
impératif		Déçois. Décevons. Décevez.				Dis. Disons. **Dites**.
passé composé	j'ai	déçu	j'ai	dû	j'ai	dit

ebenso: recevoir, concevoir

interdire ❗ vous interdisez

LA CONJUGAISON DES VERBES

infinitif		**écrire**		**envoyer**		**exclure**
présent	j'	écris	j'	envoie	j'	exclus
	tu	écris	tu	envoies	tu	exclus
	il/elle/on	écrit	il/elle/on	envoie	il/elle/on	exclut
	nous	écrivons	nous	envoyons	nous	excluons
	vous	écrivez	vous	envoyez	vous	excluez
	ils/elles	écrivent	ils/elles	envoient	ils/elles	excluent
imparfait	j'	écrivais	j'	envoyais	j'	excluais
futur simple	j'	écrirai	j'	env**err**ai	j'	exclurai
conditionnel	j'	écrirais	j'	env**err**ais	j'	exclurais
subjonctif	que j'	écrive	que j'	envoie	que j'	exclue
			❗ que nous	envoyions		
passé simple	j'	écrivis	j'	envoyai	j'	exclus
	il/elle/on	écrivit	il/elle/on	envoya	il/elle/on	exclut
	ils/elles	écrivirent	ils/elles	envoyèrent	ils/elles	exclurent
impératif		Écris. Écrivons. Écrivez.		Envoie. Envoyons. Envoyez.		Exclus. Excluons. Excluez.
passé composé	j'ai	écrit	j'ai	envoyé	j'ai	exclu

ebenso: *décrire*   *conclure*

infinitif		**faire**		**falloir**		**interrompre**
présent	je	fais			j'	interromps
	tu	fais			tu	interromps
	il/elle/on	fait	il	faut	il/elle/on	interrompt
	nous	faisons			nous	interrompons
	vous	**faites**			vous	interrompez
	ils/elles	font			ils/elles	interrompent
imparfait	je	faisais	il	fallait	j'	interrompais
futur simple	je	**fer**ai	il	faudra	j'	interromprai
conditionnel	je	**fer**ais	il	faudrait	j'	interromprais
subjonctif	que je	fa**ss**e	qu'il	faille	que j'	interrompe
passé simple	je	fis			j'	interrompis
	il/elle/on	fit	il	fallut	il/elle/on	interrompit
	ils/elles	firent			ils/elles	interrompirent
impératif		Fais. Faisons. **Faites**.				Interromps. Interrompons. Interrompez.
passé composé	j'ai	fait	il a	fallu	j'ai	interrompu

ebenso: *satisfaire*

LA CONJUGAISON DES VERBES

infinitif		**lire**		**mettre**		(ê) **mourir**
présent	je	lis	je	mets	je	meurs
	tu	lis	tu	mets	tu	meurs
	il/elle/on	lit	il/elle/on	met	il/elle/on	meurt
	nous	lisons	nous	mettons	nous	mourons
	vous	lisez	vous	mettez	vous	mourez
	ils/elles	lisent	ils/elles	mettent	ils/elles	meurent
imparfait	je	lisais	je	mettais		mourait
futur simple	je	lirai	je	mettrai		mourrai
conditionnel	je	lirais	je	mettrais		mourrais
subjonctif	que je	lise	que je	mette	que je	meure
					❗ que nous	mourions
passé simple	je	lus	je	mis	je	mourus
	il/elle/on	lut	il/elle/on	mit	il/elle/on	mourut
	ils/elles	lurent	ils/elles	mirent	ils/elles	moururent
impératif	Lis. Lisons. Lisez.		Mets. Mettons. Mettez.		Meurs. Mourons. Mourez.	
passé composé	j'ai	lu	j'ai	mis	je suis	mort/e

ebenso: *permettre, promettre, transmettre*

infinitif		**plaire**		**pleuvoir**		**pouvoir**
présent	je	plais			je	peux
	tu	plais			tu	peux
	il/elle/on	plaît	il	pleut	il/elle/on	peut
	nous	plaisons			nous	pouvons
	vous	plaisez			vous	pouvez
	ils/elles	plaisent			ils/elles	peuvent
imparfait	je	plaisais	il	pleuvait	je	pouvais
futur simple	je	plairai	il	pleuvra	je	pou**rr**ai
conditionnel	je	plairais	il	pleuvrait	je	pou**rr**ais
subjonctif	que je	plaise	qu'il	pleuve	que je	**puiss**e
passé simple	je	plus			je	pus
	il/elle/on	plut	il	plut	il/elle/on	put
	ils/elles	plurent			ils/elles	purent
impératif						
passé composé	j'ai	plu	il a	plu	j'ai	pu

cent trente-sept **137**

LA CONJUGAISON DES VERBES

infinitif		**prendre**		**rejoindre**		**rire**
présent	je	prends	je	rejoins	je	ris
	tu	prends	tu	rejoins	tu	ris
	il/elle/on	prend	il/elle/on	rejoint	il/elle/on	rit
	nous	prenons	nous	rejoignons	nous	rions
	vous	prenez	vous	rejoignez	vous	riez
	ils/elles	prennent	ils/elles	rejoignent	ils/elles	rient
imparfait	je	prenais	je	rejoignais	je	riais
futur simple	je	prendrai	je	rejoindrai	je	rirai
conditionnel	je	prendrais	je	rejoindrais	je	rirais
subjonctif	que je	prenne	que je	je rejoigne	que je	rie
	❗ que nous	prenions			❗ que nous	riions
passé simple	je	pris	je	rejoignis	je	ris
	il/elle/on	prit	il/elle/on	rejoignit	il/elle/on	rit
	ils/elles	prirent	ils/elles	rejoignirent	ils/elles	rirent
impératif		Prends. Prenons. Prenez.		Rejoins. Rejoignons. Rejoignez.		Ris. Rions. Riez.
passé composé	j'ai	pris	j'ai	rejoint	j'ai	ri
	ebenso: *apprendre, comprendre*		*(ê) se plaindre, plaindre*			

infinitif		**savoir**		**suffire**		**suivre**
présent	je	sais			je	suis
	tu	sais			tu	suis
	il/elle/on	sait	il	suffit	il/elle/on	suit
	nous	savons			nous	suivons
	vous	savez			vous	suivez
	ils/elles	savent			ils/elles	suivent
imparfait	je	savais	il	suffisait	je	suivais
futur simple	je	saurai	il	suffira	je	suivrai
conditionnel	je	saurais	il	suffirait	je	suivrais
subjonctif	que je	sache	qu'il	suffise	que je	suive
passé simple	je	sus	il	suffit	je	suivis
	il/elle/on	sut			il/elle/on	suivit
	ils/elles	surent			ils/elles	suivirent
impératif		Sache. Sachons. Sachez.				Suis. Suivons. Suivez.
passé composé	j'ai	su	il a	suffi	j'ai	suivi
	ebenso:				*poursuivre*	

LA CONJUGAISON DES VERBES

infinitif		(ê) venir			vivre			voir
présent	je	viens		je	vis		je	vois
	tu	viens		tu	vis		tu	vois
	il/elle/on	vient		il/elle/on	vit		il/elle/on	voit
	nous	venons		nous	vivons		nous	voyons
	vous	venez		vous	vivez		vous	voyez
	ils/elles	viennent		ils/elles	vivent		ils/elles	voient
imparfait	je	venais		je	vivais		je	voyais
futur simple	je	viendrai		je	vivrai		je	v**err**ai
conditionnel	je	viendrais		je	vivrais		je	v**err**ais
subjonctif	que je	vienne		que je	vive		que je	voie
	! que nous	venions					**!** que nous	voyions
passé simple	je	vins		je	vécus		je	vis
	il/elle/on	vint		il/elle/on	vécut		il/elle/on	vit
	ils/elles	vinrent		ils/elles	vécurent		ils/elles	virent
impératif		Viens. Venons. Venez.			Vis. Vivons. Vivez.			Vois. Voyons. Voyez.
passé composé	je suis	venu/e		j'ai	vécu		j'ai	vu

ebenso: appartenir, (ê) devenir, prévenir, soutenir, tenir

Les verbes pronominaux ▶ Grammaire, p. 112/2

infinitif		vouloir		infinitif		(ê) s'	asseoir
présent	je	veux		présent	je	m'	assois/assieds
	tu	veux			tu	t'	assois/assieds
	il/elle/on	veut			il/elle/on	s'	assoit/assied
	nous	voulons			nous	nous	assoyons/asseyons
	vous	voulez			vous	vous	assoyez/asseyez
	ils/elles	veulent			ils/elles	s'	assoient/asseyent
imparfait	je	voulais		imparfait	je	m'	assoyais/asseyais
futur simple	je	vou**d**rai		futur simple	je	m'	assoirai/assiérai
conditionnel	je	vou**d**rais		conditionnel	je	m'	assoirais/assiérais
subjonctif	que je	veu**ill**e		subjonctif	que je	m'	assoie/asseye
	! que nous	voulions					
passé simple	je	voulus		passé simple	je	m'	assis
	il/elle/on	voulut			il/elle/on	s'	assit
	ils/elles	voulurent			ils/elles	s'	assirent
impératif				impératif			Assois-toi. Assoyons-nous. Assoyez-vous. / Assieds-toi. Asseyons-nous. Asseyez-vous.
passé composé	j'ai	voulu		passé composé	je me suis		assis/e

MÉTHODES ET STRATÉGIES

Inhaltsverzeichnis | Table des matières

Hör- und Hörsehverstehen | Compréhension orale et audiovisuelle
1 Vor dem Hören | Avant l'écoute 141
2 Während des Hörens | Pendant l'écoute 141
3 Globalverstehen | Compréhension globale 141
4 Selektivverstehen | Compréhension sélective 141
5 Detailverstehen | Compréhension détaillée 142
6 Hörsehverstehen | Compréhension audiovisuelle 142

Sprechen | Production orale
7 Einen Vortrag halten | Faire un exposé 142
8 Eine Diskussion führen | Mener une discussion 143

Leseverstehen | Compréhension écrite
9 Vor dem Lesen | Avant la lecture 144
10 Globalverstehen | Compréhension globale 144
11 Selektivverstehen | Compréhension sélective 144
12 Detailverstehen | Compréhension détaillée 144

Schreiben | Production écrite
13 Vor dem Schreiben | Avant l'écriture 145
14 Während des Schreibens | Pendant l'écriture 145
15 Nach dem Schreiben | Après l'écriture 145
16 Einen offiziellen Brief schreiben | Écrire une lettre officielle 146
17 Einen Lebenslauf erstellen | Écrire un CV 147
18 Kreative Texte schreiben | Écriture créative 147
19 Ein Resümee schreiben | Écrire un résumé 147
20 Eine Stellungnahme schreiben | Écrire un commentaire personnel 148
21 Eine Figurencharakterisierung schreiben | Faire le portrait d'un personnage ... 148

Sprachmittlung | Médiation
22 Die wesentlichen Informationen weitergeben | Transmettre les informations essentielles ... 150

Textanalyse und Kommentar | Analyse et commentaire de textes
23 Sachtexte | Le texte non littéraire 150
24 Narrative Texte | Le texte narratif 151
25 Lyrische Texte | La poésie 152
26 Bilder | L'image 153
27 Karikaturen | La caricature 154
28 Filme | Le film 155
29 Statistiken und Grafiken | La statistique et l'infographie 157

Arbeitstechniken | Techniques de travail
30 Wörter umschreiben | Paraphraser des mots 157
31 Worterschließungsstrategien | Déduire le sens des mots 158
32 Mit einem Organigramm arbeiten | Travailler avec un organigramme ... 158
33 Zitieren | Citer le texte 158
34 Mit dem Wörterbuch arbeiten | Travailler avec le dictionnaire 159

Vocabulaire thématique
Nützlicher Wortschatz zu verschiedenen Themen ▶ webcode APLUS-C-140

1. Le physique
2. Les vêtements, le look
3. Le comportement, le caractère
4. Les relations personnelles
5. La formation, la vie professionnelle
6. La politique
7. La société
8. Les médias
9. L'engagement
10. L'environnement
11. La géographie
12. L'Histoire

MÉTHODES ET STRATÉGIES

Hör- und Hörsehverstehen | Compréhension orale et audiovisuelle

1 Vor dem Hören | Avant l'écoute

– Lesen Sie die Aufgabenstellung und machen Sie sich klar, was Ihr Ziel ist: Sollen Sie lediglich grob verstehen, worum es geht (= Globalverstehen), bestimmte Informationen suchen (= Selektivverstehen) oder alles verstehen (= Detailverstehen)? Je nach Ziel müssen unterschiedliche Hörverfahren angewendet werden.
– Stellen Sie Vermutungen über den Inhalt an, z. B. ausgehend vom Titel, von Fotos oder vom Kontext.
– Vergegenwärtigen Sie sich, was Sie bereits über das Thema wissen und notieren Sie dies, z. B. indem Sie ein Wortfeld erstellen.
– Bereiten Sie ein Raster mit den Fragen vor, die für die Aufgabenstellung relevant sind, um sich während des Hörens leichter Notizen machen zu können.

2 Während des Hörens | Pendant l'écoute

– Die französische Umgangssprache (*le français familier*) unterscheidet sich stark von der Standardsprache (*le français standard*). Stellen Sie sich bei Gesprächen zwischen Muttersprachlern auf folgende Besonderheiten ein:

- kein Verneinungs-*ne*:
  elle ne dort pas → elle dort pas
  il n'a vu personne → il a vu personne
- „verschluckte" Laute:
  tu as raison → t'as raison
  je suis → chuis
- Abkürzungen:
  le cinéma → le ciné
- eigene Begriffe:
  fatigué → crevé
- Sprachspiele (z. B. *verlan*):
  bizarre → zarbi
  cher → rech

– Achten Sie beim mehrmaligen Hören besonders auf Konnektoren (*si, parce que, donc, ensuite* …), weil diese Ihnen darüber Aufschluss geben, ob das Folgende z. B. eine Bedingung, eine Begründung, eine Schlussfolgerung oder chronologische Schilderung ist, und Ihnen dabei helfen, die inhaltliche Gliederung des Textes nachzuvollziehen.

3 Globalverstehen | Compréhension globale

CD 2 / 21

Ziel: Sich einen allgemeinen Überblick über den Inhalt eines Textes zu verschaffen (Sprecher, Textsorte, Themen)

Vorgehen:
– Erfassen Sie die Hauptinformationen des Textes: Wer spricht? Wann/Wo? Worüber?
– Lassen Sie Einzelheiten außer Acht.
– Fassen Sie nach dem Hören die Hauptinformationen des Textes in wenigen Sätzen zusammen.

Übung

Vous écoutez la radio. Une nouvelle émission commence (CD 2, plage 21). Écoutez et expliquez brièvement de quoi il s'agit en relevant les informations principales: locuteur(s), type de texte, thème(s).

4 Selektivverstehen | Compréhension sélective

Ziel: Bestimmte Informationen finden (z. B. Zahl der Arbeitssuchenden im Monat Mai)

Vorgehen:
– Lesen Sie die Aufgabenstellung genau: Welche Informationen sollen Sie finden? Welche Begriffe könnten wichtig sein (Schlüsselwörter)?
– Achten Sie auf Schlüsselwörter oder -sätze. Ignorieren Sie den Rest.
– Konzentrieren Sie sich ab dem zweiten Hördurchgang auf den unmittelbaren Kontext der Schlüsselwörter und -sätze, um Einzelheiten zu erfahren.

MÉTHODES ET STRATÉGIES

5 Detailverstehen | Compréhension détaillée

Ziel: Alles verstehen (z. B. die Chronologie der Ereignisse, die zu einer Reform geführt haben)

Vorgehen: Anders als im Gespräch mit einem realen Gesprächspartner (in dem gezielte Rückfragen zum Schließen der Verständnislücken möglich sind), sind im Unterricht zwei oder mehr Hördurchgänge nötig, um ein detailliertes Textverständnis zu erreichen:
– Beginnen Sie mit dem Globalverstehen (z. B. um welche Reform es geht).
– Konzentrieren Sie sich in einem weiteren Hördurchgang auf wichtige Einzelheiten. Machen Sie sich Notizen, um kein relevantes Detail zu vergessen, und lassen Sie eine Lücke, wo Sie etwas nicht verstanden haben.

6 Hörsehverstehen | Compréhension audiovisuelle

Beim Hörsehverstehen gelten die gleichen Prinzipien wie beim Hörverstehen. ▶ p. 141–142/1–5
Die Bilder liefern zusätzliche Informationen zum Gesagten. ▶ Filme, p. 155/28

Sprechen | Production orale

7 Einen Vortrag halten | Faire un exposé

1. Informationen sammeln und sinnvoll gliedern
– Sammeln Sie, was Sie zum Thema wissen: Lesen Sie die Materialien, die Ihnen für Ihren Vortrag zur Verfügung stehen oder die Sie recherchiert haben, und markieren Sie die wichtigsten Inhalte.
– Finden Sie einen roten Faden für Ihren Vortrag und entwerfen Sie Ihre Gliederung. Ordnen Sie Ihre Inhalte in die Gliederung ein. Fehlen noch Informationen? Recherchieren Sie sie gezielt.

2. Den Vortrag ausarbeiten und einüben
Formulieren Sie jetzt den Text Ihres Vortrags:
– Verwenden Sie schon beim Schreiben strukturierende Ausdrücke (s. Kasten unten).
– Arbeiten Sie mit Beispielen und Vergleichen, damit Ihre Ausführungen nachvollziehbar werden.
– Notieren Sie die wichtigsten Stichwörter aus Ihrem Text auf einen Stichwortzettel.
– Bereiten Sie Definitionen für die Begriffe vor, die Sie Ihren Mitschülern vor dem Vortrag erklären sollten.
– Veranschaulichen Sie die Inhalte Ihres Vortrags, z. B. in einer digitalen Präsentation.
– Üben Sie Ihren Vortrag mit Ihrem Stichwortzettel als Gedächtnisstütze ein. Prüfen Sie dabei, ob Sie die vorgegebene Zeit einhalten.

commencer	Je vais / J'aimerais vous présenter mon livre préféré / parler de ___. Il s'agit de ___. / Le roman / ___ s'appelle ___. Voilà les mots inconnus que je vais utiliser dans ma présentation. J'ai choisi ce roman / ___ parce que ___.
annoncer la structure de l'exposé	D'abord, / Au début de ma présentation, je vais vous parler de / dire quelques mots sur ___. Après, / Ensuite, ___. Pour finir, ___.
structurer l'exposé	Je commence par ___. Maintenant, je passe au point suivant: ___. Pour finir, ___.
finir	Merci de votre attention! / Est-ce que vous avez des questions?

MÉTHODES ET STRATÉGIES

8 Eine Diskussion führen | Mener une discussion

Zu einer guten Diskussion gehören gute Argumente und eine strukturierte Gesprächsführung.
Sammeln Sie vorab Argumente für den Standpunkt, den Sie vertreten wollen/sollen, und formulieren Sie sie aus.
In der Diskussion selbst können Sie die untenstehenden Redewendungen und Ausdrücke verwenden.

TIPP Notieren Sie diese Redemittel, nach Sprechabsichten geordnet, auf einen Sprechfächer, den Sie in der Diskussion benutzen können. ▶ webcode APLUS-C-143

Sie möchten

– **Ihre Meinung sagen:**
  Je pense/trouve/crois que ___.
  Je ne pense/crois pas que (+ *subj*.) ___.
  Je sais / Je suis sûr/e que ___.
  À mon avis, ___.
  Je suis pour/contre ___.
  L'avantage[1], / L'inconvénient[2], c'est que ___.
  Le vrai problème, / Le plus important, c'est ___.

– **Argumente anführen:**
  Comme ___.
  ___ parce que ___.
  De plus, ___.
  ___ non seulement ___, mais aussi[3] ___.
  Donc, / Par conséquent[4], ___.
  Pour finir, / En résumé[5], on peut dire que ___.

– **Rückfragen stellen / das Gespräch aufrecht erhalten:**
  Pardon? / Qu'est-ce que tu as dit?
  Tu peux répéter, s'il te plaît?
  Je n'ai pas compris / Je ne vois pas ce que tu veux dire.
  Tu peux expliquer encore une fois, s'il te plaît?
  Alors, tu trouves que …?
  Est-ce que tu veux dire que ___?

– **etwas richtigstellen:**
  Ce n'est pas ce que je voulais dire.
  En fait, ___. / Je voulais dire que ___.

– **jemanden nach seiner Meinung fragen:**
  Qu'est-ce que tu en penses?
  Qu'est-ce que tu penses de ___?
  Tu es d'accord avec ce que ___ a dit?

– **Ihre Zustimmung ausdrücken:**
  Je suis d'accord avec toi/lui/___.
  Tu as raison. / Exactement. / C'est ça.

– **Ihre Ablehnung ausdrücken:**
  Je ne suis pas (du tout) d'accord (avec toi).
  Ah, non. / Ce n'est pas vrai. / C'est faux.
  N'importe quoi! / Tu exagères!
  Si! / Si, justement!

– **etwas einwenden:**
  Je n'en suis pas sûr/e. / Je ne sais pas.
  Ça dépend (de ___).
  D'un autre côté[6], ___.
  Il ne faut pas oublier que ___.
  Il ne suffit[7] pas de ___, il faut aussi ___.

– **die Diskussion kommentieren:**
  Ce n'est pas une raison[8] / un argument.
  On ne peut pas comparer[9] ___ et ___.
  Il ne faut pas généraliser[10].
  Ce n'est pas la question.

– **Zeit gewinnen:**
  ben …
  tu sais / vous savez …
  euh …

– **ausreden:**
  Je n'ai pas fini. / Attends.
  Laisse-moi parler / terminer ma phrase.

1 **l'avantage** *m.* der Vorteil 2 **l'inconvénient** *m.* der Nachteil 3 **non seulement … mais aussi** nicht nur … sondern auch 4 **par conséquent** = donc 5 **en résumé** zusammenfassend 6 **d'un autre côté** auf der anderen Seite 7 **il ne suffit pas** es reicht nicht aus 8 **la raison** der Grund 9 **comparer qc et qc** etw. mit etw. vergleichen 10 **généraliser** verallgemeinern

MÉTHODES ET STRATÉGIES

Leseverstehen | Compréhension écrite

9 Vor dem Lesen | Avant la lecture

– Machen Sie sich klar, was das Ziel der Aufgabenstellung ist: Sollen Sie lediglich grob verstehen, worum es geht (= Globalverstehen), bestimmte Informationen suchen (= Selektivverstehen) oder „alles" verstehen (= Detailverstehen)? Je nach Ziel müssen unterschiedliche Leseverfahren angewendet werden.
– Stellen Sie Vermutungen über den Inhalt an (z. B. ausgehend vom Titel, von Fotos oder vom Kontext).

10 Globalverstehen | Compréhension globale

Ziel: Sich einen allgemeinen Überblick über den Inhalt eines Textes zu verschaffen (z. B. im Falle eines Zeitungsartikels den Anlass und das Thema des Artikels).

Vorgehen:
– Identifizieren Sie die Textsorte (Magazinartikel, Blog, Romanauszug usw.).
– Erfassen Sie die Hauptinformationen des Textes: Wer schreibt? Wann/Wo? Worüber? Lassen Sie dabei Einzelheiten außer Acht.
– Fassen Sie nach dem Lesen die Hauptinformationen des Textes in wenigen Stichwörtern oder Sätzen zusammen.

11 Selektivverstehen | Compréhension sélective

Ziel: Bestimmte Informationen finden (z. B. Öffnungszeiten auf einer Webseite oder Informationen zu einer bestimmten Figur in einem Romanauszug)

Vorgehen:
– Lesen Sie die Aufgabenstellung genau: Welche Informationen sollen Sie finden? Welche Begriffe könnten im Zusammenhang mit diesen Informationen fallen (Schlüsselwörter)?
– Überfliegen Sie den Text und „scannen" Sie ihn dabei nur nach diesen Informationen bzw. Schlüsselwörtern ab. Alles andere können Sie überlesen.
– Konzentrieren Sie sich dann auf den unmittelbaren Kontext der Schlüsselwörter und -sätze, um wichtige Einzelheiten zu erfahren.
– Notieren Sie sich sofort, was Sie herausgefunden haben.

> **Übung**
>
> Lesen Sie die Aufgabenstellung, S. 58/3 b. Sammeln Sie für jede der erfragten Informationen mögliche Schlüsselwörter, nach denen Sie den Text *Les chantiers de jeunes bénévoles, c'est quoi?* (S. 56–57) absuchen können.

12 Detailverstehen | Compréhension détaillée

Ziel: Alles verstehen (z. B. Gedichte, Rezepte)

Vorgehen:
– Beginnen Sie mit dem Globalverstehen. ▶ p. 144/10
– Nutzen Sie Ihr Globalverständnis, um den Text in Sinnabschnitte zu gliedern. Notieren Sie zu jedem Sinnabschnitt ein oder mehrere Stichwörter, die deutlich machen, worum es geht.
– Beantworten Sie für jeden Sinnabschnitt stichpunktartig die „W"-Fragen, z. B. in Form einer Tabelle.
– Versuchen Sie, in den wichtigsten Textabschnitten alle Wörter zu erschließen.
  ▶ Worterschließungsstrategien, p. 158/31 ▶ Mit dem Wörterbuch arbeiten, p. 159/34
– Lesen Sie auch „zwischen den Zeilen", um Informationen oder Aussagen zu finden, die nicht ausdrücklich im Text stehen (z. B. «*Nous avons peur de perdre notre liberté.*» → Aussage zwischen den Zeilen: *liberté = valeur positive et importante*).

MÉTHODES ET STRATÉGIES

Schreiben | Production écrite

13 Vor dem Schreiben | Avant l'écriture

- Die Aufgabenstellung analysieren:
  - Welche Textsorte wird von Ihnen verlangt? Sollen Sie eine E-Mail, einen Blogeintrag oder die Fortsetzung einer Erzählung schreiben? Was ist typisch für diese Textsorte?
  - Worum soll es im Text gehen? Was gibt die Aufgabenstellung vor?
  - An welchen Adressaten richtet sich der Text? Je nachdem, ob Sie sich an Gleichaltrige oder Erwachsene, Freunde oder Unbekannte wenden, sollten Sie das passende Sprachregister (*français standard* oder *familier*) verwenden.
- Ideen zum Thema und zu den Aspekten der Aufgabenstellung sammeln:
  - Formulieren Sie am besten gleich auf Französisch. Notieren Sie Stichpunkte.
  - Nützlichen Themenwortschatz finden Sie im *Vocabulaire thématique*. ▶ webcode APLUS-C-140
- Den Aufbau des Textes planen:
  - Nutzen Sie, wenn möglich, andere Texte als Modelltext und analysieren Sie deren Aufbau.
  - Gliedern Sie Ihre Stichpunkte in einer Mindmap oder einem Organigramm. ▶ p. 158/32

14 Während des Schreibens | Pendant l'écriture

1. Eigene Texte klar gliedern | Structurer ses textes

Zu einer klaren Gliederung gehören die Einteilung in Absätze und die Verwendung von Konnektoren (Konjunktionen, zeitliche Angaben usw.).

> d'abord / tout d'abord   puis / ensuite / après / en plus
> si / comme / parce que / car   c'est pourquoi / alors / donc
> et / mais / en fait / sinon   enfin / pour finir / finalement

2. Den Ausdruck verbessern | Améliorer son expression

Gestalten Sie Ihren Text so, dass er für den Leser abwechslungsreich ist. Verwenden Sie:
- Modelltexte: Suchen Sie in Texten der gleichen Textsorte bzw. zum gleichen Thema nach Wendungen (Anreden, Grußformeln, Fachwörter, gute Formulierungen usw.), die Sie wiederverwenden können.
- Adjektive: *J'appartiens à une génération de jeunes **optimistes**, **indépendants** et **engagés**.*
- Adverbien: *Elle a cherché sa clé partout, **calmement**, mais **malheureusement**, elle ne l'a pas retrouvée.*
- satzvereinfachende Konstruktionen mit Infinitiven (▶ Grammaire, p. 115–116/8–9) oder mit dem *gérondif* (▶ Grammaire, p. 117/10), um komplizierte und fehlerträchtige Nebensätze zu vermeiden: *Elle ne savait pas comment faire **pour attirer** son attention **sans se rendre** ridicule. / Ma meilleure amie lit toujours **en marchant**.*
- Pronomen: *Rachid a embrassé Djamila et **lui** a offert le scooter **avec lequel** il avait fait le tour du Maroc.*
- Synonyme: Z. B. statt *dire* zu wiederholen *demander, raconter, répondre* usw. verwenden (je nach Situation).

3. Fehler vermeiden | Éviter les fautes

Sie wissen, welches Tempus oder welchen Modus Sie verwenden sollen, haben aber vergessen, wie die entsprechende Verbform gebildet wird? Verwenden Sie schon beim Schreiben den *Pense-bête* (▶ p. 217).

15 Nach dem Schreiben | Après l'écriture

Lesen Sie Ihren Text gründlich durch und achten Sie dabei auf folgende Punkte:

Inhalt
- ✓ Aufgabenstellung erfüllt?
- ✓ sinnvolle Gliederung (Aufbau, Absätze usw.)?

Sprache/Ausdruck
- ✓ passendes Register (Standard-Französisch oder Umgangssprache)?
- ✓ sprachlich gut gegliedert (Konnektoren)?
- ✓ abwechslungsreich (Wiederholungen vermieden)?
- ✓ sprachlich korrekt (Grammatik und Rechtschreibung)? ▶ Fehlerfahnder, webcode APLUS-C-145

cent quarante-cinq **145**

MÉTHODES ET STRATÉGIES

DVD   **16   Einen offiziellen Brief schreiben | Écrire une lettre officielle**

Ein offizieller Brief ist nach einem bestimmten Muster aufgebaut: Er enthält verschiedene „Bausteine" (z. B. Absender, Empfänger, Anrede, Schlussformel), für die es typische Formulierungen bzw. Darstellungsweisen gibt.
Hier ein Bewerbungsschreiben als Beispiel:

> **Übung**
>
> *Regarde la vidéo et explique quels problèmes Norman rencontre alors qu'il écrit une lettre à sa banque.*

Lettre de motivation	
Absender	Max Meier Wilhelmstraße 12 72072 Tübingen Allemagne
Empfänger	Monsieur/Madame Durand 10, rue de la Fontaine 13100 Aix-en-Provence
Datum	Tübingen, le 9 janvier 2016
Anliegen/Betreff	Objet: (Stage d'été dans votre entreprise)
Anrede	Madame/Monsieur, (wenn Sie die Person nicht kennen) Madame la Directrice / Monsieur le Directeur, (wenn Sie die Funktion der Person kennen) Chère madame / Cher monsieur, (wenn Sie die Person schon kennen)
Einleitung	Je viens de lire votre annonce du (5 janvier) au sujet[1] (du stage / de votre job d'été). Merci pour (votre lettre).
Bewerbung	Je voudrais poser ma candidature comme (stagiaire[2] dans votre entreprise).
Vorstellung (Ausbildung, Abschlüsse, Erfahrung)	J'ai (16 ans) et j'ai passé mon brevet (des collèges) (cette année). J'ai déjà une bonne expérience (en informatique). J'ai fait un stage (d'informatique) de (deux semaines) en (troisième) et j'ai trouvé cette expérience (très enrichissante[3]). J'aime (communiquer et travailler en équipe). Le domaine de travail de votre entreprise m'intéresse beaucoup. Je suis bon(ne) en maths et en langues. Ma langue maternelle[4] est (l'allemand). Je parle aussi (français) et (anglais) au niveau (B1).
Hobbys	De plus, j'adore (les sports d'équipe). / Je joue (du piano) depuis (trois) ans.
Berufswunsch	J'aimerais devenir (ingénieur(e) en informatique).
Schluss	Dans l'attente de votre réponse, (+ Schlussformel *Je vous prie d'agréer …*) J'espère pouvoir bientôt faire votre connaissance. (+ Schlussformel)
Schlussformel	Je vous prie d'agréer l'expression de mes salutations distinguées. (sehr förmlich) Respectueuses / Meilleures salutations, (förmlich) Cordialement, (wenn Sie die Person besser kennen) (Max Meier)
Anlagen	Pièce(s) jointe(s): CV, Brevet des collèges, Diplôme: DELF B1

[1] **au sujet de**   bezüglich   [2] **le/la stagiaire**   der Praktikant / die Praktikantin   [3] **enrichissant/e** *adj.*   bereichernd
[4] **la langue maternelle**   die Muttersprache

MÉTHODES ET STRATÉGIES

17 Einen Lebenslauf erstellen | Écrire un CV

Nom: Geldert
Prénom: Felix
Adresse: Hemminger Bogen 24, D-04416 Markkleeberg (Allemagne)
Numéro de téléphone: +49 341 7143414
E-mail: felix_geldert@nomail.de
Date et lieu de naissance: né le 2 juin 2000 à Leipzig

Projet professionnel:	travailler dans la publicité
Formation:	2016: brevet des collèges («Realschulabschluss») Collège Kant à Leipzig-Connewitz
Expérience professionnelle:	octobre 2015: stage en entreprise Garage «Autopark Borsdorf», près de Leipzig depuis juin 2015: distribution de prospectus
Langues:	allemand (langue maternelle) français (Niveau B1) anglais (Niveau A2)
Connaissances en informatique:	Word, Powerpoint, Picasa
Hobbys:	photographie, VTT, lecture de biographies

18 Kreative Texte schreiben | Écriture créative

Für das kreative Schreiben gelten die allgemeinen Hinweise zum Schreiben (▶ p. 145/13–15).
Vor dem kreativen Schreiben sollten Sie sich sehr genau mit der Textgrundlage beschäftigt haben.
Nutzen Sie Ihre Erkenntnisse und entwickeln Sie die Handlung weiter unter Beibehaltung
– des Erzählers,
– des Problems bzw. der angelegten Handlung,
– der Hauptfiguren mit ihren Eigenschaften und Erlebnissen,
– der Erzählzeit.

19 Ein Resümee schreiben | Écrire un résumé

Im Resümee geht es darum, so kurz wie möglich über die zentralen Informationen eines Textes zu berichten. Markieren Sie die Haupt- und Nebeninformationen im Text und berücksichtigen Sie nur diese. Nutzen Sie dann zum Schreiben und Überprüfen Ihres Resümees die folgende Checkliste:

- ✓ im Präsens
- ✓ in der 3. Person
- ✓ deutlich kürzer als der Originaltext (ca. ein Drittel)
- ✓ Einleitungssatz (Textsorte, Titel, Autor und Thema des Textes)
- ✓ keine wörtlichen Zitate, sondern Umschreibungen
- ✓ nur Fakten, keine persönliche Meinung

MÉTHODES ET STRATÉGIES

20 Eine Stellungnahme schreiben | Écrire un commentaire personnel

1. Vorbereitung
- Notieren Sie Stichpunkte zu dem in der Aufgabenstellung gegebenen Thema.
- Notieren Sie (z. B. in einem Organigramm) die unterschiedlichen Standpunkte und Argumente, die es zu diesem Thema gibt. Ergänzen Sie Ihr Organigramm mit Beispielen und Fakten.
- Bilden Sie sich Ihren eigenen Standpunkt und markieren Sie diejenigen Argumente, Beispiele und Fakten, die Ihren Standpunkt stützen.

2. Schreiben
- Schreiben Sie im Präsens.
- Benennen Sie in einem Einleitungssatz das Thema.
- Legen Sie die verschiedenen Standpunkte und die dazugehörigen Argumente dar. Wägen Sie die Argumente gegeneinander ab. Führen Sie wenn möglich konkrete Beispiele an.
- Stellen Sie dann Ihren eigenen Standpunkt dar und begründen Sie ihn.
- Machen Sie immer deutlich, ob Sie die Meinung einer anderen Person wiedergeben oder Ihre eigene.
- Fassen Sie in einem Schlusssatz Ihren Standpunkt zusammen.

Einleiten:
Il s'agit de savoir si ＿＿.

Seine Gedanken gliedern:
D'abord, / Pour commencer, / Premièrement[1], ＿＿.
Ensuite, / Deuxièmement[2], ＿＿.
non seulement ..., mais aussi[3]
Il faut ajouter[4] que ＿＿.
Enfin, / Pour finir, / Pour terminer, ＿＿.

Gedanken abwägen:
d'un côté ..., de l'autre côté[5]
Il est vrai que / Il faut dire que ＿＿.
Pourtant, / Mais, / Au contraire, ＿＿.
D'ailleurs[6], ＿＿.

Seinen Standpunkt formulieren:
À mon avis, ＿＿.
Je pense/crois que ＿＿.
Je ne pense/crois pas que (+ *subj.*) ＿＿.
Je suis sûr(e)/certain(e) que ＿＿.
Je ne suis pas du tout d'accord avec ＿＿.
J'ai l'impression que ＿＿. / Il me semble[7] que ＿＿.

Schlussfolgerungen ziehen:
Donc, / Par conséquent[8], / C'est pourquoi ＿＿.
C'est pour cela que ＿＿.
C'est la raison pour laquelle ＿＿.
On voit donc que ＿＿.
J'en tire la conclusion[9] que ＿＿.
Pour conclure, on pourrait dire que ＿＿.

1 premièrement erstens **2 deuxièmement** zweitens **3 non seulement ... mais aussi** nicht nur ... sondern auch **4 ajouter qc etw.** hinzufügen **5 d'un côté ..., de l'autre côté** auf der einen Seite ... auf der anderen Seite **6 d'ailleurs** im Übrigen, übrigens **7 il me semble** mir scheint **8 par conséquent** = donc **9 tirer une conclusion** einen Schluss ziehen

---

21 Eine Figurencharakterisierung schreiben | Faire le portrait d'un personnage

1. Analyse
- Text nach Informationen zur Figur absuchen und diese notieren: Äußeres, Familie, Verhalten, Wünsche usw. Dazu müssen Sie auch zwischen den Zeilen lesen, da nicht alle Informationen zu einer Figur ausdrücklich im Text stehen.
- Information belegen: Notieren Sie zu jeder Information die dazugehörige Textstelle.
- Informationen auswerten: Wie kann man sie deuten? Was sagen sie über die Figur aus? Vorsicht bei Aussagen, die von anderen Figuren stammen! Diese sind subjektiv und müssen zunächst auf Stichhaltigkeit geprüft werden.

2. Schreiben
- Formulieren Sie Ihren Text. Nutzen Sie dabei die Redemittel (s. Kasten, S. 149), den Modelltext (s. S. 149) sowie das *Vocabulaire thématique* (▶ webcode APLUS-C-140).
- Belegen Sie Ihre Aussagen mit Zitaten aus dem Ausgangstext. ▶ Zitieren, p. 158/33

MÉTHODES ET STRATÉGIES

Description	
Informations générales	Il/Elle s'appelle ___ et a ___ ans. Il/Elle vit à/en/chez ___. Il/Elle a un frère / ___. On ne sait pas où ___ / si ___.
Portrait physique	Il/Elle a ___. Il/Elle est ___. On n'apprend rien sur ___.
Portrait moral / Comportement	Il/Elle aime / s'intéresse à ___. Il/Elle refuse de / choisit de ___. Il/Elle dit/pense ___. Il/Elle ___. Pour lui/elle, ___. On apprend que ___.

Analyse/Conclusion
Cela veut dire que ___.   Cela montre que ___.   C'est pourquoi on peut dire que ___.   On se rend compte[1] que ___.   Pour cela, on peut supposer[2] que ___.   Peut-être que ___.   En conclusion, ___.

[1] **se rendre compte que ...** merken, dass
[2] **supposer qc** etw. vermuten

Übung

In der Charakterisierung Malikas fehlen die Zeilenangaben. Finden Sie im Ausgangstext (▶ p. 45–47) die Textstellen, mit denen sich die Aussagen belegen lassen.

Éléments	Texte modèle
introduction	Malika est une des protagonistes de la nouvelle «Le jour où Malika ne s'est pas mariée» de Fouad Laroui. Dans cet extrait, elle n'apparaît pas en personne et tout ce qu'on apprend sur elle, on l'apprend à travers les paroles et les pensées de Si Mahmoud et de Zaynab.
informations générales + portrait physique	Malika a 16 ans, sa mère s'appelle Zaynab, elle n'a plus de père et elle a deux petits frères et une sœur (sans doute plus jeune qu'elle). Elle habite une petite ville au Maroc, dans une maison ou un appartement probablement assez petit, et va à l'école française. On ne sait rien de son physique, mais elle est sûrement belle,
interprétation	puisque Abbas veut l'épouser sans vraiment la connaître.
portrait moral	D'après Si Mahmoud, Malika est modeste, calme, pieuse, sérieuse et respectueuse.
interprétation	Ce portrait très élogieux laisse supposer que Si Mahmoud exagère les qualités positives de Malika pour flatter Zaynab et garantir le succès de sa demande en mariage.
portrait moral	Zaynab, elle, ne reconnaît pas sa fille dans le portrait qu'en fait Si Mahmoud. Elle trouve que Malika est d'humeur changeante, qu'elle se met facilement en colère, que la religion ne l'intéresse pas vraiment et qu'elle ne respecte personne.
interprétation	Le portrait que fait Zaynab de sa fille est celui d'une adolescente que les valeurs traditionnelles intéressent peu, mais qui ne va pas loin dans sa rebellion pour autant.
portrait moral	Or, le narrateur affirme que Zaynab connaît très bien sa fille.
interprétation	La version de Zaynab semble donc plus plausible que celle de Si Mahmoud.
comportement	Malika ne répond pas à Abbas quand il essaie de lui parler et ne le regarde pas. En plus, elle éclate de rire lorsque sa mère lui parle d'Abbas et se moque de lui.
interprétation	Cela montre qu'elle ne s'intéresse pas du tout à lui.
portrait moral	Elle veut faire des études. Et, d'après Zaynab, elle veut parler elle-même aux jeunes hommes.
interprétation	Pour cela, on peut supposer qu'elle veut choisir elle-même son mari, qu'elle est donc contre les mariages arrangés. Peut-être aussi qu'elle en aime un autre.
conclusion	En conclusion, Malika apparaît comme une adolescente qui fait partie d'une jeune génération marocaine qui refuse de vivre selon les valeurs traditionnelles de la société, en particulier en ce qui concerne le rôle de la femme.

MÉTHODES ET STRATÉGIES

Sprachmittlung | Médiation

CD 2, 22 **22 Die wesentlichen Informationen weitergeben | Transmettre les informations essentielles**

Die Grundregeln beim Sprachmitteln von Gesprächen oder schriftlichen Texten lauten:
– Analysieren Sie die Aufgabenstellung und klären Sie folgende Fragen:
  • Welche Textsorte wird von Ihnen erwartet? Welche Textsortenmerkmale müssen Sie berücksichtigen?
  • Wer ist der Adressat, an den Sie sich wenden sollen? Was erfahren Sie über ihn/sie (Alter, Geschlecht, Wohnort, Interessen, Vorhaben usw.)? Wie müssen Sie ihn/sie ansprechen (mit „du" oder „Sie", vereinfacht oder nicht, knapp oder umfassend, umgangssprachlich oder standardsprachlich usw.)?
  • Was ist die Situation / der Anlass?
– Lesen Sie den Ausgangstext und finden Sie darin alle Informationen, die für Ihren Adressaten in dieser Situation wichtig sind. Notieren Sie sie stichpunktartig.
– Berücksichtigen Sie kulturelle Unterschiede (Dinge, die es in der anderen Kultur nicht gibt oder die dort anders sind) und erklären Sie diese, wenn sie für das Verstehen des Sachverhalts wesentlich sind.
– Formulieren Sie Ihren Text:
  • Leiten Sie Ihren Text ein, indem Sie die Situation / den Anlass in Erinnerung rufen, z. B. «*Tu m'as demandé si je connaissais un sport extrême qui pourrait te plaire.*»
  • Übersetzen Sie nicht Wort für Wort oder Satz für Satz.
  • Wenn Ihnen das passende Wort fehlt, umschreiben Sie es. ▶ Wörter umschreiben, p. 157/30

Übung

1 Hören Sie sich das Gespräch zwischen Maxime und Mme Laval an (CD 2, Track 22). Nehmen Sie dann die Rolle von Maxime ein (einem jungen Franzosen, dessen Mutter Deutsche ist) und rufen Sie Ihre Mutter (auf Deutsch) an: Nachdem Sie kurz erzählt haben, was passiert ist, teilen Sie ihr mit, was sie wissen sollte.

2 Erklären Sie den jeweils angegebenen Personen die folgenden Begriffe:
  1. à Aurélien, 17 ans, Cameroun, fan de foot:
     Fußball-Europa-Meisterschaft – FIFA – FC Bayern München
  2. à Marie-Pierre, France, 73 ans, fan de littérature et de photos:
     Facebook – WhatsApp – Instagram
  3. à Joëlle, 23 ans, Cameroun, étudiante à Douala qui rêve de s'installer en Allemagne:
     Aufenthaltsgenehmigung – Arbeitserlaubnis – Uni-Immatrikulation
  4. à Daniel, 17 ans, France, élève de première:
     Abiturprüfung – Abischerz

Textanalyse und Kommentar | Analyse et commentaire de textes

Texte sind z. B. Sachtexte, narrative Texte, lyrische Texte, aber auch Filme, Bilder und Statistiken. Da jede Textsorte über eigene Gestaltungsmittel und Wirkungsabsichten verfügt, erfordern die verschiedenen Textsorten in der Erarbeitung unterschiedliche Herangehensweisen.

23 Sachtexte | Le texte non littéraire

Die meisten Texte, mit denen wir es im täglichen Leben zu tun haben, sind keine literarischen Texte, sondern Sachtexte (z. B. Zeitungsartikel, Interviews, Blogs, Essays). Häufig lohnt es sich, auf die Gestaltung des Textes zu achten, um sich einen ersten Eindruck von seinem Inhalt zu machen.
Ihre schriftliche Textanalyse sollten Sie folgendermaßen aufbauen:
– Einleitung: Textsorte, Autor, Titel und kurze Darstellung von Thema und Anlass
– Inhaltsangabe ▶ Ein Resümee schreiben, p. 147/19
– Analyse der beabsichtigten Wirkung (*l'intention f. du texte*): Soll der Text …
  • informieren (*informer*)?
  • erklären (*expliquer*)?
  • Stellung nehmen und überzeugen (*prendre position et convaincre*)?
– Bewertung des Standpunktes (*le point de vue de l'auteur/e*) und der Argumentation. ▶ Eine Stellungnahme schreiben, p. 148/20

MÉTHODES ET STRATÉGIES

24 Narrative Texte | Le texte narratif

Zu den narrativen Texten (= Erzähltexten) zählen z. B. folgende Gattungen (*les genres m. pl.*): *le roman* (der Roman), *le récit* (die Erzählung), *la nouvelle* (die Novelle, die Kurzgeschichte), *le conte* (das Märchen, die Erzählung).

Wichtige Aspekte in narrativen Texten sind:

| l'action *f.* die Handlung | les personnages *m. pl.* die Figuren | le temps die Zeit | le lieu der Raum | la perspective narrative die Erzählperspektive |

Ihre schriftliche Textanalyse sollten Sie folgendermaßen aufbauen:

1. Allgemeine Informationen zum Text:
— Werk, Gattung, Autor (und evtl. Epoche)

| Cet extrait[1] est tiré
Il s'agit d'un extrait | du roman
de la nouvelle
____ | « ____ » de l'écrivain[2] | français
marocain
____ | ____ . |

[1] l'**extrait** *m.* der Auszug [2] l'**écrivain** *m.* der/die Schriftsteller/in

2. Überblick über den Inhalt des Textes:
— zentrales Thema und Situation
— Zeit und Ort
— handelnde Personen und ihre Beziehung zueinander
— Erzählperspektive

| Cet extrait | a pour thème
parle de | (l'amitié entre deux garçons) / ____ . |
| L'action[3]
L'histoire | se déroule[4]
a lieu | (au XXe siècle / pendant la Seconde Guerre mondiale / ____).
(à Paris / ____). |

Le personnage principal est / Les personnages principaux sont ____ .
Les personnages secondaires[5] sont ____ .

| Il s'agit d'un récit | à la 1ère personne[6].
à la 3e personne[7]. |

Le narrateur / la narratrice[8] est ____ .

| L'histoire est racontée du point de vue[9] | de ____ .
d'un narrateur omniscient[10]. |

[3] l'**action** *f.* die Handlung [4] **se dérouler** spielen [5] le **personnage secondaire** die Nebenfigur [6] le **récit à la 1ère personne** die Ich-Erzählung [7] le **récit à la 3e personne** die auktoriale Erzählung [8] le **narrateur** / la **narratrice** der/die Erzähler/in [9] le **point de vue** der Blickwinkel, die Perspektive [10] le **narrateur omniscient** der allwissende Erzähler

cent cinquante et un 151

MÉTHODES ET STRATÉGIES

3. Analyse:
- in Form einer Figurencharakterisierung (▶ p. 148/21) oder zu einzelnen, vorgegebenen Aspekten des Textes
- dabei formale und stilistische Besonderheiten, die im Zusammenhang mit dem Inhalt und der Aussage des Textes stehen, untersuchen sowie ihre Wirkung und Funktion beschreiben

---

Au sens propre[11], «____», c'est ____. / Au sens figuré[12], le mot «____» veut dire «____».

Les différences de (langage) soulignent[13] le contraste entre ____ et ____.
L'emploi[14] du (conditionnel) montre le caractère (virtuel) de (cette scène).

| La métaphore de (la glace) | renforce[15] l'ambiance / l'effet[16] de (violence). |
| | exprime[17] (l'indifférence du personnage). |

[11] **au sens propre** im wörtlichen Sinn [12] **au sens figuré** im übertragenen Sinn [13] **souligner qc** etw. unterstreichen
[14] **l'emploi** m. die Verwendung [15] **renforcer qc** etw. verstärken [16] **l'effet** m. die Wirkung [17] **exprimer qc** etw. ausdrücken

---

25 Lyrische Texte: Gedichte, Lieder, Slams | Le poème, la chanson, le slam

Ihre schriftliche Textanalyse sollten Sie folgendendermaßen aufbauen:

1. Untersuchen Sie den Text inhaltlich:
- Was ist das Thema?
- Was erfahren Sie über das lyrische Ich?
- Richtet sich das Gedicht an jemanden? An wen?
- Was passiert? Wie ist die Grundstimmung?

| Le poème[1] / Le slam | parle de | ____. |
| La chanson | décrit | |

| Le moi lyrique[2] | s'adresse[3] à ____. |
| | exprime[4] ____. |

Le thème du poème/____ est ____.

L'ambiance est calme/triste/____.

[1] **le poème** das Gedicht [2] **le moi lyrique** das lyrische Ich [3] **s'adresser à qn** sich an jdn wenden
[4] **exprimer qc** etw. ausdrücken

2. Untersuchen Sie den formalen Aufbau des Textes (Strophen, Verse, Reime, Rhythmus):

| Le poème / Le slam | est composé/e[5] de (quatre) strophes de (quatre) vers. |
| La chanson | n'a pas de strophes. |

Il y a des rimes[6]. / Il n'y a pas de rimes.
Le rythme est rapide / est lent / ressemble à ____.

[5] **être composé/e de qc** aus etw. bestehen [6] **la rime** der Reim

3. Analysieren Sie die in der Aufgabenstellung geforderten Aspekte. ▶ p. 152/24.3

4. Stellen Sie im Schlussteil auf der Grundlage Ihrer Analyse Vermutungen zur Aussage/Wirkungsabsicht des Werkes an.

En résumé,	ce poème	montre ____	parce que ____.
	ce slam	exprime ____	
	cette chanson		

MÉTHODES ET STRATÉGIES

5. *im Falle eines Liedes:* Untersuchen Sie die Wirkung der Musik im Verhältnis zum Text:
   – Verstärkt sie die Textaussage oder entsteht ein Kontrast zwischen Musik und Text? Wie ist die Wirkung?

Il y a une correspondance[7] / un contraste entre la musique et les paroles.

Le caractère ____ de la musique | renforce[8] / souligne[9] le message des paroles.
                                    | s'oppose[10] à ce que les paroles expriment.

Cela crée un effet[11] comique / ironique / ____.

7 **la correspondance** die Übereinstimmung   8 **renforcer qc** etw. verstärken   9 **souligner qc** etw. unterstreichen
10 **s'opposer à qc** im Gegensatz zu etw. stehen   11 **l'effet** *m.* die Wirkung

---

26 Bilder | L'image

Ihre schriftliche Bildanalyse sollten Sie folgendendermaßen aufbauen:

1. Beschreibung des Bildes

Il s'agit | d'une photo / d'un tableau / ____.
          | d'une publicité[1] pour ____.

La photo / Le tableau s'appelle « ____ ».
Il/Elle représente[2] ____.
Le slogan, c'est « ____ ».

Au premier plan, / À l'arrière-plan,
Au centre / Au milieu,
À droite, / À gauche, | il y a ____.
En haut, / En bas, | se trouve(nt) ____.
Devant ____, / Derrière ____, | on voit ____.
Au-dessus[3] / Au-dessous de[4] ____,

On dirait que ____. / Peut-être que ____.

1 **la publicité** die Werbung   2 **représenter qc** etw. darstellen   3 **au-dessus de** über   4 **au-dessous de** unter

(Bildbeschriftungen: en haut ; à l'arrière-plan / au fond ; à gauche ; au centre / au milieu ; à droite ; au premier plan ; en bas)

2. Wirkung des Bildes auf den Betrachter

La photo | a quelque chose de ____ / est ____. | La couleur ____ | évoque[6] ____.
L'image *f.* | (me) fait penser à ____. | ____ | est un symbole de ____.
La publicité | associe[4] ____ à ____ / suggère[5] que ____.

4 **associer qc à qc** etw. mit etw. anderem verknüpfen   5 **suggérer que** nahe legen, dass; jdm etw. weismachen
6 **évoquer qc** an etw. erinnern

3. Aussage des Bildes / Kommentar

La photo | montre que ____ | À mon avis, ____.
L'image | veut nous faire réfléchir à ____. | Je trouve / pense que ____.
           | critique ____.

Le message de cette publicité, c'est ____.

cent cinquante-trois 153

MÉTHODES ET STRATÉGIES

27 Karikaturen | La caricature

Ihre schriftliche Karikaturanalyse sollten Sie folgendendermaßen aufbauen:

1. Einleitung / kurze Vorstellung des Dokuments: Titel, Zeichner, Erscheinungsort und -datum:

> Ce document est une caricature intitulée[1] « ___ » de ___.
> Elle est parue[2] le ___ dans (le journal / le magazine) « ___ ».
> Son sujet[3] est ___.
>
> 1 **intitulé/e** dont le titre est 2 **est paru/e** ist erschienen, wurde veröffentlicht 3 **le sujet** das Thema

Fritz Behrendt, *Von höherer Warte aus betrachtet*, Süddeutsche Zeitung, 09.07.1962

2. Bildbeschreibung und Analyse:
- Wer/Was ist zu sehen? ▶ Bilder, p. 153/26
- Wofür stehen die abgebildeten Personen, Gegenstände und/oder Handlungen?
- Wie sind sie dargestellt und welche Wirkung wird damit erzielt?
- Gibt es weitere Symbole?
- Auf welches Ereignis nimmt die Zeichnung Bezug?
- evtl.: Worin besteht der Witz der Zeichnung?

> On voit ___.
> Il s'agit de ___. On le/la/les reconnaît à ___.
>
> Peut-être que
> On peut supposer que ___ représente[4] ___.
> Probablement,   symbolise ___.
>
> ___ suggère que[5] ___.
> ___ fait allusion à[6] ___.
>
> 4 **représenter qc** etw. darstellen 5 **suggérer que** nahe legen, dass 6 **faire allusion à qc** auf etw. anspielen

3. Aussage der Karikatur:

> La caricature | montre
> | met en relief[7]
> | critique
> | se moque de   ___.
>
> 7 **mettre en relief qc** etw. hervorheben

4. Kommentar:
- Inwieweit trifft die Aussage der Karikatur zu?
- Berührt der Zeichner ein wichtiges gesellschaftliches oder politisches Problem?

> Aujourd'hui, nous pouvons dire que ___.
> À mon avis, ___.
> Je me demande si ___.

MÉTHODES ET STRATÉGIES

Éléments	Texte modèle, basé sur les notes, p. 68
Introduction / Présentation du document	Ce document est une caricature en noir et blanc de Fritz Behrendt intitulée «Von höherer Warte aus betrachtet». Elle est parue le 9 juillet 1962 dans le journal allemand «Süddeutsche Zeitung». Son sujet est la réconciliation franco-allemande après la Seconde Guerre mondiale.
Description et analyse	Au premier plan, au centre, on voit deux hommes qui se tiennent par les mains. Il s'agit de l'ancien président français Charles de Gaulle et de l'ancien chancelier allemand Konrad Adenauer. On peut supposer qu'ils représentent la France et l'Allemagne. Derrière eux, à l'arrière-plan, on voit une cathédrale. Comme la caricature date de juillet 1962, il s'agit probablement de la cathédrale de Reims où de Gaulle et Adenauer ont assisté ensemble à une messe (une première depuis 1945). Elle symbolise donc la réconciliation franco-allemande. En haut, sur un gros nuage, on voit trois hommes qui observent Adenauer et de Gaulle de manière très attentive. À leurs vêtements de l'époque, on reconnaît l'ancien roi de Prusse Frédéric II, l'ancien empereur français Napoléon Bonaparte et l'ancien chancelier de l'empire allemand Otto von Bismarck. On peut supposer qu'ils représentent l'Histoire franco-allemande, marquée surtout par des guerres violentes. Est-ce qu'ils sont contents? On ne le voit pas. Mais ils s'intéressent beaucoup à la rencontre. Il y a donc deux époques qui s'opposent sur ce dessin: d'un côté, le passé pendant lequel l'Allemagne et la France ont souvent été ennemies et de l'autre côté, le présent (celui de 1962) où les deux pays vivent en paix et se réconcilient lentement. Le rappel du passé rend cette réconciliation encore plus incroyable.
Message	En conclusion, on peut dire que cette caricature montre non seulement que la relation entre Français et Allemands a radicalement changé mais aussi que cette réconciliation est un grand pas dans l'Histoire.
Commentaire personnel	Aujourd'hui, nous pouvons dire que Behrendt avait raison. L'année 1962 a été le début d'une évolution positive: en 1963, de Gaulle et Adenauer signent le traité de l'Elysée qu'on appelle aussi «le traité de l'amitié franco-allemande» et créent l'OFAJ. Ensuite, après de Gaulle et Adenauer, d'autres couples franco-allemands ont fait avancer la réconciliation franco-allemande. Aujourd'hui, l'Allemagne et la France sont le moteur de l'Europe et coopèrent dans beaucoup de domaines. Mais malgré cela, à mon avis, aujourd'hui on ne dessinerait plus la relation franco-allemande de manière aussi positive à cause de la crise européenne.

28 Filme | Le film

Beim Film unterscheidet man unter anderem folgende Gattungen (*les genres* m. pl.): *la comédie, le drame, le film d'action, le film de science-fiction, le documentaire*. Alle Filmgenres haben eines gemeinsam: Es ist nicht nur wichtig, *was* dargestellt wird, sondern auch *wie* es dargestellt wird.

TIPP Nutzen Sie zur Analyse einer Filmsequenz die Analysetabelle hinter Webcode (APLUS-C-155).

Ihre schriftliche Filmanalyse sollten Sie folgendendermaßen aufbauen:
1. **Handlung (*l'action* f.):**
   – Aus welchem Film stammt die Szene/Sequenz?
   – Worum geht es? Was passiert?

> Cette scène/séquence est tirée[1] du film «＿＿＿», réalisé par ＿＿＿ en ＿＿＿.
> Dans cette scène/séquence, ＿＿＿.
>
> 1 **être tiré/e de qc** aus etw. stammen

MÉTHODES ET STRATÉGIES

2. Bild (*la caméra*): Kameraeinstellung (*le cadrage / plan*) und Kameraführung (*le mouvement de la caméra*):
   – *Le cadrage / Les plans:*

| le plan d'ensemble | le plan de demi-ensemble | le plan moyen | le plan américain / rapproché | le gros plan | le très gros plan |

   – *Les mouvements de la caméra:*

| le panoramique | le travelling | le champ-contrechamp | l'angle *m.* normal | la plongée | la contre-plongée |

3. Ton (*le son / la bande sonore*): Dialoge, Musik, Hintergrundgeräusche:
   – Gibt es Dialoge? Spricht eine Off-Stimme (*la voix off*)?
   – Wird Musik gespielt? Wenn ja, welche Art von Musik und zu welchem Zeitpunkt?

4. Wirkung/Aussage:
   – Wie ist die Stimmung (*l'atmosphère* f. / *l'ambiance* f.)?

euphorique	triste	solennelle[3]	comique	mystérieuse
idyllique	tendue[2]		grotesque	onirique[4]
romantique	dramatique			
cordiale[1]	tragique			

1 **cordial/e** *adj.* herzlich   2 **tendu/e** *adj.* angespannt   3 **solennel/le** feierlich   4 **onirique** *adj. m./f.* träumerisch

   – Wie stehen die Handlung und die filmischen Gestaltungsmittel zueinander?
   – Welche Wirkung (*l'effet* m.) hat die Szene auf den/die Zuschauer/in?

Le gros plan	montre(nt) les sentiments de ___.
Le plan large	crée(nt) une atmosphère ___.
Les images	donne(nt) l'impression que ___.
La musique	souligne(nt)[6] le contraste entre ___ et ___.
Les bruitages[5]	renforce(nt)[7] l'ambiance / l'effet ___.
___	___.

Cette scène/séquence	montre	___.
	critique	que ___.
		comment ___.

5 **le bruitage** das Geräusch   6 **souligner** qc etw. unterstreichen   7 **renforcer** qc etw. verstärken

MÉTHODES ET STRATÉGIES

29 Statistiken und Grafiken | La statistique et l'infographie

Ihre Analyse einer Statistik oder Infografik sollten Sie folgendermaßen aufbauen:

1. Thema, Zeitraum, Quelle

| Ce tableau Ce diagramme Cette infographie | est une statistique de (2015) sur montre | (l'utilisation du téléphone portable). (l'évolution du nombre d'enfants par femme entre 1900 et 2015). |

2. Informationen

| La moitié / Plus de la moitié La plupart / La majorité (Presque/Environ) un tiers / deux tiers Un quart / Trois quarts (Quarante) pour cent Une minorité[2] | des Français / des jeunes des plus de (15) ans des moins de (18) ans des (13) à (20) ans | trouvent / pensent que ____. croient que ____. possèdent[1] ____. préfèrent ____. sont pour / contre ____. |

Il y a une (grande) différence entre (2009) et (2016).

| Le nombre de | personnes qui ____ ____ | a baissé[3]/augmenté[4] entre ____ et ____. est resté constant[5] entre ____ et ____. |

3. Zusammenfassung

| En conclusion, En résumé, | on peut dire que (l'utilisation du téléphone portable est devenu un phénomène global). |

[1] **posséder qc** etw. besitzen [2] **la minorité** die Minderheit [3] **baisser** sinken [4] **augmenter** steigen
[5] **rester constant/e** gleich bleiben

Arbeitstechniken | Techniques de travail

30 Wörter umschreiben | Paraphraser des mots

Wenn Ihnen beim Sprachmitteln ins Französische ein wichtiges Wort fehlt, können Sie folgende Strategien nutzen, um zu umschreiben, was Sie meinen:

Strategie	Beispiele
Erläutern Sie das Wort mit Hilfe eines Relativsatzes.	– ein Anlegesteg → *l'endroit où on monte dans un bateau* – unsichtbar → *quelque chose qu'on ne peut pas voir* – ein Verkäufer → *une personne qui vend des objets dans un magasin* – ein Geigenbogen → *l'objet avec lequel on joue du violon*
Beschreiben Sie seine Verwendung (mit pour + inf.).	– eine Taschenlampe → *une lampe pour faire une balade, la nuit*
Erklären Sie das Wort mit einem Wort aus der gleichen Familie.	– eine Beschreibung → *C'est quand on décrit quelque chose.*
Vergleichen Sie es mit etwas anderem, das Sie ausdrücken können.	– ein Hut → *C'est un peu comme une casquette, mais c'est plus grand.*
Erklären Sie über Beispiele.	– Komiker → *Ce sont des gens comme Omar et Fred et Jamel Debbouze.*

MÉTHODES ET STRATÉGIES

31 Worterschließungsstrategien | Déduire le sens des mots

- Kenntnisse aus anderen Sprachen nutzen (Achtung *faux amis*!)
- Wörter über Wortfamilien erschließen (gemeinsamer Wortstamm, andere Wortart, Vor- und Nachsilben usw.)
- Wörter über den Kontext erschließen („Verstehensinseln")

TIPP Wenn Sie Zweifel haben und annehmen, dass das Wort entscheidend für Ihr Textverständnis ist, schlagen Sie es im Wörterbuch nach. ▶ Mit dem Wörterbuch arbeiten, p. 159/34

Vorsilben | Les préfixes *m. pl.*
- Gegenteil: *im(possible), in(fatigable), dé(conseiller)*
- Wiederholung: *re(partir), ré(intégrer), se r(habiller)*
- höherer Grad: *sur(chargé), extra(ordinaire), ultra(secret), hyper(actif)*

Nachsilben | Les suffixes *m. pl.*
- Personen:
  -teur/-trice (un présentateur / une présentatrice) -ier/-ière (un couturier / une couturière), -ien/-ienne (un comédien / une comédienne), -iste (un/une journaliste), -eur/-euse (un menteur / une menteuse)
- Gegenstände, Sachverhalte und abstrakte Begriffe (Substantive):
  -ade f. (la promenade), -age m. (le chauffage), -té f. (la liberté, la rivalité), -ment m. (le comportement), -tion f. (révolution)
- Eigenschaften (Adjektive):
  -al/-ale (amical/-ale), -eux/-euse (amoureux/-euse), -ant/-ante (fatigant/-ante), -iste (réaliste), -able (confortable), -ible (flexible)

32 Mit einem Organigramm arbeiten | Travailler avec un organigramme

In Organigrammen kann die Beziehung zwischen Gedanken sichtbar gemacht werden. Man kann sie sowohl bei der Erarbeitung von Textinhalten als auch als Vorbereitung zum Schreiben von eigenen Texten nutzen. Im Gegensatz zum Assoziogramm ist ein Organigramm zwingend hierarchisch gegliedert.
- Notieren Sie das Schlüsselwort oder den Schlüsselsatz in die Mitte eines Blattes.
- Fügen Sie andere Wörter oder Ausdrücke hinzu, die mit dem Schlüsselwort in Verbindung stehen.
- Stellen Sie logische Zusammenhänge her, indem Sie Begriffe durch Linien verbinden und mit Symbolen versehen.
- Verwenden Sie gegebenenfalls Farben, um wichtige Aspekte hervorzuheben.

le Parlement européen

- siège = Strasbourg
- 751 députés
- représente les citoyens des pays membres de l'UE
- nombre des députés d'un pays dépend du nombre d'habitants du pays
- élus directement par les citoyens des pays membres

33 Zitieren | Citer le texte

Bei der Analyse eines Textes müssen Sie Ihre Aussagen belegen, indem Sie sich (direkt oder indirekt) auf den Text beziehen.
Ein **direktes Zitat** gibt den Originaltext wörtlich wieder und muss als solches erkennbar sein durch die Verwendung von:
- Anführungszeichen, damit Zitatanfang und Zitatende klar erkennbar sind → «...»
- eckigen Klammern, wenn Wörter hinzugefügt oder weggelassen werden → *[...]*
  Justine écrit que «[son] cœur est devenu [...] mou» (p. 18, l. 39).
- dem Zitat angefügte Klammern mit Angabe der Textzeile → (l. ...)
  «Construire des ponts et des routes ici et ailleurs» (p. 19, l. 63).

Auch **indirekte Zitate**, also eine Wiedergabe mit anderen Worten, müssen Sie als solche kennzeichnen:
Selon l'auteur / la journaliste / Zaz, il ne faut pas laisser les autres décider de son avenir professionnel (l. 19–24).
L'article affirme que la «Norway Cup» sert surtout à faire gagner beaucoup d'argent à ses organisateurs (l. 42–48).

MÉTHODES ET STRATÉGIES

34 Mit dem Wörterbuch arbeiten | Travailler avec le dictionnaire

Machen Sie sich mit Ihrem Wörterbuch vertraut. Eine Liste der verwendeten Symbole und Abkürzungen, grammatische Übersichten, Verbkonjugationstabellen sowie Hinweise zur Aussprache befinden sich üblicherweise am Anfang oder im Anhang des Wörterbuches.

1. **Das französisch-deutsche Wörterbuch**
   - Schlagen Sie das französische Wort unter seiner Grundform nach (d. h. Verben im Infinitiv, Nomen im Singular und Adjektive in der maskulinen Singularform).
   - Lesen Sie die Hinweise zum Gebrauch des Wortes und suchen Sie die Bedeutung heraus, die zum Textzusammenhang passt.
   - Sie haben das gesuchte Wort oder den gesuchten Ausdruck nicht im Wörterbuch gefunden? Wandeln Sie Ihre Suche ab:

> **Übung**
>
> Finden Sie im Wörterbuch die deutsche Entsprechung der folgenden Wörter und Ausdrücke:
> *la voiture d'occasion, faire face à qn, la boîte d'allumettes, la réapparition, rendre l'âme, l'inefficacité*

Problem	Strategie	Beispiel	Vorgehensweise
zusammengesetzte Wörter	– ohne Vorsilbe suchen – als andere Wortart suchen	*la déconnexion* – unter *déconnexion* nichts gefunden	– ohne Vorsilbe *dé-* suchen (*connexion* = „Verbindung") → „Trennen", „Ausloggen"
zusammengesetztes Substantiv mit *de*	– die Bestandteile des Substantivs einzeln nachschlagen – zu einem deutschen Wort zusammensetzen	*l'agent d'assurances* – unter *agent* nichts gefunden	– *agent* (= „Angestellter") und *assurance* (= „Versicherungen") nachschlagen → „Angestellter" + „Versicherungen" = „Versicherungsangestellter"
zusammengesetzter Ausdruck	– unter den anderen Wörtern des Ausdrucks nachschlagen	*rendre justice à qn* – unter *rendre* nichts gefunden	– unter *justice* nachschlagen → „jdm gerecht werden"

2. **Das deutsch-französische Wörterbuch**
   - Lesen Sie immer den gesamten Eintrag. Hat das deutsche Wort verschiedene Bedeutungen oder Bedeutungsnuancen, finden Sie die Bedeutung, die zu dem passt, was Sie ausdrücken wollen.
     TIPP Versuchen Sie nicht, zusammengesetzte Ausdrücke zu übersetzen, indem Sie sie aus einzeln übersetzten Wörtern „zusammenbauen", sondern versuchen Sie sie als Ganzes zu finden, indem sie unter den Bestandteilen des Ausdrucks nachschlagen. Z. B. heißt „jemanden auf andere Gedanken bringen" nicht ~~apporter quelqu'un sur d'autres idées~~, sondern *changer les idées à quelqu'un* und diesen Ausdruck findet man als Ganzes, wenn man unter „andere", „Gedanken" oder „bringen" nachschlägt.
   - Berücksichtigen Sie die Hinweise zur Aussprache sowie die Angaben zur grammatischen Verwendung, z. B. ob ein Verb mit direktem (*qn/qc*) und/oder indirektem (*à qn/qc*) Objekt verwendet wird.
   - Prüfen Sie Ihre Übersetzung, indem Sie sie im französisch-deutschen Wörterbuch nachschlagen.

   TIPP Verwenden Sie zur Übersetzung von Texten keine Übersetzungsprogramme! Diese wählen willkürlich unter den möglichen Bedeutungen von Wörtern aus. Dadurch wird die Übersetzung fehlerhaft und oft auch völlig unverständlich.

> **Übung**
>
> Finden Sie im Wörterbuch die französische Entsprechung der folgenden Begriffe:
> *eine Forderung stellen, in Kraft treten, auf etwas Wert legen, einen Sieg erringen, die Flinte ins Korn werfen*

PETIT DICTIONNAIRE DE CIVILISATION

Personnes

Frédéric II de Prusse [fʁedeʁikdødəpʁys] (1712–1786)
Surnommé *le Grand*, roi de Prusse de 1740 à 1786. Jusqu'en 1756, la France est une alliée* traditionnelle, mais Frédéric entre en alliance politique avec l'Angleterre, une erreur diplomatique qui lui fait perdre l'alliance de la France. Vainqueur de la Guerre de Sept Ans, Frédéric fait entrer son pays dans le cercle des grandes puissances européennes. Il a été ami de l'écrivain et philosophe français Voltaire. (→ C/3)

* l'allié/e *m./f.* der/die Verbündete

Hafsia Herzi [afsiaɛʁzi]
Actrice française née en 1987 d'un père tunisien et d'une mère algérienne. Hafsia Herzi débute dans le film *La graine et le mulet* en 2007 qui gagne plusieurs prix. Elle n'a pas beaucoup d'expérience sur scène à ce moment-là. En 2008, elle joue le rôle de Sofia dans la comédie dramatique franco-marocaine *Française*. (→ B/3)

Sylvaine Jaoui [silvɛnʒawi]
Née en 1962 en Tunisie, Sylvaine Jaoui écrit des livres pour la jeunesse et collabore à l'écriture de séries pour la télévision. Sa série de livres *Ma vie selon moi*, sur la vie de Thibault et de ses cinq amis, comprend 9 tomes. (→ A/1)

Reem Kherici [ʁɛmkeʁisi]
Actrice et réalisatrice française née de parents tunisiens en 1983. Elle fait ses débuts à la radio en 2002, avant d'animer des émissions de télévision et en tant que comédienne. En 2012, Kherici réalise son premier film *Paris à tout prix* dans lequel elle joue Maya, le personnage principal. (→ B/1)

Les Lions Indomptables [leljɔ̃ɛ̃dɔ̃tabl]
Équipe nationale de football du Cameroun. Elle joue en vert, rouge et jaune et a remporté la Coupe d'Afrique des Nations à quatre reprises, en 1984, 1988, 2000 et 2002. (→ D/2)

Léonora Miano [leɔnɔʁamjano]
Née à Douala en 1973, l'auteure Léonora Miano vit à Paris depuis 1991. Dans ses textes, elle crée des identités africaines ou afropéennes dont elle décrit la vie quotidienne, leurs expériences et sentiments. Pour son roman *Contours du jour qui vient*, elle reçoit le *Prix Goncourt des lycéens* en 2006, un prix attribué par un jury d'élèves. (→ D/1, D/3)

Roger Milla [ʁɔʒemila]
Ancien footballeur camerounais né en 1952 à Yaoundé. Au poste d'avant-centre* il marque toute une génération mondiale de football jouant pour des clubs de foot au Cameroun et en France. (→ D/2)

* l'avant-centre *m.* der Mittelstürmer

Mohammed VI [moamɛdsis]
Né en 1963 à Rabat, il est le troisième monarque à porter le titre de roi au Maroc. Mohammed VI règne depuis 1999. Il a entrepris des réformes pour l'égalité homme-femme et investi dans les énergies renouvelables et l'infrastructure: il existe p.ex. des plans pour une ligne à grande vitesse qui relierait Tanger à Casablanca puis Tanger à Marrakech.
(→ B/Mots en contexte)

Napoléon (Bonaparte) Ier [napoleɔ̃pʁəmje] (1769–1821)
Napoléon arrive au pouvoir en 1799, puis se fait sacrer empereur en 1804. Il conduit les armées françaises et règne sur un territoire allant de l'Espagne à la Pologne. La bataille de Waterloo perdue en 1815 met fin à l'Empire napoléonien. (→ C/1, C/3)

Nicolas Nkoulou [nikɔlankulu]
Footballeur international camerounais né en 1990 à Yaoundé. Formé à la Kadji Sport Academies au Cameroun, le défenseur central* Nicolas Nkoulou a joué depuis au club de foot de Monaco et de l'Olympique de Marseille ainsi que pour l'équipe nationale *les Lions indomptables*. (→ D/2)

* le défenseur central der Innenverteidiger

PETIT DICTIONNAIRE DE CIVILISATION

Otto von Bismarck [ɔtovɔnbismaʀk] (1815–1898)
Homme politique allemand, né en 1815. Après avoir gagné la guerre franco-prussienne de 1870, les États allemands s'unissent en un Empire allemand, proclamé au château de Versailles, en janvier 1871. Bismarck devient premier chancelier du nouvel Empire allemand. La victoire entraîne l'annexion du territoire d'Alsace-Lorraine et l'affirmation de la puissance allemande en Europe. (→ C/3)

Les Touaregs [letuaʀɛg]
Peuple nomade du Sahara, souvent appelés les *hommes bleus* à cause de la couleur de leurs vêtements. Divisés en plusieurs tribus, environ deux millions de Touaregs vivent dans cinq pays du Nord de l'Afrique. Ils parlent le berbère qui est un ensemble de langues parlées du Maroc à l'Égypte. (→ B/Mots en contexte, B/2)

Géographie

l'Atlas [latlɑs] *m.*

Chaîne de montagnes qui traverse le Maroc, l'Algérie et la Tunisie. Elle sépare la côte fertile du désert du Sahara. (→ B/Mots en contexte, B/1)

Casablanca [kazablɑ̃ka] environ 3 500 000 habitants
Centre économique et plus grande ville du Maroc, située sur la côte atlantique. Rendue légendaire par le film *Casablanca* de 1942, la ville possède un patrimoine* architectural moderne important. Aujourd'hui, environ 80 % de l'industrie marocaine se trouve dans cette métropole et 60 % du commerce maritime arrive dans son port. (→ B/Mots en contexte, B/1, B/3)

* **le patrimoine** das Kulturerbe

Castellane [kastɛlan]
Village du sud-est de la France dans la région Provence-Alpes-Côte d'Azur connu pour les gorges du Verdon, un canyon creusé par une rivière, et pour la → *Route Napoléon* qui passe par cette ville. La commune est située à 724 mètres d'altitude et date du Moyen Âge. (→ C/1)

la cathédrale Notre-Dame de Reims [lakatedʀalnɔtʀədamdəʀɛ̃s]
Cathédrale gotique située à Reims et où les rois de France se faisaient couronner. La réconciliation franco-allemande est symboliquement officialisée en juillet 1962 par Charles de Gaulle et Konrad Adenauer dans la cathédrale de Reims qui avait été bombardée en 1914 par l'armée allemande. La cathédrale est inscrite au patrimoine* mondial de l'UNESCO. (→ C/3)

* **infectieux/-euse** ansteckend

le Centre Pasteur du Cameroun [ləsɑ̃tʀəpastœʀdykamʀun]
Centre médical créé en 1959 à Yaoundé. Il a pour mission principale de lutter contre les maladies infectieuses* (formation, recherche, etc.). (→ D/1)

* **infectieux/-euse** ansteckend

Douala [dwala] environ 2 447 000 habitants
Ville située sur la côte atlantique. C'est la capitale économique du Cameroun et la plus grande ville du pays. Aujourd'hui, Douala est une mosaïque des différentes cultures de toutes les régions du Cameroun. Akwa est un quartier historique de Douala. La nuit, ce quartier est animé grâce aux boîtes de nuit, bistrots, casinos et vendeurs ambulants.
(→ D/Mots en contexte, D/1, D/2)

Grenoble [gʀənɔbl] environ 158 350 habitants
Ville dans le sud-est de la France en région Rhône-Alpes, au cœur des Alpes françaises. Connue pour ses stations de sports d'hiver, Grenoble est aussi le deuxième centre de recherches scientifiques en France après Paris.

Suite à la diffusion*, en 2012, d'un reportage sur l'insécurité et la violence dans la cité de banlieue *La Villeneuve*, les habitants de la cité ont lutté contre cette stigmatisation par les médias et se sont mobilisés pour montrer que la cohabitation de différentes nationalités et cultures n'est pas seulement source de* conflits mais aussi enrichissante. (→ A/2, C/1)

* **suite à la diffusion** nach der Ausstrahlung
* **être source de qc** Quelle von etw. sein

PETIT DICTIONNAIRE DE CIVILISATION

le Maghreb [ləmagʀɛb]
Région de l'Afrique du Nord entre la mer Méditerranée et l'Égypte. On utilise le terme *Petit Maghreb* pour se référer au Maroc, à l'Algérie et à la Tunisie. Le *Grand Maghreb* inclut la Mauritanie et la Libye. Les langues parlées sont le tamazigh (une langue berbère), l'arabe ainsi que le français, qui est surtout langue véhiculaire utilisée dans les affaires et l'enseignement. (→ B/Mots en contexte)

Marrakech [maʀakɛʃ] environ 929 000 habitants
Ville du sud-ouest du Maroc surnommée *Ville rouge* ou *Ville ocre*, au pied des montagnes de l'Atlas. Marrakech est aussi l'une des grandes villes universitaires du Maroc. Chaque année le *Festival international du film* y a lieu ainsi que de nombreux autres festivals. (→ B/Mots en contexte, B/1)

Nice [nis] environ 345 000 habitants
Métropole dans le sud-est de la France, située sur la Côte d'Azur près de la frontière italienne. C'est la cinquième plus grande ville de France. Son climat méditerranéen (chaud et sec), son architecture (les nombreux palais et églises d'inspiration italienne, les maisons ocres et rouges de la vieille ville, la célèbre Promenade des Anglais en bord de mer) et sa vie culturelle (le Carnaval de Nice, le Nice Jazz Festival) font de Nice une ville qui attire de nombreux touristes. (→ A/2, A/3, C/1)

Rabat [ʀaba] environ 678 000 habitants
Capitale administrative du Maroc, située au bord de l'Atlantique. En 1912, dans le cadre de l'instauration du → protectorat français au Maroc, la capitale est transférée de Fès à Rabat. (→ B/Mots en contexte)

la Route Napoléon [laʀutnapɔleɔ̃]
Exilé à l'île d'Elbe depuis 1814, Napoléon décide de reprendre le pouvoir sur le continent. En mars 1815, Napoléon et ses troupes arrivent à Cannes sur les bords de la mer Méditerranée et marchent vers Paris. La partie de la route entre Cannes et Grenoble porte aujourd'hui le nom de *Route Napoléon*. (→ C/1)

Yaoundé [jaunde] environ 2 440 500 habitants
Capitale politique du Cameroun, surnommée *la ville aux sept collines** à cause de sa situation géographique. La plupart des institutions les plus importantes du Cameroun ainsi que de nombreux centres de formation professionnelle et deux universités se trouvent à Yaoundé. (→ D/Mots en contexte, D/1, D/2)

* **la colline** der Hügel

Divers

Airbus [ɛʀbys]
Constructeur aéronautique international situé à Toulouse en France. L'entreprise fabrique plus de la moitié des avions de ligne produits dans le monde grâce à la coopération de plusieurs pays européens dont la France et l'Allemagne. Aujourd'hui, le groupe Airbus emploie des dizaines de milliers de personnes sur 18 sites en France, en Allemagne, au Royaume-Uni, en Belgique et en Espagne. (→ C/1)

Alleo [aleo]
Société de chemin de fer commune de la *SNCF* et de la *Deutsche Bahn*. Elle relie l'Allemagne et la France. Les lignes principales sont «Paris–Stuttgart–Munich», «Paris–Francfort-sur-le-Main» et «Francfort-sur-le-Main–Strasbourg–Marseille». (→ C/1)

la CAF (Confédération africaine de football)
[lakaf/lakɔ̃fedeʀasjɔ̃afʀikɛndəfutbol]
Organisme qui regroupe la ligue de football du continent africain, équivalent à l'UEFA. (→ D/2)

la CAN (Coupe d'Afrique des Nations)
[lakan/lakupdafʀikdenasjɔ̃]
La plus importante compétition internationale de football d'Afrique. Elle est organisée par la → Confédération africaine de football (CAF). (→ D/2)

les grandes écoles [leɡʀɑ̃dzekɔl]
École où on peut faire des études supérieures après le bac. Avant de pouvoir intégrer une grande école, il faut d'abord passer par une classe préparatoire (une prépa) qui dure deux ans, puis réussir un concours*. Les grandes écoles sont réputées pour leur formation exigeante et se caractérisent par le niveau élevé de leur diplôme, le plus souvent bac+5*. (→ A/1)

* **le concours** *hier:* das Auswahlverfahren
* **bac+5** *in Frankreich übliche Angabe des Ausbildungsniveaus in Studienjahren ab dem Abitur*

PETIT DICTIONNAIRE DE CIVILISATION

«Liberté, Égalité, Fraternité» [libɛʁteegalitefʁatɛʁnite]
C'est la devise de la République française, ancrée dans la Constitution* de 1958. Elle apparaît pendant la Révolution française de 1789, pendant laquelle le peuple* de Paris se révolte contre la monarchie de l'Ancien Régime (avec notamment la prise de la Bastille le 14 juillet 1789) et qui amènera la création de la Première République en 1792. La devise «Liberté, Égalité, Fraternité» est fondée sur l'article 1 de la Déclaration des droits de l'homme et du citoyen (1789), selon lequel «tous les hommes naissent et demeurent libres et égaux en droits». (→ A/3)

* **ancré/e dans la Constitution** in der Verfassung verankert
* **le peuple** das Volk

le «mariage pour tous» [ləmaʁjaʒpuʁtus]
Depuis 2013, une loi autorise le mariage entre deux personnes, quel que soit* leur sexe (d'où l'appellation «mariage pour tous»). À côté du mariage, il existe aussi d'autres formes d'unions civiles – par exemple le *pacte civil de solidarité* (PACS). (→ A/3)

* **quel que soit** unabhängig von

le Parlement Européen des jeunes (PEJ) – France (PEJ-France) [ləpaʁləmɑ̃øʁɔpeɛ̃deʒœn]
Section nationale française du Parlement Européen des Jeunes (PEJ), organisation internationale créée en 1987 et présente dans 39 pays du continent. Le PEJ-France veut promouvoir la citoyenneté dans sa dimension européenne auprès des jeunes, en les intéressant au développement de l'Europe. (→ C/2)

les partis politiques en France [lepaʁtipɔlitikɑ̃fʁɑ̃s]
Le paysage politique français s'organise autour de l'opposition gauche-droite. Les deux principaux partis sont le Parti Socialiste (parti de centre-gauche), auquel appartient François Hollande, et les Républicains (parti de droite), présidé par Nicolas Sarkozy. À ces deux partis s'ajoutent*: à gauche le parti écologiste Europe Écologie – Les Verts et au centre le MoDem (Mouvement Démocrate) de François Bayrou. Enfin, aux extrêmes, on trouve d'une part le Front de gauche autour de Jean-Luc Mélenchon et d'autre part le Front National (parti d'extrême droite) dirigé par Marine Le Pen. (→ A/3)

* **s'ajouter à qc** zu etw. hinzukommen

le Protectorat (du Maroc) [ləpʁɔtektɔʁa]
Le protectorat est une forme de colonisation. Dans le système du protectorat, le pays colonisateur n'exerce pas directement l'autorité dans le pays colonisé. Les institutions propres au pays restent en place et le gèrent au profit de la nation coloniale. Elle en retire des avantages commerciaux et perçoit des impôts*. En échange, la puissance coloniale garantit militairement le pouvoir du pays «protégé». La Tunisie et le Maroc deviennent des protectorats français au début du 20ᵉ siècle et le resteront jusqu'en 1956. L'influence de la culture française y est aujourd'hui encore présente. (→ B/Mots en contexte)

* **percevoir des impôts** Steuern erheben

la tontine [latɔ̃tin]

Une association en Afrique qui joue un rôle important dans la vie de quartier. Les habitants versent régulièrement de l'argent dans une caisse commune. Il s'agit d'un crédit entre particuliers* basé sur la confiance et la solidarité. Chacun peut emprunter de l'argent de la caisse pour organiser un mariage, payer un voyage à l'étranger ou ouvrir un magasin. Refuser de payer ses dettes, c'est risquer l'exclusion sociale. (→ D/2)

* **le particulier** die Privatperson

l'Union européenne (UE) [lynjɔ̃øʁɔpeɛn] *f.*
Association politico-économique fondée par douze pays européens en 1992 et dont le siège est à Strasbourg. En 2012, le prix Nobel de la paix est attribué à l'Union européenne pour sa contribution* à la promotion de la paix, la réconciliation, la démocratie et les droits de l'Homme en Europe. (→ C/Mots en contexte, C/2, C/3)

* **la contribution à qc** der Beitrag zu etw.

cent soixante-trois 163

LISTE DES MOTS

Die *Liste des mots* baut auf dem Wortschatz der Bände *À plus! 1* bis *À plus! 4* auf. Sie enthält nicht alle unbekannten Wörter der *Dossiers A* bis *D*, sondern lediglich die Wörter und Ausdrücke, die zum Grund- und Aufbauwortschatz gehören.

🇬🇧	englisches Wort, das dem französischen Wort ähnlich ist	→	Wort, das zur gleichen Familie gehört
=	Wort mit gleicher Bedeutung	▶ ◀	Lernwortschatz aus den Hörtexten
≠	Gegenteil des Wortes	(ê)	*passé composé* mit *être*

adj.	*adjectif* (Adjektiv)	*inv.*	*invariable* (unveränderlich)	*qn*	quelqu'un (jemand)
adv.	*adverbe* (Adverb)	*m.*	*masculin* (männlich)	*etw.*	etwas
f.	*féminin* (weiblich)	*pl.*	*pluriel* (Plural)	*jdm*	jemandem
fam.	*familier* (umgangssprachlich)	*qc*	*quelque chose* (etwas)	*jdn*	jemanden

Les signes dans la phrase | Die Zeichen im Satz

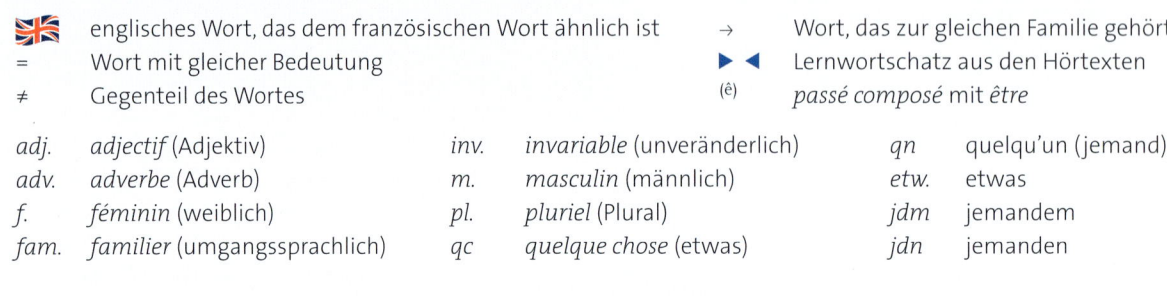

L'alphabet phonétique | Die Lautschrift

Les consonnes | Die Konsonanten

- [b] **b**leu, célè**b**re
- [d] **d**onner, per**d**re
- [f] **ph**oto, o**ff**rir
- [g] **g**rave, **g**uitare
- [k] **c**alme, **ch**orale, magi**qu**e
- [l] **l**ire, mi**ll**e, pu**ll**
- [m] **m**alade, ai**m**er, cal**m**e, ho**mm**e
- [n] **n**on, so**nn**erie
- [ŋ] pi**ng**-pong
- [ɲ] gag**n**er, monta**gn**e
- [p] **p**arfois, im**p**ortant
- [ʀ] **r**égion, ouv**r**ir
- [s] scharfes „s" wie in Ku**ss**: **ç**a, mer**c**i, **s**avoir, po**ss**ible
- [z] summendes „s" (tritt nur zwischen zwei Vokalen, als Bindungs-s bzw. -x oder in der Schreibung „z" auf) wie in ra**s**en: mai**s**on, le**s** enfants, **z**éro, si**x** heures
- [ʃ] „sch" wie in Ta**sch**e: **ch**ampion, tou**ch**er
- [ʒ] wie in Gara**g**e: **g**intelli**g**ent, petit-déjeuner
- [t] **t**ourner, a**tt**irer
- [v] **v**endre, pau**v**re, trou**v**er, élè**v**e

Les voyelles | Die Vokale

- [a] kurzes „a" wie in B**a**ll: **a**lbum, f**e**mme, f**é**ria
- [ɑ] langes „a" wie in B**a**hn: ne ... p**a**s, l**â**che
- [ɛ] offenes „e" wie in **E**nde: vr**ai**, c**e**tte, c'**e**st, sc**è**ne
- [e] geschlossenes „e" wie in S**ee**: **é**crire, cit**é**
- [ə] stummes „e" wie in Kab**e**l: m**e**, s**e**, ch**e**val
- [i] **i**dole, hés**i**ter, J'**y** vais!
- [o] geschlossenes „o" wie in Fl**oh**: **eau**, **au**tre, tr**op**
- [ɔ] offenes „o" wie in d**o**ch: catastr**o**phe, p**o**rter
- [ø] geschlossenes „ö" wie in b**ö**se: malh**eu**reux, li**eu**
- [œ] offenes „ö" wie in **ö**ffnen: act**eu**r, s**œu**r
- [u] „u" wie in M**u**t: **où**, h**u**mour, j**ou**er
- [y] „ü" wie in m**ü**de: **u**nité, r**éu**ssir, pl**u**tôt, t**u**

Les semi-voyelles | Die Gleitlaute

- [ɥ] c**u**isine, dep**u**is
- [j] h**i**er, surve**ill**er, fam**ill**e, A**ï**e!
- [w] **oi**seau, l**oi**, **ou**i

Les voyelles nasales | Die nasalierten Vokale

- [ã] **en**fin, p**an**talon, l**am**pe
- [ɔ̃] c**on**fier, l**on**gtemps, pantal**on**
- [ɛ̃] **un**, dess**in**, m**oin**s ... que, f**aim**, tr**ain**

DOSSIER A

Dossier A | Mots en contexte

TIPP So können Sie die farbig markierten Wörter und Ausdrücke der *Mots en contexte* (p. 10) üben: Lesen Sie den Text noch einmal. Formulieren Sie zu jedem Wort bzw. Ausdruck mindestens zwei eigene Sätze, in denen das Wort bzw. der Ausdruck vorkommt. Notieren Sie Ihre Sätze und eine passende Übersetzung.

la réalité [laʀealite] 🇬🇧 reality	die Realität	Ce n'est pas un rêve, c'est la ~.
la génération [laʒeneʀasjɔ̃] 🇬🇧 generation	die Generation	Mes amis et moi, nous avons le même âge. Nous sommes de la même ~.
la priorité [lapʀijɔʀite] 🇬🇧 priority	die Priorität, der Vorrang	L'école n'est pas très importante pour moi. J'ai d'autres ~[1].
l'ado *m./f. fam.* / **l'adolescent** *m.* / **l'adolescente** *f.* [lado/ladɔlesɑ̃/ladɔlesɑ̃t]	der Teenie, der/die Jugendliche	On est ~ entre 13 et 18 ans environ.
partager (qc) [paʀtaʒe]	teilen (etw.)	Je n'ai pas de chambre à moi toute seule. Je la ~[2] avec ma sœur.
le goût [ləgu] → goûter qc, dégoûtant	der Geschmack, die Vorliebe	Ma sœur et moi, nous n'avons pas les mêmes ~[3].
le loisir [ləlwaziʀ] 🇬🇧 leisure	die Freizeitbeschäftigung	Mon ~ préféré, c'est faire du tennis.
les loisirs [lelwaziʀ] *m. pl.*	die Freizeit	Quand je préparais mon bac, je n'avais plus de ~[4].
les nouvelles technologies [lenuvɛltɛknɔlɔʒi] *f. pl.*	die neuen Medien	Souvent, les ados sont plus à l'aise avec les ~ que leurs parents.
(ê) **s'informer (sur qn / de qc)** [sɛ̃fɔʀme] → l'information	sich informieren (über jdn/etw.)	Je surfe sur Internet pour ~[5].
(ê) **se divertir** [sədivɛʀtiʀ]	sich unterhalten, sich amüsieren	Le soir, beaucoup de gens regardent la télé pour ~.
communiquer [kɔmynike] 🇬🇧 to communicate	kommunizieren	Les nouvelles technologies offrent différentes façons de ~.
les 15 à 24 ans [lekɛ̃zavɛ̃tkatʀɑ̃]	die 15- bis 24-Jährigen	Les ~ préparent leur avenir professionnel.
avant tout [avɑ̃tu]	vor allem	~, j'aimerais dire merci à ma famille et mes amis.
le diplôme [lədiplom] 🇬🇧 diploma	der Abschluss, das (Abschluss-)Zeugnis	Il a reçu son ~ hier.
la poche [lapɔʃ]	die Tasche, das Innenfach z. B. an Kleidung	Ma cousine a toujours un bonbon dans sa ~.
avoir qc en poche [avwaʀɑ̃pɔʃ]	*hier:* etw. bestanden haben	L'année prochaine, quand j'~ mon bac ~[6], je ferai le tour du monde.

cent soixante-cinq

DOSSIER A

l'emploi [lɑ̃plwa] *m.*	die Arbeitsstelle	Laure cherche un ~ dans le domaine de la télévision.
stable [stabl] *m./f. adj.*	stabil, fest	Attention, cette chaise n'est pas très ~.
financièrement [finɑ̃sjɛʀmɑ̃] *adv.*	finanziell	~, l'entreprise va bien.
le logement [ləlɔʒmɑ̃]	die Wohnung, die Unterkunft	Elle a trouvé un ~ à Paris.
être en couple [ɛtʀɑ̃kupl]	in einer Beziehung sein	Sarah et moi, nous ~[7] depuis 3 ans.
l'identité [lidɑ̃tite] *f.* 🇬🇧 identity	die Identität	Personne ne connaît ma vraie ~.
le marché du travail [ləmaʀʃedytʀavaj]	der Arbeitsmarkt	– Tu penses trouver un emploi? – Cela dépend du ~.
à part ça [apaʀsa] *fam.*	davon abgesehen, ansonsten	J'ai un examen demain. ~, tout va bien.
la valeur [lavalœʀ] 🇬🇧 value	der Wert	Mon frère et moi, nous n'avons pas les mêmes ~[8].
dépendre de qn/qc [depɑ̃dʀdə] 🇬🇧 to depend	von jdm/etw. abhängen, abhängig sein von jdm/etw. *wird wie* attendre *konjugiert* ▶ Verbes, p. 132	– Qu'est-ce que vous faites ce week-end? – Ça ~[9] du temps.
le milieu [ləmiljø]	die Mitte, das Umfeld	Le ~ dans lequel mon père a grandi était très pauvre.
social/sociale/sociaux *m. pl.* [sɔsjal/sɔsjo] *adj.* 🇬🇧 social	gesellschaftlich, sozial	La structure ~[10] change: il y a moins de naissances que pendant les années 1950.
le milieu social [ləmiljøsɔsjal]	das soziale Umfeld	
appartenir à qn/qc [apaʀtəniʀa]	jdm gehören, etw. angehören *wird wie* venir *konjugiert* ▶ Verbes, p. 132	Je fais très attention à ce vélo. Il était à mon père et maintenant il m'~[11].
certain/certaine [sɛʀtɛ̃/sɛʀtɛn] *adj.*	gewiss, bestimmt	
rassurer qn [ʀasyʀe]	jdn beruhigen	J'essaie de ~ mon petit frère quand il a peur.
(ê) **se définir par qc** [sədefiniʀpaʀ]	sich über etw. definieren *wird wie* réagir *konjugiert* ▶ Verbes, p. 132	Madeleine ~[12] surtout par ses vêtements chers.
le point commun [ləpwɛ̃kɔmœ̃]	die Gemeinsamkeit	Laura et Sara ont beaucoup de ~[13].
affirmer (qc) [afiʀme]	(etw.) betonen, (etw.) behaupten	Le professeur ~[14] que l'examen de demain ne sera pas difficile …
l'engagement [lɑ̃gaʒmɑ̃] *m.*	das Engagement, die Verpflichtung	L'~ social de Patrick impressionne ses professeurs.
la société [lasɔsjete] → social 🇬🇧 society	die Gesellschaft	Nous ne vivons pas seuls, nous vivons en ~.
concrètement [kɔ̃kʀɛtmɑ̃] *adv.*	konkret	Il ne faut pas parler pendant des heures, il faut agir ~.

DOSSIER A

voter [vɔte]	wählen *Politik*	Si tu veux changer quelque chose, va ~ !
la pétition [lapetisjɔ̃]	die Petition, die Unterschriftensammlung	N'oublie pas de signer la ~ contre les cours le samedi !
la manifestation [lamanifɛstasjɔ̃]	die Demonstration	Samedi, Fouad et Christelle vont participer à une ~.
le parti [ləpaʀti] 🇬🇧 political party	die Partei	De quel ~ Angela Merkel est-elle ?
politique [pɔlitik] *m./f. adj.* 🇬🇧 political	politisch	C'est une décision ~ difficile.
l'association [lasɔsjasjɔ̃] *f.* 🇬🇧 association	die Organisation, der Verein	Nous avons fondé une ~ contre le harcèlement.
l'ONG *(Organisation Non Gouvernementale)* [lɔɛnʒe] *f.*	die Nichtregierungsorganisation (NRO *oder* NGO)	J'aimerais faire un stage dans une ~ l'année prochaine.
concret/concrète [kɔ̃kʀɛ/kɔ̃kʀɛt] *adj.*	konkret	Il nous faut plus d'informations ~[15].
ainsi [ɛ̃si]	so, auf diese Weise	C'est mieux ~.
actif/active [aktif/aktiv] *adj.* 🇬🇧 active	aktiv	Ma grand-mère est encore très ~[16].
l'éducation [ledykasjɔ̃] *f.* 🇬🇧 education	die Erziehung, die Bildung	Elle a reçu une bonne ~.
ainsi que [ɛ̃sikə] = et	und auch, sowie	Je voudrais dire „merci" aux enfants ~[17] à leurs parents.
l'environnement [lɑ̃viʀɔnmɑ̃] *m.* 🇬🇧 environment	die Umwelt, das Umfeld	Il faut protéger l'~.

1 priorités   2 partage   3 goûts   4 loisirs   5 m'informer   6 aurai mon bac en poche   7 sommes en couple   8 valeurs   9 dépend/dépendra   10 sociale   11 appartient   12 se définit   13 points communs   14 affirme   15 concrètes   16 active   17 ainsi qu'

Dossier A | Volet 1

(ê) s'allumer [salyme]	aufleuchten, angehen	La télé ~[1] toute seule !
annoncer qc [anɔ̃se]	etw. ankündigen, etw. mitteilen	Je vais vous ~ une bonne nouvelle !
confirmer qc [kɔ̃fiʀme] 🇬🇧 to confirm	etw. bestätigen	Pouvez-vous me ~ cette information ?
Noël [nɔɛl]	Weihnachten	J'adore recevoir des cadeaux de ~.
Pâques [pɑk] *f. pl.*	Ostern	À ~, les Martin cherchent des œufs en chocolat.
sage [saʒ] *m./f. adj.*	artig, brav *auch:* weise	Le petit a été très ~ toute la soirée.
exiger qc [ɛgziʒe]	etw. verlangen, fordern	Les élèves ~[2] des heures de cours plus courtes.

DOSSIER A

désirer qc [deziʀe]	etw. wünschen, etw. begehren	On ne reçoit pas toujours ce qu'on ~³.
être désolé/désolée (de qc) [ɛtʀədezɔle]	(etw.) leid tun, (etw.) bedauern	Je ~⁴, mais tu ne pourras pas participer à l'échange scolaire cette année.
satisfaire qn [satisfɛʀ]	jdn zufrieden stellen, jdn befriedigen *wird wie* faire *konjugiert* ▶ Verbes, p. 132	Je veux faire ce que je veux et pas seulement ~ les autres.
fou/folle de rage [fu/fɔldəʀaʒ]	rasend vor Wut	Estelle est rentrée tard. Ses parents étaient ~⁵.
⁽ᵉ⁾ **se retourner** [səʀəturne]	sich umdrehen	Ma mère ~⁶ pour voir où était mon petit frère.
⁽ᵉ⁾ **se mettre à** + *inf.* [səmɛtʀa] = commencer à	anfangen etw. zu tun, mit etw. anfangen	Il y a un an, Lou ~⁷ apprendre le chinois.
le cœur [ləkœʀ]	das Herz	Son ~ battait très fort, il avait peur.
mou/molle [mu/mɔl] *adj.*	weich	Ma pomme est trop ~⁸.
souhaiter qc [swete]	sich etw. wünschen, hoffen	Je ~⁹ que tous les élèves soient à l'heure.
le raté / la ratée [ləʀate/laʀate] *fam.*	der/die Versager/in	Ne me dis plus jamais que je suis un ~¹⁰ !
⁽ᵉ⁾ **s'asseoir** [saswaʀ]	sich (hin)setzen ▶ Verbes, p. 132	J'ai trouvé une chaise pour ~¹¹.
l'adulte [ladylt] *m./f.* ≠ l'enfant 🇬🇧 adult	der/die Erwachsene	Le monde des ~¹² n'est pas toujours drôle.
le pire / la pire [ləpiʀ/lapiʀ] *adj.*	der/die/das schlimmste *Superlativ zu* mauvais/mauvaise	C'était la ~ journée de ma vie !

Steigerung des Adjektivs *mauvais/mauvaise*
Adjektiv: **mauvais/mauvaise** = schlimm, schlecht
Komparativ: **pire**
Superlativ: **le pire / la pire**

Le dessert est **mauvais**.
Le plat était **pire**.
Le pire des plats, c'était l'entrée.

la remarque [laʀəmark]	die Anmerkung, der Kommentar	J'attends vos ~¹³.
j'ai failli + *inf.* [ʒefaji]	ich hätte/wäre fast	Quelle horreur ! ~¹⁴ perdre mon porte-monnaie.
avoir failli + *inf.* [avwaʀfaji]	etw. beinahe getan haben, kurz davor gewesen sein etw. zu tun	L'an dernier, mes parents ~¹⁵ aller en Chine.
croiser qn/qc [kʀwaze]	jdm/etw. begegnen, jdn/etw. treffen	Hier, Madame Darcel ~¹⁶ sa copine Claire.
le contraire [ləkɔ̃tʀɛʀ] 🇬🇧 contrary	das Gegenteil	Tout à l'heure, tu m'as dit le ~.
posséder qc [pɔsede]	etw. besitzen, über etw. verfügen	La plupart des gens ~¹⁷ trop de choses.
la force [lafɔʀs] 🇬🇧 force	die Kraft, die Gewalt	Je n'ai plus la ~ de continuer.

DOSSIER A

la justice [laʒystis] 🇬🇧 justice	die Gerechtigkeit	
défendre qn/qc [defɑ̃dʀ] 🇬🇧 to defend	jdn/etw. verteidigen, jdn/etw. schützen *wird wie* attendre *konjugiert* ▶ Verbes, p. 132	Il faut savoir ~ ses idées.
emmener qn/qc [ɑ̃mne]	jdn/etw. mitnehmen	Je pars en vacances et cette fois, j'~[18] mon chien.
en vouloir à qn [ɑ̃vulwaʀa]	jdm böse sein	Hier, Robert s'est moqué de Nadja. Elle lui ~[19] encore.
la prépa *fam.* / **la classe préparatoire** [laprepa/laklaspreparatwar]	*Vorbereitungskurs für die Aufnahme an einer Elitehochschule*	
la grande école [lagʀɑ̃dekɔl]	*französische Elitehochschule* ▶ Civilisation, p. 160	
la colère [lakɔlɛʀ]	die Wut, der Wutanfall	Les ~[20] de son père sont terribles.
le silence [ləsilɑ̃s] 🇬🇧 silence	das Schweigen, die Stille	Je déteste le ~. Ça me fait peur.
ailleurs [ajœʀ] *adv.*	anderswo(hin)	– On va au café d'en face ? – Non, on va ~.
bosser [bɔse] *fam.*	arbeiten, büffeln	Non, je ne peux pas venir avec vous, je dois ~ pour l'interro de maths.
craquer [kʀake] *fam.*	zusammenbrechen, aufgeben	Un jour, Laurent a ~[21] et il a mangé trois tablettes de chocolat.
souffrir (de qc) [sufʀiʀ]	(an/unter etw.) leiden *wird wie* offrir *konjugiert* ▶ Verbes, p. 132	
vivre en colocation [vivʀɑ̃kɔlɔkasjɔ̃]	in einer WG (Wohngemeinschaft) leben	Plus tard, Nora veut ~.
c'est pas gagné [sepagaɲe] *fam.* → gagner	*hier:* das ist noch lange nicht geschafft	Je voudrais faire des études de médecine, mais avec mes notes, ~.
le scooter [ləskutœʀ]	der Motorroller	Sophie prend souvent son ~ pour aller à l'école.
devoir qc à qn [dəvwaʀa]	jdm etw. schuldig sein, etw. schulden	Je te ~[22] encore cinq euros.
pousser [puse]	*hier:* wachsen	Mes cheveux ont ~[23] vite.
(ê) **se remettre de qc** [səʀəmɛtʀdə]	über etw. hinwegkommen, sich von etw. erholen	Fanny était malade le week-end dernier mais elle ~ vite ~[24].
soûler (ou saouler) qn [sule] *fam.*	*hier:* jdn nerven	Mon petit frère me ~[25] !

1 s'allume   2 exigent   3 désire   4 suis désolé/e   5 fous de rage   6 s'est retournée   7 s'est mise à   8 molle   9 souhaite   10 raté   11 m'asseoir   12 adultes   13 remarques   14 J'ai failli   15 ont failli   16 a croisé   17 possèdent   18 emmène   19 en veut   20 colères   21 craqué   22 dois   23 poussé   24 s'en est vite remise   25 soûle

DOSSIER A

Dossier A | Volet 2

la cité [lasite]	die (Hochhaus-)Siedlung, der Block	J'habite une ~ qui est à dix minutes de Paris.
la banlieue [labãljø]	die Vorstadt, der Vorort	J'ai grandi en ~ parisienne.
car [kaʀ]	denn	
être confronté/confrontée à qn/qc [ɛtʀəkɔ̃fʀɔ̃tea]	mit jdm/etw. konfrontiert sein	Quand on regarde le journal, on est souvent ~[1] des images fortes.
le chômage [ləʃomaʒ]	die Arbeitslosigkeit	Le ~, c'est difficile parce qu'on n'a pas beaucoup d'argent.
le 9-3 [lənœftʀwa] *fam.*	*Bezeichnung für das Département Seine-Saint-Denis im Nordosten von Paris, das die Nummer 93 trägt.*	
la nationalité [lanasjɔnalite]	die Staatsangehörigkeit	J'ai la ~ de mon pays d'origine.
à la fois [alafwa]	gleichzeitig	Les enfants parlent tous ~.
frustrant/frustrante [fʀystʀɑ̃/fʀystʀɑ̃t] *adj.* 🇬🇧 frustrating	frustrierend	C'est ~[2] de ne pas savoir ce qu'on veut faire plus tard.
déprimer (qn) [depʀime]	deprimiert sein, (jdn) deprimieren	On ~[3] parce que les vacances sont finies.
la connerie [lakɔnʀi] *fam.*	der Blödsinn, der Quatsch, die Dummheit	Daria raconte beaucoup de ~[4] quand elle est avec sa meilleure copine.
faire des conneries [fɛʀdekɔnʀi] *fam.*	Dummheiten machen, Mist bauen	Philippe et Max ~[5] quand ils s'ennuient.
traîner [tʀene] *fam.*	*hier:* abhängen, sich herumtreiben	Tim, je ne veux pas que tu ~[6] avec tes copains tous les soirs.
la Maison de la jeunesse [lamɛzɔ̃dəlaʒœnɛs]	der Jugendclub	– On se retrouve à 3 heures devant la ~? – D'accord!
le luxe [ləlyks] 🇬🇧 luxury	der Luxus	
juste [ʒyst] *adj.* 🇬🇧 just = seulement	nur, bloß	Tu as un moment? Je veux ~ te dire un truc.
ne ... plus rien [nə...plyʀjɛ̃]	nichts mehr	Je ~ vois ~. Il y a trop de gens devant moi!
se ficher de qn/qc [səfiʃedə] *fam.*	auf jdn/etw. pfeifen, sich lustig machen über jdn/etw.	Je ~[7] ce que pensent mes parents.
la bande [labɑ̃d]	die Bande, die Gruppe	Je n'aime pas les histoires de ~[8].

170 cent soixante-dix

DOSSIER A

criminel/criminelle [kʀiminɛl] adj. 🇬🇧 criminal	kriminell, strafbar	Tu ne peux pas faire ça. C'est ~9!
ça craint [sakʀɛ̃] fam.	das ist übel, das ist gefährlich	Je n'aime pas me promener dans ce quartier. ~!
s'en sortir [sɑ̃sɔʀtiʀ] fam.	hier: es schaffen, etw. aus sich machen	Je sais que tu vas ~10! Tu es fort.
scolaire [skɔlɛʀ] m./f. adj.	schulisch, Schul-	Mes livres ~11 sont trop gros pour mon sac.
glander [glɑ̃de] fam.	herumhängen, nichts tun	Je n'ai pas envie de faire mes devoirs. J'ai envie de ~.
grâce à [gʀɑsa]	dank	~ mon frère, j'ai réussi l'examen de maths.
avoir un déclic [avwaʀɛ̃deklik] fam.	bei jdm Klick machen	Hier, pendant le cours de maths, j'~12.
passer (un examen) [pase] 🇬🇧 to pass (an exam)	(eine Prüfung) ablegen	Est-ce qu'il faut ~ un examen pour devenir acteur?
le brevet [ləbʀəvɛ]	das (Abschluss-)Zeugnis, der Schein auch: der Mittlere Schulabschluss	Voilà le résultat de tout mon travail: j'ai eu mon ~!
le cas [ləkɑ] 🇬🇧 case	der Fall	Je croyais qu'il fallait être là à sept heures, mais ce n'est pas le ~.
la fac fam. **/ la faculté** [lafak/ lafakylte]	die Uni, die Universität, die Fakultät	Tim est fier d'aller faire ses études à la ~ de médecine de Paris.
exclure qn/qc [ɛksklyʀ] 🇬🇧 to exclude	jdn/etw. ausschließen ▶ Verbes, p. 132	Ce n'est pas sympa d'~ quelqu'un.
la façon de [lafasɔ̃də] + inf.	die Art etw. zu machen	Sa ~ photographier est spéciale.
la vanne [lavan] fam.	der (blöde) Spruch, der Witz	Il fait des ~13 tout le temps.
pour le moment [puʀləmɔmɑ̃]	im Augenblick	~, je reste à Paris.
le micro-trottoir [ləmikʀɔtʀɔtwaʀ]	die Straßenumfrage	Pour l'école, on a fait un ~ sur les préjugés.
l'émeute [lemøt] f.	der Aufstand	Les journaux ont beaucoup parlé des ~14.
fuir qn/qc [fɥiʀ]	vor jdm/etw. fliehen	Il faut ~ les situations dangereuses.
(ê) **mourir** [muʀiʀ] → la mort ≠ vivre	sterben ▶ Verbes, p. 132	Napoléon est ~15 en 1821.
être discriminé/discriminée [ɛtʀədiskʀimine]	diskriminiert werden	Personne ne veut ~.
(ê) **s'exprimer** [sɛkspʀime]	sich äußern, sich ausdrücken	Je sais bien ~16 en français.
les médias [lemedja] m. pl.	die Medien	Les ~ essaient toujours de montrer des images fortes.

DOSSIER A

l'évènement [levɛnmɑ̃] *m.*	das Ereignis	C'est l' ~ qui a changé ma vie.
le gouvernement [ləguvɛʀnəmɑ̃] 🇬🇧 government	die Regierung	Le ~ décide des lois.
améliorer qc [ameljɔʀe]	etw. verbessern	Il faut agir vite pour ~ la situation.
la condition [lakɔ̃disjɔ̃] 🇬🇧 condition	die Bedingung	Les ~[17] de travail sont dures.
évoluer [evɔlɥe] 🇬🇧 to evolve	sich (weiter-)entwickeln, sich (ver-)ändern	Son niveau en anglais n'a pas ~[18].
familial/familiale/familiaux *m. pl.* [familjal/familjo] *adj.* → la famille	familiär, Familien-	Les gens aiment cet hôtel pour son ambiance ~[19].
un/e … sur deux [ɛ̃/yn…syʀdø]	jede/r/s zweite	~ enfant ~ a une télé dans sa chambre.
la conséquence [lakɔ̃sekɑ̃s] 🇬🇧 consequence	die Folge	L'accident est resté sans ~.
le taux [lɔto]	die Quote	Le ~ de chômage est très haut dans cette région.
l'agence Pôle emploi [laʒɑ̃spolɑ̃mplwa] *f.*	das Jobcenter, die Arbeitsagentur	Si tu cherches du travail, va à l'~!
louche [luʃ] *m./f. adj. fam.*	verdächtig, dubios	Cette affaire est ~.
jurer (qc à qn) [ʒyʀe]	(jdm etw.) schwören	J'ai ~[20] à mes parents de leur dire la vérité.

▶ Hörtext

l'est [lɛst] *m.*	der Osten	L'~ du pays est magnifique. Le nord est moins joli.
mort/morte [mɔʀ/mɔʀt] *adj.* → la mort ≠ vivant, animé	tot, leblos, ausgestorben	Ce n'est pas animé, c'est ~[21].
mettre les pieds à + *lieu* [mɛtʀlepjea] *fam.*	einen Ort betreten, einen Fuß nach … setzen	Je n'~ jamais ~[22] Montpellier.
se la péter [səlapete] *fam.*	angeben	Il ~[23] trop!
profiter de qc [pʀɔfitedə]	etw. nutzen, etw. ausnutzen	Les parents d'élèves ~[24] la soirée pour poser beaucoup de questions.
coller une étiquette à qn/qc [kɔleynetikɛta]	jdm/etw. einen Stempel aufdrücken	Je n'aime pas qu'on me ~[25].

1 confronté à   2 frustrant   3 déprime   4 conneries   5 font des conneries   6 traînes   7 me fiche de   8 bandes   9 criminel   10 t'en sortir   11 scolaires   12 ai eu un déclic   13 vannes   14 émeutes   15 mort   16 m'exprimer   17 conditions   18 évolué   19 familiale   20 juré   21 mort   22 n'ai jamais mis les pieds à   23 se la pète   24 profitent de / ont profité de   25 colle une étiquette

Dossier A | Volet 3

(ê) s'indigner [sɛ̃diɲe]	sich empören	On ~1 contre la violence.
l'attitude [latityd] f. 🇬🇧 attitude	die Haltung, die Einstellung	Essaie d'avoir une ~ plus optimiste.
l'indifférence [lɛ̃difeʁɑ̃s] f. 🇬🇧 indifference	die Gleichgültigkeit	Il faut lutter contre l'~.
inacceptable [inakseptabl] m./f. adj. → accepter 🇬🇧 inacceptable	inakzeptabel	Cette décision politique est ~.
le/la SDF (sans domicile fixe) [lǝɛsdeɛf/laɛsdeɛf]	der/die Obdachlose	Un ~ n'a pas de logement.
absurde [apsyʁd] m./f. adj.	absurd	C'est une idée ~!
révolter qn [ʁevɔlte]	jdn empören	La guerre me ~2.
soutenir qn/qc [sutǝniʁ]	jdn/etw. unterstützen	Je ~3 l'argument de Joanne.
l'épicerie [lepisʁi] f.	das Lebensmittelgeschäft	Descends à l'~, s'il te plaît, et achète des tomates.
solidaire [sɔlidɛʁ] m./f. adj.	solidarisch	Je donne mes vieux vêtements pour une action ~ aux familles pauvres.
le don [lǝdɔ̃] → donner	die Spende, die Schenkung	Tous ces vêtements que vous voyez ici sont des ~4.
faire un don [fɛʁɛ̃dɔ̃]	spenden	Chaque année en hiver, ma famille ~5 pour une organisation qui aide les SDF.
le/la bénévole [lǝbenevɔl/labenevɔl]	der/die Ehrenamtliche, Freiwillige	Les ~6 travaillent sans gagner d'argent.
fatigant/fatigante [fatigɑ̃/fatigɑ̃t] adj. → fatigué	anstrengend, ermüdend	Les journées d'école peuvent être très ~7.
l'injustice [lɛ̃ʒystis] f. → juste	die Ungerechtigkeit	Aujourd'hui, l'~ sociale dans notre pays est grande.
se sentir concerné/concernée (par qc) [sǝsɑ̃tiʁkɔ̃sɛʁne]	sich (von etw.) betroffen fühlen	Pierre ~8 quand il voit un SDF.
la politique [lapɔlitik] → politique 🇬🇧 politics	die Politik	Audrey s'intéresse beaucoup à la ~.
sur le terrain [syʁlǝtɛʁɛ̃]	vor Ort	L'association envoie ses bénévoles ~.
le sac poubelle [lǝsakpubɛl]	der Müllsack	Après une grande fête, il faut de grands ~9!
éteindre qc [etɛ̃dʁ]	etw. ausschalten	On doit ~ la télévision quand on sort de chez soi.

cent soixante-treize

DOSSIER A

le slogan [ləslɔgã] 🇬🇧 slogan	der Slogan, der Spruch	Ce ~ politique est nul.
la lumière [lalymjɛʀ]	das Licht	La ~ est très belle sur cette photo.
l'inégalité [linegalite] f. → égal 🇬🇧 inequality	die Ungleichheit	Le gouvernement essaie de lutter contre l'~ des chances.
l'avocat m. / **l'avocate** f. [lavɔka/lavɔkat]	der Rechtsanwalt, die Rechtsanwältin	Mes parents cherchent un bon ~.
constater qc [kɔ̃state]	etw. feststellen	Je ~[10] que tu n'as toujours pas rangé ta chambre.
la lessive [lalesiv]	die Wäsche, das Waschmittel	Ne mets pas trop de ~. Ce n'est pas bon pour l'environnement.
l'égalité [legalite] f. ≠ l'inégalité 🇬🇧 equality	der Gleichstand, die Gleichheit, die Gleichberechtigung ▶ Civilisation, p. 160	Les équipes sont à ~! Deux à deux!
la fraternité [lafʀatɛʀnite] → frère	die Brüderlichkeit ▶ Civilisation, p. 160	La ~, c'est quand les gens s'aiment et se respectent comme des frères.
d'ailleurs [dajœʀ] adv.	übrigens	Je n'ai pas réussi a ouvrir la boîte. Papa non plus ~.
le mariage pour tous [ləmaʀjaʒpuʀtus]	Ehe für gleichgeschlechtliche Paare ▶ Civilisation, p. 160	
l'homosexuel m. / **l'homosexuelle** f. [lɔmɔsɛksyɛl] 🇬🇧 homosexual	der/die Homosexuelle	Les ~[11] ont longtemps lutté pour leur égalité sociale.
chaque chose en son temps [ʃakʃozɑ̃sɔ̃tɑ̃]	alles zu seiner Zeit	Je n'ai pas eu le temps de faire ce travail. ~.
égoïste [egɔist] m./f. adj.	egoistisch	Lucas ne pense qu'à lui. Il est ~.
avouer qc [avue]	etw. zugeben	Je ne vais pas ~ quelque chose que je n'ai pas fait!
le job [lədʒɔb] fam. = le travail 🇬🇧 job	der Job, die Stelle	Ma sœur a un bon ~: elle est médecin.
valoir la peine (de + inf.**)** [valwaʀlapɛn]	sich lohnen (etw. zu tun), etw. wert sein	Tu crois que cela ~[12] d'essayer?
l'élection [lelɛksjɔ̃] f. 🇬🇧 election	die Wahl	Les prochaines ~[13] européennes auront lieu dans deux mois.
le Front National [ləfʀɔ̃nasjɔnal]	der Front National rechtsextreme Partei in Frankreich ▶ Civilisation, p. 160	
refuser qc [ʀəfyze] 🇬🇧 to refuse	etw. ablehnen	Je ~[14] de me coucher avant 22 heures.

DOSSIER A | DOSSIER B

le préjugé [ləpʁeʒyʒe] 🇬🇧 prejudice	das Vorurteil	Tout le monde a des ~[15]. Mais il faut accepter de les corriger.
expulser qn [ɛkspylse] 🇬🇧 to expel	jdn ausweisen, abschieben	Les sans-papiers ont peur qu'on les ~[16].
raciste [ʁasist] m./f. adj. 🇬🇧 racist	rassistisch	Les propos ~[17] de notre voisin sont honteux.
le membre [ləmɑ̃bʁ] 🇬🇧 member	das Mitglied	J'aimerais être ~ d'un club de foot.
militant/militante [militɑ̃/militɑ̃t] adj.	aktiv, engagiert	Léo s'engage dans un parti politique. Il est très ~[18].
distribuer qc [distʁibye] 🇬🇧 to distribute	etw. verteilen, etw. austeilen	Le professeur ~[19] les feuilles.
le tract [lətʁakt]	das Flugblatt	Il y a trop d'informations sur ce ~.

1 s'indigne 2 révolte 3 soutiens 4 dons 5 fait un don 6 bénévoles 7 fatigantes 8 se sent concerné 9 sacs poubelle 10 constate 11 homosexuels 12 vaut la peine 13 élections 14 refuse 15 préjugés 16 expulse 17 racistes 18 militant 19 distribue

Dossier B | Mots en contexte

TIPP So können Sie die farbig markierten Wörter und Ausdrücke der *Mots en contexte* (p. 32) üben: Lesen Sie den Text noch einmal. Formulieren Sie zu jedem Wort bzw. Ausdruck mindestens zwei eigene Sätze, in denen das Wort bzw. der Ausdruck vorkommt. Notieren Sie Ihre Sätze und eine passende Übersetzung.

le royaume [ləʁwajom] → royal	das (König-)Reich	Un pays qui a un roi est un ~.
l'Afrique du Nord [lafʁikdynɔʁ] f.	Nordafrika	Le Maroc est un pays d'~.
faire partie de qc [fɛʁpaʁtidə] 🇬🇧 to be part of	zu etw. gehören, Teil sein von etw.	Sandro ~[1] mon équipe.
le territoire [lətɛʁitwaʁ]	das Gebiet, das Territorium	Attention, vous entrez dans mon ~.
le nord-ouest [lənɔʁwɛst]	der Nordwesten	Saint-Malo se trouve dans le ~ de la France.
les Berbères [lebɛʁbɛʁ] m./f. pl.	die Berber	Les Touaregs sont des ~.
l'Arabe [laʁab] m./f.	der Araber / die Araberin	Tous les ~[2] ne parlent pas le même arabe.
la diversité [ladivɛʁsite]	die Vielfalt	Au marché, on trouve une grande ~ de produits.
la plaine [laplɛn]	die Ebene, das Flachland	Derrière ces montagnes, commence la ~.
la chaîne [laʃɛn] 🇬🇧 chain	die Kette	Maintenant, il y a une ~ d'hôtels dans la région.

cent soixante-quinze

DOSSIER B

l'Atlas [latlɑs] *m.*	der Atlas ▶ Civilisation, p. 160	
l'est [lɛst] *m.*	der Osten	L'~ du pays est magnifique. Le nord est moins joli.
longer qc [lɔ̃ʒe]	an etw. entlanglaufen, an etw. entlangführen	La ligne du métro ~³ le fleuve sur dix kilomètres.
l'océan Atlantique [lɔseɑ̃atlɑ̃tik] *m.*	der atlantische Ozean	L'~ est souvent très froid, mais pas toujours.
politique [pɔlitik] *m./f. adj.* → la politique 🇬🇧 political	politisch	Cette décision ~ a été difficile à prendre.
la métropole [lametʀɔpɔl]	die Metropole, die Großstadt	Berlin est devenue une ~.
industriel/industrielle [ɛ̃dystʀijɛl] *adj.* 🇬🇧 industrial	industriell, Industrie-	Ce sont des produits ~⁴.
économique [ekɔnɔmik] *m./f. adj.* 🇬🇧 economical	wirtschaftlich	Ce produit connaît un succès ~ énorme.
culturel/culturelle [kyltyʀɛl] *adj.* 🇬🇧 cultural	kulturell	Beaucoup de gens font des voyages ~⁵.
nombreux/nombreuse [nɔ̃bʀø/nɔ̃bʀøz] *adj.* → le nombre	zahlreich	De ~⁶ familles viennent ici le week-end.
former qn/qc [fɔʀme]	jdn/etw. formen, jdn/etw. bilden	Ils ~⁷ deux équipes de six personnes.
historique [istɔʀik] *m./f. adj.*	historisch, geschichtlich	Le 14 juillet est une journée ~.
l'artisan *m.* / l'artisane *f.* [laʀtizɑ̃/laʀtizan]	der/die Handwerker/in, der/die (Handwerks-)Meister/in	Mon cousin est ~⁸ boulanger.
⁽ᵉ⁾se perdre (dans qc) [səpɛʀdʀ]	sich (in etw.) verlieren, sich (in etw.) verlaufen	C'est trop grand ici. On ~⁹ facilement.
le souk [ləsuk]	der Basar	Les touristes adorent les ~¹⁰ de Marrakech.
fertile [fɛʀtil] *m./f. adj.*	fruchtbar	Cette région de plaines est très ~.
cultiver qc [kyltive] → la culture 🇬🇧 to cultivate	etw. anbauen	Dans cette région, on ~¹¹ des fraises.
la clémentine [laklemɑ̃tin]	die Klementine, die Mandarine	En hiver, j'adore manger des ~¹².
produire qc [pʀɔdɥiʀ] → le produit 🇬🇧 to produce	etw. produzieren, etw. hervorbringen *wird wie* construire *konjugiert* ▶ Verbes, p. 132	Dans notre région, on ~¹³ beaucoup de fromage.
l'huile d'argan [lɥildaʀgɑ̃] *f.*	das Arganöl	L'~, c'est un produit de luxe marocain.
le sud [ləsyd]	der Süden	En été, ma famille part dans le ~ de la France.

DOSSIER B

l'oasis [lɔazis] f.	die Oase	Trouver une ~ dans le désert, c'est fantastique.
la dune [ladyn]	die Düne	Les enfants jouent dans les ~[14].
impressionnant/impressionnante [ɛ̃pʀesjɔnɑ̃/ɛ̃pʀesjɔnɑ̃t] adj. → impressionner	beeindruckend	Tout en haut du monument, la vue est ~[15].
la société [lasɔsjete] → social	die Gesellschaft	La ~ doit aider les pauvres.
caractériser qc/qn [kaʀakteʀize] → le caractère 🇬🇧 to characterise	etw./jdn beschreiben, etw./jdn kennzeichnen	~[16] le personnage principal du roman.
être composé/composée (de qc/qn) [ɛtʀəkɔ̃poze]	zusammengesetzt sein (aus etw./jdm)	Le groupe ~[17] de trois jeunes et deux adultes.
la minorité [laminɔʀite]	die Minderheit	Une ~ de Français parle breton.
européen/européenne [øʀɔpeɛ̃/øʀɔpeɛn] adj.	europäisch, Europa-	Dans beaucoup de pays ~[18] on peut payer en euros.
la tribu nomade [latʀibynɔmad] 🇬🇧 tribe	der Nomadenstamm	Les ~[19] voyagent beaucoup.
les Touaregs [letuaʀɛg] m./f. pl.	die Tuareg ▶ Civilisation, p. 160	Les ~ vivent dans le Sahara.
reconnaître qn/qc [ʀəkɔnɛtʀ] → connaître	jdn/etw. anerkennen	Les États-Unis ne ~[20] pas tous les diplômes européens.
l'administration [ladministʀasjɔ̃] f. 🇬🇧 administration	die Verwaltung, die Behörde	C'est l'~ de l'entreprise qui s'occupera de vos documents.
la confession [lakɔ̃fesjɔ̃]	die Konfession, das Bekenntnis	Je suis de ~ catholique.
musulman/musulmane [myzylmɑ̃/myzylman] adj.	muslimisch	Le monde ~[21] est grand.
engager qc [ɑ̃gaʒe]	hier: etw. einleiten	La police a ~[22] une enquête.
la réforme [laʀefɔʀm]	die Reform	Ils discutent des ~[23] sociales.
la démocratie [lademɔkʀasi] 🇬🇧 democracy	die Demokratie	En Allemagne, nous vivons dans une ~.
la justice sociale [laʒystissɔsjal]	die soziale Gerechtigkeit	On veut plus de ~ dans notre société !
grâce à [gʀɑsa]	dank	~ mon frère, j'ai réussi l'examen de maths.
le droit [lədʀwa]	das Recht	L'Allemagne est un État de ~.
demander qc [dəmɑ̃de]	etw. verlangen	Ils ~[24] l'égalité pour tous.
le divorce [lədivɔʀs] 🇬🇧 divorce	die (Ehe-)Scheidung	Mes parents ont demandé le ~.

DOSSIER B

l'éducation [ledykasjɔ̃] *f.* 🇬🇧 education	die Erziehung, die Bildung	Les parents et les professeurs s'occupent de l'~ des enfants.
la priorité [laprijɔrite] *f.* 🇬🇧 priority	die Priorität, der Vorrang	L'école n'est pas très importante pour moi. J'ai d'autres ~25.
l'analphabétisme [lanalfabetism] *m.*	der Analphabetismus	L'~ est encore un problème dans notre pays.
réduire qc [redɥir]	etw. reduzieren, etw. verringern	On a pu ~ le nombre d'accidents graves, cette année.
la modernisation [lamɔdɛrnizasjɔ̃] → moderne	die Modernisierung	Les habitants de cette ville veulent une ~ depuis longtemps.
la politique [lapɔlitik] → politique	die Politik	Je m'intéresse à la ~. J'espère changer les choses.
les travaux [letravo] *m. pl.* → travailler	die Bauarbeiten	Les ~ sur l'autoroute vont durer jusqu'en septembre.
le TGV *(Train à grande vitesse)* [ləteʒeve]	der TGV *französischer Hochgeschwindigkeitszug*	Le ~ pour Paris part dans dix minutes.
installer qc [ɛ̃stale]	etw. einrichten, etw. installieren	Ça y est, le téléphone est ~26.
le tramway [lətramwɛ]	die Straßenbahn, die Tram	Fais vite, – le ~ arrive!
le moyen de transport [ləmwajɛ̃dətrɑ̃spɔr]	das Verkehrsmittel, das Transportmittel	Le vélo, le train et le bus, sont des ~27.
le taxi [lətaksi]	das Taxi	On est rentrés en ~.
ne ... pas ... pour autant [nəpapurɔtɑ̃]	trotzdem nicht, deswegen nicht	Elle travaille beaucoup, mais elle ~ gagne ~ énormément d'argent ~28.

1 fait partie de 2 Arabes 3 longe 4 industriels 5 culturels 6 nombreuses 7 forment 8 artisan 9 se perd 10 souks 11 cultive 12 clémentines 13 produit 14 dunes 15 impressionnante 16 Caractérisez 17 est composé 18 européens 19 tribus nomades 20 reconnaissent 21 musulman 22 engagé 23 réformes 24 demandent 25 priorités 26 installé 27 moyens de transport 28 ne gagne pas énormément d'argent pour autant

Dossier B | Volet 1

emmener qn/qc [ɑ̃mne]	jdn/etw. mitnehmen	Le père ~1 ses enfants à son travail.
la boîte (de nuit) [labwatdənɥi]	der (Nacht-)Club	On sort en ~ samedi soir? J'ai envie de danser.
les affaires [lezafɛr] *f. pl.*	die Geschäfte	Les ~ vont mal.
frapper qn [frape]	*hier:* jdn beeindrucken	Ce qui m'a ~2, ce sont les couleurs du paysage.
dater de ... [datedə] + *Zeit*	aus ... stammen *zeitlich*	Cette idée ~3 années 1920.
la mosquée [lamɔske]	die Moschee	La ~ de Casablanca est magnifique.

DOSSIER B

le sien / la sienne [ləsjɛ̃/lasjɛn]	sein(e)s, ihr(e)s, der/die/das Seine, der/die/das Ihre *Possessivpronomen*	– C'est le cahier de Sandra? – Non, ~4 est sur son bureau, regarde!
le quartier des Habbous [ləkaʁtjedeabu]	das Habou-Viertel *im Süden Casablancas*	
le labyrinthe [ləlabiʁɛ̃t]	das Labyrinth	La vieille ville est un vrai ~.
le tapis [lətapi]	der Teppich	Il y a un magasin de ~ près de la mosquée.
le foulard [ləfulaʁ]	das Halstuch, das Kopftuch	Ma grand-mère porte toujours un ~ rouge.
le bijou / ❗ les bijoux *m. pl.* [ləbiʒu/lebiʒu]	das Schmuckstück	Ma grand-mère aime bien me montrer ses ~5.
la poterie [lapɔtʁi]	die Töpferware, die Töpferei, das Töpfern	En cours de ~, ma mère m'a fait une assiette.
la babouche [lababuʃ]	*orientalischer Lederpantoffel*	À la maison, ma sœur se balade en ~6.
le cuir [ləkɥiʁ]	das Leder	Mes nouvelles chaussures en ~ sont super agréables aux pieds.
sans [sɑ̃] + *inf.*	ohne etw. zu tun	Je ne voudrais pas vivre ~ aimer.
l'étape [letap] *f.*	die Etappe, das Etappenziel	La prochaine ~ de mon voyage sera Paris.
la place Djemaa El Fna [laplasdʒemaɛlfna]	der Jamaa El Fna Platz *großer Platz in Marrakech*	
la djellaba [ladʒelaba]	die Dschellaba *weites Kapuzengewand aus dem Maghreb*	Des hommes en ~ discutent sur la place Djemaa El Fna.
le danseur / la danseuse [lədɑ̃sœʁ/ladɑ̃søz] → danser 🇬🇧 dancer	der/die Tänzer/in	Mon frère voudrait devenir ~7.
le mien / la mienne [ləmjɛ̃/lamjɛn]	meins/meine/meiner, der/die/das Meine *Possessivpronomen*	– C'est mon livre d'anglais? – Non, c'est ~8.
rouler [ʁule]	rollen, fahren	Ils prennent la voiture et ~9 vers le centre-ville.
vers [vɛʁ]	auf ... zu, in Richtung von jdn/etw. *örtlich*	Il est venu ~ moi et m'a donné mon cadeau.
le verger [ləvɛʁʒe]	der Obstgarten	Ces pommes viennent du ~ de mes grands-parents.
le mètre carré (le m²) [ləmɛtʁkaʁe]	der Quadratmeter	J'habite dans une chambre de 16 ~10.
la terre [latɛʁ] → le territoire	der Boden, die Erde, *auch:* die Welt	La ~ de mon jardin est fertile.

DOSSIER B

étroit/étroite [etʀwa/etʀwat] *adj.*	eng, schmal	Ma chaussure droite est trop ~11.
multicolore [myltikɔlɔʀ] *m./f. adj.*	vielfarbig, bunt	J'aime porter des vêtements ~12.
l'arrière-plan [laʀjɛʀplɑ̃] *m.*	der Hintergrund	Sur cette photo, à l'~, c'est le Haut-Atlas.
l'altitude [laltityd] *f.*	die Höhe	Nous nous trouvons à une ~ de 2500 m.
l'antenne satellite [lɑ̃tɛnsatelit] *f.*	die Satellitenantenne	Quand il y a trop d'~13 sur les maisons, c'est moche.
l'électricité [lelɛktʀisite] *f.* 🇬🇧 electricity	der Strom	Plein de choses ne marchent qu'à l'~.
le mode de vie [ləmɔddəvi]	die Lebensart, die Lebensweise	Mes grands-parents ont un ~ très moderne.
le contact [ləkɔ̃takt] 🇬🇧 contact	der Kontakt	J'ai gardé le ~ avec mon professeur de maths.
la pièce [lapjɛs]	*hier:* der Raum, das Zimmer	Mon appartement a trois ~14.
le coussin [ləkusɛ̃] 🇬🇧 cushion	das Kissen	Ma mère a posé le nouveau ~ sur mon lit.
le thé à la menthe [lətealamɑ̃t]	*schwarzer Tee mit frischen Pfefferminzblättern*	
poli/polie [pɔli] *adj.* 🇬🇧 polite	höflich	Mon père nous demande d'être ~15 avec les vieilles personnes.
refuser qc [ʀəfyze] 🇬🇧 to refuse	etw. ablehnen	Je ~16 de me coucher avant 22 heures.
le tajine [lətaʒin]	die Tajine *Schmorgericht der nordafrikanischen Küche*	J'adore le ~ de ma mère.
le couscous [ləkuskus]	der Couscous *Hartweizengries und auch nordafrikanisches Gericht (Couscousgries mit Brühe, Gemüse, evtl. Fleisch oder Fisch)*	Ma grand-mère fait le meilleur ~ du village.

le miel [ləmjɛl]	der Honig	Le matin, je mets du ~ sur ma tartine.
toucher qn/qc [tuʃe] 🇬🇧 to touch	jdn/etw. berühren, jdn/etw. tief bewegen	La dernière scène du film me ~17 beaucoup.

DOSSIER B

pousser [puse] = grandir	*hier:* wachsen	Mes cheveux ont ~[18] vite.
l'arganier [laʀganje] *m.*	der Arganbaum	Au Marcoc, on cultive des ~[19].
la coopérative [lakɔɔpeʀativ]	die Genossenschaft	À la ~, on peut acheter du très bon lait.
la machine [lamaʃin] 🇬🇧 machine	die Maschine	Les ~[20] nous aident dans la vie quotidienne.
fabriquer qc [fabʀike]	etw. herstellen	Cette usine ~[21] des vêtements.
(é)s'émanciper [semɑ̃sipe]	sich emanzipieren, sich befreien	Chez nous, les femmes ~[22] il y a déjà longtemps.
marcher [maʀʃe]	gehen, funktionieren	Il ne ~[23] pas, ton téléphone? Je n'entends rien.
faire un tour [fɛʀɛ̃tuʀ]	spazieren gehen, eine Runde drehen	On ~[24] en ville?

1 emmène 2 frappé 3 date des 4 le sien 5 bijoux 6 babouches 7 danseur 8 le mien 9 roulent 10 mètres carrés / m² 11 étroite 12 multicolores 13 antennes satellite 14 pièces 15 polis 16 refuse 17 touche 18 poussé 19 arganiers 20 machines 21 fabrique 22 se sont émancipées 23 marche 24 fait un tour

Dossier B | Volet 2

le sable [ləsabl]	der Sand	À la plage, les enfants jouent dans le ~.
le passionné / la passionnée [ləpasjɔne/lapasjɔne] → la passion	der/die Liebhaber/in, der Frau	Je suis une ~[1] de mode.
le collaborateur / la collaboratrice [ləkɔlabɔʀatœʀ/lakɔlabɔʀatʀis]	der/die Mitarbeiter/in	Votre ~ m'a envoyé les papiers.
la course [lakuʀs] → courir	der Lauf, das Rennen	Je m'entraîne pour la ~ qui aura lieu cet été.
le coureur / la coureuse [ləkuʀœʀ/lakuʀøz] → la course	der/die Läufer/in	Après les premiers kilomètres, les ~[2] avaient soif.
distribuer qc [distʀibɥe] 🇬🇧 to distribute	etw. verteilen, etw. austeilen	Le professeur ~[3] les feuilles.
la nationalité [lanasjɔnalite] → national 🇬🇧 nationality	die Staatsangehörigkeit, die Nationalität	J'ai la ~ allemande.
la température [latɑ̃peʀatyʀ] 🇬🇧 temperature	die Temperatur	Il ne fait pas trop chaud, les ~[4] sont agréables.
solidaire [sɔlidɛʀ] *m./f. adj.*	solidarisch	Je donne mes vieux vêtements pour une action ~ aux familles pauvres.

DOSSIER B

la médaille [lamedaj] 🇬🇧 medal	die Medaille	Vous allez recevoir votre ~ tout à l'heure.
plein/pleine [plɛ̃/plɛn] *adj.*	voll	La salle est ~5. Il n'y a plus de place!
l'émotion [lemosjɔ̃] *f.*	das Gefühl, die Aufregung	Mon père montre ses ~6.
minimum [minimɔm] *adj. inv.*	minimal, Mindest-(maß an)	Je devrais faire plus que le travail ~.
pour le moment [puʀləmɔmɑ̃]	im Augenblick	~, je reste à Paris.
le sac à dos [ləsakado]	der Rucksack	Tu veux que je porte ton ~?
⁽ᵉ⁾ **s'habituer à qc** [sabitɥea] → l'habitude	sich an etw. gewöhnen	Mon frère ~ vite ~7 sa nouvelle école.
critique [kʀitik] *m./f. adj.* 🇬🇧 critical	kritisch	Il y a eu des questions ~8 après la présentation.
complètement [kɔ̃plɛtmɑ̃] 🇬🇧 completely	vollständig, ganz	Quelle horreur! J'ai ~ oublié mon examen!
fou/folle [fu/fɔl] *adj.* → le fou	verrückt, wahnsinnig	Je trouve ton idée complètement ~9.
le camion [ləkamjɔ̃]	der Lastwagen, der LKW	Je ne vois rien: il y a un ~ devant moi.
polluer qc [pɔlɥe] 🇬🇧 to pollute	etw. verschmutzen	Les avions ~10 l'air. C'est pourquoi je préfère voyager en train.
l'environnement [lɑ̃viʀɔnmɑ̃] *m.* 🇬🇧 environment	die Umwelt	L'~ est en danger. Nous devons faire plus d'efforts pour le protéger.
la santé [lasɑ̃te]	die Gesundheit	Ma grand-mère est en bonne ~. Elle joue encore au foot!
juste [ʒyst] *adv.* = seulement 🇬🇧 just	nur, bloß	Tu as un moment? Je veux ~ te dire un truc.
coûter cher [kuteʃɛʀ]	viel kosten, teuer sein	Avoir une voiture, ça ~11.
le sponsor [ləspɔ̃sɔʀ]	der/die Sponsor/in	Le ~ a dépensé beaucoup d'argent pour l'équipe.
financer qc [finɑ̃se]	etw. finanzieren	Le match ~12 par une grande marque de voiture.
profiter de qc [pʀɔfitedə] 🇬🇧 to profit	etw. nutzen, etw. ausnutzen	Les parents d'élèves ~13 la soirée pour poser beaucoup de questions.
connu/connue [kɔny] *adj.* → connaître	bekannt	C'est un joueur de foot très ~14!
l'association caritative [lasɔsjasjɔ̃kaʀitativ] *f.* 🇬🇧 to care	der Wohlfahrtsverband	Une ~ aide les gens.
en effet [ɑ̃nefɛ]	tatsächlich, in der Tat	~, j'ai arrêté de faire du judo.

DOSSIER B

soutenir qn/qc [sutəniʀ]	jdn/etw. unterstützen *wird wie* venir *konjugiert* ▶ Verbes, p. 132	Je ~[15] l'équipe de France.
humanitaire [ymaniteʀ] m./f. adj.	humanitär, menschenfreundlich	L'aide ~ peut sauver des vies.
défavorisé/défavorisée [defavɔʀize] adj.	benachteiligt	Quelques jeunes de l'équipe nationale viennent d'une famille ~[16].
concerner qn/qc [kɔ̃sɛʀne]	jdn/etw. betreffen	Ma question ~[17] l'échange scolaire.
le développement durable [lədevəlɔpmɑ̃dyʀabl]	die Nachhaltigkeit	Pour protéger la nature, nous avons besoin d'un ~.
le matériel scolaire [ləmateʀjɛlskɔlɛʀ]	das Schulmaterial	Tous les élèves ont besoin de ~.
les équipements sanitaires [lezekipmɑ̃saniteʀ] m. pl.	die Sanitäranlagen	Les ~ de mon école ne sont pas du tout modernes.

1 passionnée 2 coureurs 3 distribue 4 températures 5 pleine 6 émotions 7 s'est vite habitué à 8 critiques 9 folle
10 polluent 11 coûte cher 12 est financé 13 profitent de / ont profité de 14 connu 15 soutiens 16 défavorisée 17 concerne

Dossier B | Volet 3

(ê) **venir voir** qn [vəniʀvwaʀ]	jdn besuchen kommen	Ma grand-mère est heureuse quand elle ~ me ~[1].
deviner qc [dəvine]	etw. erraten, ahnen	Je ~[2] souvent ce que mon petit frère pense.
le salon [ləsalɔ̃] = la salle de séjour	das Wohnzimmer	Le soir, nous regardons la télé dans le ~.
le silence [ləsilɑ̃s] 🇬🇧 silence	das Schweigen, die Stille	Il parle tout le temps. On dirait qu'il a peur du ~.
gêné/gênée [ʒene] adj.	verlegen, betreten	Saïd avait l'air ~[3].
la réputation [laʀepytasjɔ̃] 🇬🇧 reputation	der Ruf	Ce médecin a une bonne ~, tu peux lui faire confiance.
le/la fonctionnaire [ləfɔ̃ksjɔnɛʀ/ lafɔ̃ksjɔnɛʀ]	der Beamte / die Beamtin	Mon oncle est un haut ~.
interrompre qn/qc [ɛ̃teʀɔ̃pʀ] 🇬🇧 to interrupt	jdn/etw. unterbrechen ▶ Verbes, p. 132	Il parlait de ses vacances et elle l'a ~[4].
l'instituteur/l'institutrice [lɛ̃stitytœʀ/lɛ̃stitytʀis]	der/die Grundschullehrer/in	Mon ~[5] est trop cool. Elle nous a montré des numéros de magie!
soupirer [supiʀe]	seufzen	Le vieil homme ~[6]: «Je suis fatigué!»
couper la parole à qn [kupelapaʀɔla] = interrompre	jdm ins Wort fallen	Il me ~[7] tout le temps! Il n'est pas gentil.
mener qn/qc [məne]	jdn/etw. leiten, etw. führen	Thomas ~[8] le jeu pendant tout le match.

DOSSIER B

l'**espoir** [lɛspwaʀ] *m.*	die Hoffnung	L'~ fait vivre.
le **bonheur** [ləbɔnœʀ]	das Glück	J'ai retrouvé mon amie d'enfance. Quel ~!
l'**humeur** [lymœʀ] *f.*	die Laune, die Stimmung	Ce matin, je suis de mauvaise ~.
faire semblant de [fɛʀsɑ̃blɑ̃də] + *inf.*	so tun als würde man etw. tun	Je ~[9] dormir.
jeûner [ʒøne]	fasten	Ne rien manger, ça s'appelle ~.
évoquer qn/qc [evɔke]	jdn/etw. erwähnen, an jdn/etw. erinnern	Pendant l'interview, il ~[10] son séjour en Allemagne.
le **fou rire** [ləfuʀiʀ]	der Lachanfall	Hier, on a eu un ~ dans le métro, on ne pouvait plus s'arrêter.
par terre [paʀtɛʀ]	auf dem/den Boden	Il était très énervé, il a jeté son portable ~.
protester [pʀɔtɛste] 🇬🇧 to protest	protestieren	Je n'étais pas d'accord, alors j'ai ~[11].
apprécier qn/qc [apʀesje] = aimer qn/qc 🇬🇧 to appreciate	jdn/etw. schätzen, jdn/etw. mögen	J'~[12] les belles choses.
effectuer une démarche [efɛktɥeyndemaʀʃ]	einen Schritt unternehmen	Je vais ~ toutes les ~[13] pour arriver à mon but.
récompenser qn/qc [ʀekɔ̃pɑ̃se]	jdn/etw. belohnen, jdn/etw. auszeichnen	Ma mère me ~[14] pour mes bonnes notes en anglais.
hocher la tête [ɔʃelatɛt]	nicken	Il ~[15] pour me dire oui.
appartenir à qn/qc [apaʀtəniʀa]	jdm gehören, etw. angehören *wird wie* venir *konjugiert* ▶ Verbes, p.132	Je fais très attention à ce vélo. Il était à mon père et maintenant il m'~[16].
la **bouche** [labuʃ]	der Mund	Pour manger, il faut ouvrir la ~.
le **veuf** / la **veuve** [ləvœf/lavœv]	der Witwer / die Witwe	Une ~[17] est une femme qui a perdu son mari.
la **gamine** [lagamin] *fam.* = petite fille	das kleine Mädchen	Cette ~ est triste: elle a perdu son ballon.
le **patriarche** [ləpatʀijaʀʃ]	der Patriarch	Mon grand-père est un vrai ~: c'est lui qui décide.
le **geste** [ləʒɛst] 🇬🇧 gesture	die Geste, die Handbewegung	On se comprend à l'aide de ~[18].
autoriser qn **à faire** qc [otɔʀizeafɛʀ]	jdm erlauben etw. zu tun	Mes parents ne vont jamais m'~ dormir chez toi.
autoriser qc [otɔʀize]	etw. erlauben	La loi marocaine ~[19] le divorce.
adresser la parole à qn [adʀɛselapaʀɔla]	jdn ansprechen, mit jdm reden	Pourquoi est-ce que tu ne m'~ pas ~[20]? Tu es en colère?

étonner qn [etɔne]	jdn überraschen, erstaunen, wundern	Ça m'~²¹ qu'il soit parti sans ses affaires.
être contrarié/contrariée (par qc/qn) [ɛtʀəkɔ̃tʀaʀje]	(wegen etw./jdm) verärgert sein	Depuis notre discussion, il ~²².
secouer la tête [səkwelatɛt]	den Kopf schütteln	Quand je ne peux pas dire «non», je ~²³.
concevoir qc [kɔ̃səvwaʀ]	*hier:* sich etw. vorstellen, etw. begreifen *wird wie* décevoir *konjugiert* ▶ Verbes, p. 132	Je ne suis pas capable de ~ mon avenir comme adulte.
commun/commune [kɔmɛ̃/kɔmyn] *adj.*	gemeinsam	La vie ~²⁴ avec mes parents se passe bien.

1 vient me voir 2 devine 3 gêné 4 interrompu 5 institutrice 6 soupire 7 coupe la parole 8 mène 9 fais semblant de 10 évoque / a évoqué 11 protesté 12 apprécie 13 effectuer toutes les démarches 14 récompense 15 a hoché la tête / hoche la tête 16 appartient 17 veuve 18 gestes 19 autorise 20 adresses plus la parole 21 étonne 22 est contrarié 23 secoue la tête 24 commune

Dossier C | Mots en contexte

TIPP So können Sie die farbig markierten Wörter und Ausdrücke der *Mots en contexte* (p. 54) üben: Lesen Sie den Text noch einmal. Formulieren Sie zu jedem Wort bzw. Ausdruck mindestens zwei eigene Sätze, in denen das Wort bzw. der Ausdruck vorkommt. Notieren Sie Ihre Sätze und eine passende Übersetzung.

uni/unie [yni] *adj.*	vereint	
la diversité [ladivɛʀsite]	die Vielfalt	Au marché, on trouve une grande ~ de produits.
européen/européenne [øʀɔpeɛ̃/øʀɔpeɛn] *adj.* → l'Europe	europäisch, Europa-	Dans beaucoup de pays ~¹, on peut payer en euros.
le membre [ləmɑ̃bʀ] 🇬🇧 member	das Mitglied	J'aimerais être ~ d'un club de foot.
l'Union européenne (UE) [lynjɔ̃øʀɔpeɛn] *f.*	die Europäische Union ▶ Civilisation, p. 160	Les pays de l'~ discutent sur les questions de demain.
l'union [lynjɔ̃] *f.*	die Vereinigung, der Bund, der Zusammenhalt	Le mariage est une ~.
âgé/âgée de … ans [ɑʒedə…ɑ̃] *adj.*	… Jahre alt	J'ai deux frères, ~² de 5 et 10 ans.
l'emploi [lɑ̃plwa] *m.*	die Arbeitsstelle, die Beschäftigungslage	Laure cherche un ~ dans le domaine de la télévision.
la révolution numérique [laʀevɔlysjɔ̃nymeʀik]	die digitale Revolution	La ~ a commencé dans les années 1990.
le développement [lədevəlɔpmɑ̃] → se développer	die Entwicklung	L'OFAJ s'engage pour le ~ des relations franco-allemandes.

DOSSIER C

le développement durable [lədevələpmɑ̃dyʀabl]	die Nachhaltigkeit	Pour protéger la nature, nous avons besoin d'un ~.
la valeur [lavalœʀ] 🇬🇧 value	der Wert	Mon frère et moi, nous n'avons pas les mêmes ~[3].
interroger qn [ɛ̃teʀɔʒe]	jdn befragen	La police a ~[4] des témoins.
être exclu/e (de qc) [ɛtʀɛksklydə]	(von etw.) ausgeschlossen sein	Pourquoi Max est-il ~ du club de natation?
économique [ekɔnɔmik] *m./f. adj.* → l'économie 🇬🇧 economical	wirtschaftlich	Ce produit a eu un succès ~ énorme.
social/sociale/sociaux *m. pl.* [sɔsjal/sɔsjo] *adj.* 🇬🇧 social	sozial, gesellschaftlich	La structure ~[5] change: il y a moins de naissances que pendant les années 1950.
la crise [lakʀiz] 🇬🇧 crisis	die Krise	Leur relation traverse une ~.
le système éducatif [ləsistɛmedykatif]	das Bildungssystem	Le ~ des années 1960 était très différent de celui d'aujourd'hui.
être obligé/obligée de [ɛtʀɔbliʒedə] + *inf.*	gezwungen sein etw. zu tun, etw. tun müssen	De temps en temps, je ~[6] de faire mes devoirs dans la cuisine.
le numérique [lənymeʀik]	die Informationstechnologie (IT)	Mon père travaille dans le ~.
à venir [avəniʀ]	kommend	Dans les semaines ~, on aura beaucoup de travail.
le web [ləwɛb]	das Internet	Arrête de passer tout ton temps sur le ~.
le réseau social / ❗ **les réseaux sociaux** [ləʀezosɔsjal/leʀezosɔsjo]	das soziale Netzwerk	Mes copains et moi, on chatte tous les soirs sur les ~[7].
l'effet [lefɛ] *m.* 🇬🇧 effect	der Effekt, die Auswirkung	Ce documentaire a eu un ~ positif sur la vie des sans-papiers.
la démocratie [lademɔkʀasi] 🇬🇧 democracy	die Demokratie	En Allemagne, nous vivons dans une ~.
le débat [lədeba] 🇬🇧 debate	die Debatte	Les élèves préparent un ~ sur le système éducatif.
public/publique [pyblik] *adj.* 🇬🇧 public	öffentlich, staatlich	Mon lycée est un lycée ~[8].
alors que [alɔʀkə]	obwohl, wohingegen	Pourquoi est-ce qu'elle pleure ~[9] elle devrait être contente?
représenter qc [ʀəpʀezɑ̃te] 🇬🇧 to represent	etw. darstellen, bedeuten	Que ~[10] ce symbole?
le risque [ləʀisk] 🇬🇧 risk	das Risiko	J'aime prendre des ~[11].

DOSSIER C

les données [ledɔne] *f. pl.*	die Daten	Remplis ce document avec tes ~ personnelles.
l'avantage [lavɑ̃taʒ] *m.*	der Vorteil, der Nutzen	Un ~ de travailler est de gagner de l'argent.
appartenir à qn/qc [apaʀtəniʀ]	jdm gehören, etw. angehören *wird wie* venir *konjugiert* ▶ Verbes, p. 132	Je fais très attention à ce vélo. Il était à mon père et maintenant il m'~.[12]
globalisé/globalisée [glɔbalize] *adj.*	globalisiert	Les produits qu'on peut acheter au supermarché montrent que notre monde est ~.
la force [lafɔʀs] → fort 🇬🇧 force	die Kraft	Mon frère a une ~ incroyable: il porte des objets de plus de 80 kilos.
voter [vɔte] 🇬🇧 to vote	wählen	Si tu veux participer à la vie sociale, il faut aller ~.
l'élection [lelɛksjɔ̃] *f.*	die Wahl	Le jour des ~[13], ils vont voter.
adopter qn/qc [adɔpte]	jdn/etw. adoptieren, jdn/etw. annehmen, jdn/etw. übernehmen	À 40 ans, il a ~[14] de nouvelles attitudes.
le geste [lɔʒɛst] 🇬🇧 gesture	die Geste, die Handbewegung, *hier:* der Handgriff	Dans le théâtre, les ~[15] sont très importants.
l'environnement [lɑ̃viʀɔnmɑ̃] *m.* 🇬🇧 environment	die Umwelt, das Umfeld	Il faut protéger l'~.
le réchauffement climatique [ləʀeʃofmɑ̃klimatik] → chaud	die Klimaerwärmung	Il faut agir contre le ~.
faire le tri sélectif [fɛʀlətʀiselɛktif]	den Müll trennen	Mon père m'a expliqué comment ~.
économiser (qc) [ekɔnɔmize]	(etw.) sparen	Depuis que j'ai six ans, j'~[16] pour m'acheter un cheval.
l'énergie [lenɛʀʒi] *f.*	die Energie	Chaque matin, il me faut beaucoup d'~ pour me lever.
renouvelable [ʀənuvlabl] *m./f. adj.* → nouveau	erneuerbar	À l'avenir, les énergies doivent toutes être ~[17].
garantir qc à qn [gaʀɑ̃tiʀ] 🇬🇧 to guarantee	jdm etw. garantieren *wird wie* réagir *konjugiert* ▶ Verbes, p. 132	Je vous ~[18] que je ne vous donnerai pas de devoirs pendant les vacances.
énergétique [enɛʀʒetik] *m./f. adj.* → l'énergie	Energie-	
avant tout [avɑ̃tu]	vor allem	~, j'aimerais dire merci à ma famille et mes amis.
défendre qn/qc [defɑ̃dʀ] 🇬🇧 to defend	jdn/etw. verteidigen *wird wie* attendre *konjugiert* ▶ Verbes, p. 132	Il faut savoir ~ ses idées.

DOSSIER C

les droits de l'homme [ledʀwadələm] *m. pl.*	die Menschenrechte	Tout le monde devrait respecter les ~.
la liberté d'expression [lalibɛʀtedɛkspʀesjɔ̃] → libre	die Meinungsfreiheit	Il faut défendre la ~.
l'égalité [legalite] *f.* 🇬🇧 equality	der Gleichstand, die Gleichheit, die Gleichberechtigung	Les équipes sont à ~! Deux à deux!
l'égalité homme-femme [legaliteɔmfam] *f.* → être égal	die Gleichberechtigung von Mann und Frau	Nous voulons avoir l'~ dans tous les domaines.

1 européens 2 âgés 3 valeurs 4 interrogé 5 sociale 6 suis obligé/e 7 réseaux sociaux 8 public 9 alors qu'
10 représente 11 risques 12 appartient 13 élections 14 adopté 15 gestes 16 économise 17 renouvelables 18 garantis

Dossier C | Volet 1

nombreux/nombreuse [nɔ̃bʀø/nɔ̃bʀøz] *adj.*	zahlreich	Ses fans sont ~¹.
scientifique [sjɑ̃tifik] *m./f. adj.* 🇬🇧 scientific	wissenschaftlich	Mon père travaille dans le domaine ~.
entre-temps [ɑ̃tʀətɑ̃]	inzwischen	~, elle a changé d'emploi.
Francfort-sur-le-Main [fʀɑ̃kfɔʀsyʀləmɛ̃]	Frankfurt am Main	
le TGV (Train à grande vitesse) [ləteʒeve]	der TGV *französischer Hochgeschwindigkeitszug*	Le ~ pour Paris part dans dix minutes.
quitter qn/qc [kite]	jdn/etw. verlassen	Laura a ~² son petit ami.
le contrôle [ləkɔ̃tʀol]	die Kontrolle	À Lyon, il y a beaucoup de ~³ dans le métro.
le contrôleur / la contrôleuse [ləkɔ̃tʀolœʀ/lakɔ̃tʀoløz]	der Kontrolleur / die Kontrolleurin	La ~⁴ a l'air sympathique.
en effet [ɑ̃nefɛ]	in der Tat, tatsächlich	-On se connaît, non? - ~, je me souviens de toi.
le domaine des transports [lədɔmɛndetʀɑ̃spɔʀ]	das Verkehrswesen	Je m'intéresse au ~.
la SNCF (Société nationale des chemins de fer français) [laɛsɛnseɛf]	die SNCF *staatliche französische Eisenbahngesellschaft*	Tous les trains français appartiennent à la ~.
desservir qc [desɛʀviʀ]	etw. anfahren, halten in	Le train ~⁵ trois villes entre Paris et Orléans.
Munich [mynik]	München	~ se trouve dans le sud de l'Allemagne.

DOSSIER C

Sarrebruck [saʁbʁyk]	Saarbrücken	De ~ à Paris, en met moins de 2 heures en ICE.
via [vja]	via, über	Le train va de Nice à Paris ~ Marseille.
parmi [paʁmi]	unter, von	Est-ce qu'il y a un médecin ~ vous?
la coopération [lakɔɔpeʁasjɔ̃]	die Kooperation, die Zusammenarbeit	Il existe une ~ entre ces deux entreprises.
franco-allemand/franco-allemande [fʁɑ̃koalmɑ̃/fʁɑ̃koalmɑ̃d] adj.	deutsch-französisch	Dans le TGV Francfort-Marseille, on peut goûter des spécialités ~[6].
le traité [lətʁete]	der Vertrag	L'Union européenne est née en 1992 avec le ~ de Maastricht.
le traité de l'Élysée [lətʁetedəlelize]	der Élysée-Vertrag	De Gaulle et Adenauer ont signé le ~.
être lié/liée (à qn/qc) [ɛtʁəlje]	(mit jdm/etw.) verbunden sein, jdm/etw. nahe stehen, jdn/etw. betreffen	La coopération franco-allemande montre que les deux pays sont très ~[7].
commercial/commerciale/commerciaux m. pl. [kɔmɛʁsjal/kɔmɛʁsjo] adj. 🇬🇧 commercial	Handels-	Les relations ~[8] entre les deux pays sont bonnes.
et vice versa [evisvɛʁsa]	und umgekehrt	Gaëlle aime Matthieu ~.
la puissance [lapɥisɑ̃s]	die Macht, die Kraft	Les États-Unis sont une grande ~.
mondial/mondiale/mondiaux m. pl. [mɔ̃dial/mɔ̃dio] adj. → le monde	Welt-, weltweit	Au 20ᵉ siècle, il y a eu deux guerres ~[9].
le moteur [ləmɔtœʁ]	der Motor, die treibende Kraft	L'Europe reste le ~ de l'économie mondiale.
faire face à qc [fɛʁfasa]	hier: sich etw. stellen, auch: etw. die Stirn bieten	Il faut ~[10] conflits.
la concurrence [lakɔ̃kyʁɑ̃s]	die Konkurrenz, der Wettbewerb	La ~ sur le marché des portables est énorme.
américain/américaine [ameʁikɛ̃/ameʁikɛn] adj.	amerikanisch	J'adore les séries ~[11].
le chantier [ləʃɑ̃tje]	die Baustelle, hier: das Workcamp	Mes amis vont travailler sur un ~ cet été.
le/la bénévole [ləbenevɔl/labenevɔl]	der/die Freiwillige, der/die ehrenamtliche Mitarbeiter/in	Les ~[12] travaillent sans recevoir d'argent.
différent/différente [difeʁɑ̃/difeʁɑ̃t] adj. → la différence	unterschiedlich	Les élèves de ma classe viennent de ~[13] pays.
la restauration [laʁɛstɔʁasjɔ̃]	die Restauration, die Wiederherstellung	Cette maison est en ~.

DOSSIER C

le lieu / ⚠ **les lieux** [ləljø/leljø]	der Ort, die Stätte	Elle se souvient du ~ de leur première rencontre.
la protection [laprɔtɛksjɔ̃] → protéger 🇬🇧 protection	der Schutz	La ~ des données est un des grands problèmes d'aujourd'hui.
en même temps [ɑ̃mɛmtɑ̃]	zugleich, gleichzeitig	Elle fait toujours plusieurs choses ~.
pratiquer qc [pratike]	etw. (aus)üben, spielen, machen	Mon grand-père ne ~[14] plus de sport. Ça se voit.
culturel/culturelle [kyltyrɛl] adj. → la culture 🇬🇧 cultural	kulturell, Kultur-	Beaucoup de gens font des voyages ~[15].
la nationalité [lanasjɔnalite]	die Nationalität, die Staatsangehörigkeit	J'ai la ~ de mon pays d'origine.
la compétence [lakɔ̃petɑ̃s]	die Kompetenz, die Fähigkeit	Quelles ~[16] faut-il pour ce travail?
particulier/particulière [partikylje/partikyljɛr] adj. = spécial 🇬🇧 particular	besonderer/besondere/besonderes, charakteristisch	Elle a une façon ~[17] de chanter.
collectif/collective [kɔlɛktif/kɔlɛktiv] adj.	gemeinsam	Pour cet exposé, vous aurez une note ~[21].
suffire de +inf. [syfirdə]	genügen, reichen etw. zu tun ▶ Verbes, p. 132	Il ~[18] écrire son nom sur la liste pour participer à cette activité.
fonctionner [fɔ̃ksjɔne] = marcher	funktionieren	Tu peux m'expliquer comment ça ~[19]?
ainsi que [ɛ̃sikə] = et	und auch, sowie	Je voudrais dire «merci» aux enfants ~[20] à leurs parents.
dépendre de qn/qc [depɑ̃drdə] 🇬🇧 to depend	von jdm/etw. abhängen, abhängig sein *wird wie* attendre *konjugiert* ▶ Verbes, p. 132	– Qu'est-ce que vous faites ce week-end? – Ça ~[22] du temps.
la Provence [laprɔvɑ̃s]	die Provence *Region im Südosten Frankreichs*	Dans dix ans, je me vois vivre en ~.
le vestige [ləvɛstiʒ]	der Überrest, die Spur	Dans la vieille ville, on peut voir des ~[23] du passé.
la pluie [laplɥi] → pleuvoir	der Regen	Je n'aime pas la ~, je préfère la neige.
abîmer qc [abime]	etw. beschädigen, ruinieren	Arrête! Tu vas ~ le mur.
être originaire de [ɛtrɔriʒinɛrdə] → l'origine	aus ... stammen	

fatigant/fatigante [fatigɑ̃/fatigɑ̃t] *adj.* → fatigué	anstrengend, ermüdend	Les journées à l'école peuvent être très ~.²⁴
la calorie [lakalɔʀi]	die Kalorie	Malheureusement, les bonbons ont beaucoup de ~.²⁵
le parfum [ləpaʀfœ̃] 🇬🇧 perfume	das Parfüm	Pour Noël, je vais offrir un ~ à mon frère.
à tour de rôle [atuʀdəʀol]	abwechselnd, reihum, sich mit etw. abwechseln	Pour s'occuper du bébé, ma tante et son mari dorment ~.
⁽ᵉ⁾ **s'habituer à qc** [sabitɥea] → l'habitude	sich an etw. gewöhnen	Mon frère ~ vite ~²⁶ sa nouvelle école.
partager qc [paʀtaʒe]	etw. teilen	Je dois toujours tout ~ avec mon frère, ça m'énerve!
l'Espagne [lɛspaɲ] *f.*	Spanien	Ma copine part toujours en ~ pendant les vacances d'été.
témoigner [temwaɲe] → le témoin	berichten, aussagen	Les reporters cherchent toujours des personnes qui ~²⁷ de leurs expériences.
⁽ᵉ⁾ **se sentir à l'aise** [səsɑ̃tiʀalɛz]	sich wohl fühlen	Quand Suzie est arrivée en classe, elle s'est tout de suite ~.²⁸
avoir du pain sur la planche [avwaʀdypɛ̃syʀlaplɑ̃ʃ] *fam.* = avoir beaucoup de travail	viel (Arbeit) zu tun haben	Ce week-end, j'~!²⁹
l'expression [lɛkspʀɛsjɔ̃] *f.*	der Ausdruck	Tu connais l'~ «tomber dans les pommes»?
ne pas être près de [nəpɑɛtʀəpʀɛdə] + *inf.*	so schnell etw. nicht tun	Je ~³⁰ oublier ce que tu as fait!
⁽ᵉ⁾ **se rendre utile** [səʀɑ̃dʀytil] → utiliser	sich nützlich machen *wird wie* attendre *konjugiert* ▶ Verbes, p. 132	Chez ma grand-mère, je dois toujours ~.³¹
contacter qn [kɔ̃takte] 🇬🇧 to contact	jdn kontaktieren	J'ai ~³² l'entreprise.
le/la responsable [lə/laʀɛspɔ̃sabl]	der/die Verantwortliche	Il faut absolument appeler la ~ de ce projet.
puisque [pɥiskə]	da	Cela doit être vrai, ~³³ il le dit …
les frais [lefʀɛ] *m. pl.*	die Kosten, die Gebühr	Il faut payer les ~ d'hôtel avant le 30 novembre.
l'hébergement [lebɛʀʒəmɑ̃] *m.*	die Unterbringung	L'~ à Paris se fera à l'hôtel.
l'assurance [lasyʀɑ̃s] *f.*	die Versicherung	Heureusement, l'~ paie le séjour à l'hôpital.

DOSSIER C

compris/comprise [kɔ̃pʀi/kɔ̃pʀiz] *adj.*	inklusive, einschließlich	Le cours de surf est ~[34] dans le prix.
l'association [lasɔsjasjɔ̃] *f.*	die Organisation, der Verein	Cette ~ aide les pauvres.

1 nombreux 2 quitté 3 contrôles 4 contrôleuse 5 dessert 6 franco-allemandes 7 liés 8 commerciales 9 mondiales 10 faire face aux 11 américaines 12 bénévoles 13 différents 14 pratique 15 culturels 16 compétences 17 particulière 18 suffit d' 19 fonctionne 20 ainsi qu' 21 collective 22 dépend/dépendra 23 vestiges 24 fatigantes 25 calories 26 s'est vite habitué à 27 témoignent 28 sentie à l'aise 29 ai du pain sur la planche 30 ne suis pas près d' 31 me rendre utile 32 contacté 33 puisqu' 34 compris

Dossier C | Volet 2

▶ Filmtext

le siège [ləsjɛʒ]	der Sitz	L'Institut français a son ~ principal à Paris.
représenter qn [ʀəpʀezɑ̃te] 🇬🇧 to represent	jdn vertreten	Qui va ~ votre classe au concours de chant?
le citoyen / la citoyenne [ləsitwajɛ̃/lasitwajɛn]	der/die Bürger/in	On n'a pas demandé l'avis des ~[1].
membre [mɑ̃bʀ] *m./f. adj.*	Mitglieds-	Tous les pays ~[2] ont signé le même traité.
la frontière [lafʀɔ̃tjɛʀ]	die Grenze	Strasbourg se trouve tout près de la ~.
symboliser qn/qc [sɛ̃bɔlize] → le symbole	jdn/etw. symbolisieren, versinnbildlichen, für etw. stehen	Le rouge peut ~ la passion.
la réconciliation [laʀekɔ̃siljasjɔ̃]	die Versöhnung	Entre ces deux pays, la ~ est difficile.
l'Autriche [lotʀiʃ] *f.*	Österreich	L'~ se trouve entre l'Allemagne, la Suisse et l'Italie.
élire qn [eliʀ]	jdn wählen	Les Allemands ~[3] leur chancelier pour quatre ans.
directement [diʀɛktəmɑ̃] *adv.*	direkt	Tu veux aller ~ à la gare ou tu veux d'abord prendre un café?
le député / la députée [lədepyte/ladepyte]	der/die Abgeordnete	Les citoyens ont élu M. Grand comme ~.
celui-ci/celle-ci/ceux-ci *m. pl.* [səlɥisi/sɛlsi/søsi]	diese/r hier	– Il faut monter dans quel bus? – Dans ~[4].
le président / la présidente [ləpʀezidɑ̃/lapʀezidɑ̃t]	der/die Präsident/in	En France, on élit le ~ directement.
regrouper qn/qc [ʀəgʀupe] → le groupe	jdn/etw. (an)ordnen, zusammenfassen	On a ~[5] les élèves par niveau.
(ê) se réunir [səʀeyniʀ]	sich treffen, zusammenkommen, sich versammeln	Les amis ~[6] pour parler de leur voyage en Espagne.

DOSSIER C

la réunion [laʁeynjɔ̃] → se réunir	die Versammlung, das Treffen	La ~ des parents a lieu mardi prochain.
l'interprète [lɛ̃tɛʁpʁɛt] *m./f.*	der/die Dolmetscher/in	Un ~ doit parler deux langues couramment.
traduire qc [tʁadɥiʁ] → le traducteur	etw. übersetzen	~ Goethe en français, c'est très difficile.
simultanément [simyltanemɑ̃] *adv.*	gleichzeitig	Quand vous parlez ~, je ne comprends plus rien!
^(è)**se servir de qn/qc** [səsɛʁviʁdə]	jdn ausnutzen, etw. benutzen/verwenden	Laure ~[7] son GPS pour trouver la gare.
multiculturel/multiculturelle [myltikyltyʁɛl] *adj.*	multikulturell	Notre classe est ~[8]: nous venons de 10 pays différents!
la devise [ladəviz]	die Devise, das Motto	La ~ de notre club de boxe, c'est lutter jusqu'au bout!
concrètement [kɔ̃kʁɛtmɑ̃] *adv.*	konkret	Il ne faut pas parler pendant des heures, il faut agir ~.
^(è)**se préoccuper de qc** [səpʁeɔkypedə]	sich um etw. sorgen/kümmern	Mes parents ~[9] mon avenir.
améliorer qc [ameljɔʁe]	etw. verbessern	Mes notes se sont ~[10] depuis un an.
concerner qn/qc [kɔ̃sɛʁne]	jdn/etw. betreffen	Ma question ~[11] l'échange scolaire.
gratuit/gratuite [gʁatɥi/gʁatɥit] *adj.*	kostenlos, gratis, frei	L'entrée est ~[12] pour les élèves.
chimique [ʃimik] *m./f. adj.* 🇬🇧 chemical	chemisch	Mon oncle travaille dans une entreprise de produits ~[13].
le tarif [lətaʁif]	der Tarif, der Preis	Est-ce qu'il y a un ~ pour élèves?
grâce à [gʁɑsa]	dank	~ mon frère, j'ai réussi l'examen de maths.
la garantie [lagaʁɑ̃ti] → garantir qc 🇬🇧 guarantee	die Garantie	Je n'ai plus de ~ sur mon ordi.
le chômage [ləʃomaʒ]	die Arbeitslosigkeit	Le ~ est un des plus grands problèmes de notre société.
le Parlement européen des jeunes (PEJ) [ləpaʁləmɑ̃øʁɔpeɛ̃deʒœn]	das europäische Jugendparlament ▶ Civilisation, p. 160	Le ~, c'est super quand on veut s'engager pour l'Europe.
être présent/présente [ɛtʁəpʁezɑ̃/ɛtʁəpʁezɑ̃t]	vertreten sein, vorhanden sein, anwesend sein	Cette entreprise ~[14] dans trois pays: la Suède, la Suisse et la France.
le lycéen / la lycéenne [ləliseɛ̃/laliseɛn] → le lycée	der/die Gymnasiast/in *Schüler/in der Oberstufe*	Ma sœur est ~[15], mais moi je vais encore au collège.

cent quatre-vingt-treize 193

DOSSIER C

désirer + *inf.* [deziʀe]	(sich) wünschen etw. zu tun	Je ~[16] participer à un échange franco-allemand.
régional/régionale/régionaux *m. pl.* [ʀeʒjɔnal/ʀeʒjɔno] *adj.* → la région 🇬🇧 regional	regional	Au marché, j'aime acheter des produits ~[17].
informer qn [ɛ̃fɔʀme] → l'information 🇬🇧 to inform	jdn informieren	Avant l'échange scolaire, le professeur ~[18] les parents.
la session [lasɛsjɔ̃]	die Sitzung	La ~ d'aujourd'hui n'aura pas lieu.
le représentant / la représentante [ləʀəpʀezɑ̃tɑ̃/laʀəpʀezɑ̃tɑ̃t]	der/die Vertreter/in	Le ~ des parents d'élèves parle avec le principal.
la priorité [lapʀijɔʀite] 🇬🇧 priority	die Priorität, der Vorrang	L'école n'est pas très importante pour moi. J'ai d'autres ~[19].
la mesure [laməzyʀ]	die Maßnahme	On veut prendre des ~[20] pour aider les familles pauvres.
l'orientation [lɔʀjɑ̃tasjɔ̃] *f.*	die Orientierung, die Zielsetzung	Quand on découvre une ville, c'est pratique d'avoir une bonne ~.
le comité [ləkɔmite] 🇬🇧 committee	das Komitee, der Ausschuss	Le ~ des fêtes se retrouve après l'école.
▶ Hörtext		
le journalisme [ləʒuʀnalism] → le journal 🇬🇧 journalism	der Journalismus	Plus tard, Melissa voudrait faire du ~.
motiver qn à + *inf.* [mɔtive a]	jdn zu etw. motivieren, jdn veranlassen etw. zu tun	Ma grand-mère a ~[21] Lucie à faire des études.
du coup, ... [dyku] *fam.* = c'est pourquoi	daher, deshalb	Le médecin m'a interdit de jouer au foot. ~, je vais parler à l'entraîneur.
l'institution [lɛ̃stitysjɔ̃] *f.*	die Institution	
la banque [labɑ̃k] 🇬🇧 bank	die Bank	Je n'ai plus d'argent sur moi. Je dois aller à la ~.
concret/concrète [kɔ̃kʀɛ/kɔ̃kʀɛt] *adj.* → concrètement	konkret	Il nous faut plus d'informations ~[22].
l'acteur *m.* / **l'actrice** *f.* [laktœʀ/laktʀis]	der/die Akteur/in, *hier:* der/die aktive Mitgestalter/in	Pour une Europe meilleure, devenez ~[23] du débat politique!
l'engagement [lɑ̃gaʒmɑ̃] *m.* → s'engager	das Engagement	Sans leur ~, la piscine du village aurait disparu.
le territoire [ləteʀitwaʀ]	das Gebiet, das Territorium	La frontière limite le ~.
la paix [lapɛ] ≠ la guerre	der Frieden	Nous voulons tous vivre en ~.

DOSSIER C | DOSSIER D

la Seconde Guerre mondiale [lasəgɔ̃dgɛRmɔ̃djal]	der Zweite Weltkrieg	
rechercher qc [RəʃɛRʃe] = chercher	etw. suchen, recherchieren	J'ai ~24 l'adresse sur Internet.
le dialogue [lədjalɔg] 🇬🇧 dialogue	der Dialog, das Gespräch	J'ai adoré ce film. Les ~25 sont géniaux. ◄

1 citoyens 2 membres 3 élisent 4 celui-ci 5 regroupé 6 se réunissent 7 se sert de 8 multiculturelle 9 se préoccupent de 10 améliorées 11 concerne 12 gratuite 13 chimiques 14 est présente 15 lycéenne 16 désire 17 régionaux 18 informe 19 priorités 20 mesures 21 motivé 22 concrètes 23 acteurs 24 recherché 25 dialogues

Dossier C | Volet 3

pour le meilleur et pour le pire [puRləmɛjœRepuRləpiR]	in guten wie in schlechten Zeiten *traditionell Teil des Eheversprechens*	
l'ombre [lɔ̃bR] *f.*	der Schatten	En été, s'il fait trop chaud, reste à l'~.
dater de l'époque de [datedəlepokdə]	aus der Zeit von … stammen	Ce monument ~1 Napoléon.
gratter [gRate]	kratzen	Mon nouveau pull ~2 !
en présence de qn [ɑ̃pRezɑ̃sdə]	in jds Anwesenheit	La nouvelle piscine a ouvert ses portes ~ plusieurs députés.
rendre hommage à qn/qc [Rɑ̃dRɔmaʒa]	jds gedenken, etw. würdigen *wird wie* attendre *konjugiert* ► Verbes, p. 132	Chaque année, des personnalités politiques ~3 victimes des guerres.
mort/e *adj.* [mɔR/mɔRt]	gestorben, tot, *hier:* gefallen	Mon arrière-grand-père est ~4 à Verdun.

1 date de l'époque de 2 gratte 3 rendent hommage aux 4 mort

Dossier D | Mots en contexte

TIPP So können Sie die farbig markierten Wörter und Ausdrücke der *Mots en contexte* (p. 74) üben: Lesen Sie den Text noch einmal. Formulieren Sie zu jedem Wort bzw. Ausdruck mindestens zwei eigene Sätze, in denen das Wort bzw. der Ausdruck vorkommt. Notieren Sie Ihre Sätze und eine passende Übersetzung.

la destination [ladɛstinasjɔ̃] 🇬🇧 destination	das Ziel	Enfin, nous sommes arrivés à notre ~.
le Cameroun [ləkamRun]	Kamerun	Le ~ est un pays d'Afrique.
en miniature [ɑ̃minjatyR]	im Miniaturformat	Même les grands aiment jouer avec des trains ~.
l'Afrique centrale [lafRiksɑ̃tRal] *f.*	Zentralafrika	L'~ se trouve au centre du continent africain.
politique [pɔlitik] *m./f. adj.*	politisch	Cette décision ~ est difficile.

cent quatre-vingt-quinze **195**

DOSSIER D

économique [ekɔnɔmik] *m./f. adj.* 🇬🇧 economic	wirtschaftlich	Ce produit a eu un succès ~ énorme.
la savane [lasavan] 🇬🇧 savannah	die Savanne	Dans la ~ africaine, il y a des éléphants.
sec/sèche [sɛk/sɛʃ] *adj.*	trocken	Quand il ne pleut pas assez, le jardin est ~[1].
la forêt équatoriale [laforɛekwatɔrjal]	der Regenwald	Beaucoup d'animaux vivent dans la ~.
humide [ymid] *m./f. adj.* ≠ sec 🇬🇧 humid	feucht, nass	Dans un climat ~, les arbres grandissent vite.
l'ouest [lwɛst] *m.*	der Westen	Le soleil se couche à l'~.
le haut plateau [loplato]	das Hochland	Du ~, tu peux voir la vallée.
le volcan [lɔvɔlkɑ̃] 🇬🇧 volcano	der Vulkan	Presque tous les ~[2] européens ne sont plus actifs.
rare [ʀaʀ] *m./f. adj.* 🇬🇧 rare	selten	C'est une pierre ~. Il n'y en a pas beaucoup.
invoquer qn [ɛ̃vɔke]	*hier:* jdn anrufen einen Gott, Geist oder Heiligen	Pour retrouver les objets perdus, on ~[3] Saint Antoine.
l'esprit [lɛspʀi] *m.*	der Geist, der Verstand	À ce moment-là, une idée me traverse l'~.
l'eau du robinet [lodyʀɔbinɛ] *f.*	das Leitungswasser	– Tu veux de l'eau minérale? – Non, je préfère l'~.
changer de couleur [ʃɑ̃ʒedəkulœʀ]	die Farbe ändern	Un caméléon peut ~.
couler [kule]	fließen	Le fleuve ~[4] autour de la ville.
régulier/régulière [ʀegylje/ʀegyljɛʀ] *adj.*	regelmäßig	L'entreprise offre un emploi et un salaire ~[5].
public/publique [pyblik] *adj.*	öffentlich, staatlich	Mon lycée est un lycée ~[6].
la colonie [lakɔlɔni]	die Kolonie	Au 20e siècle, la plupart des ~[7] ont gagné leur indépendance.
devoir qc à qn [dəvwaʀa]	jdm etw. verdanken	Je ~ ma vie ~[8] ce médecin.
la ligne de chemin de fer [laliɲdəʃəmɛ̃dfɛʀ]	die Eisenbahnlinie	Toutes les ~[9] passent par la capitale.
le Camerounais / la Camerounaise [ləkamʀunɛ/lakamʀunɛz]	der/die Kameruner/in	
prononcer qc [pʀɔnɔ̃se] 🇬🇧 to pronounce	etw. aussprechen	C'est parfois difficile de ~ les mots d'une langue étrangère.

DOSSIER D

l'est [lɛst] *m.* ≠ l'ouest	der Osten	Le soleil se lève à l'~.
le Nigeria [ləniʒɛʀja]	Nigeria	Depuis 1991, la capitale du ~ est Abuja.
la société [lasɔsjete] 🇬🇧 society	die Gesellschaft	Nous ne vivons pas seuls, nous vivons en ~.
l'ethnie [lɛtni] *f.*	die Kultur, die Ethnie	Au Cameroun vivent plus de 250 ~[10].
commun/commune [kɔmɛ̃/kɔmyn] *adj.* 🇬🇧 common	gemeinsam	Dans une auberge de jeunesse, il y a souvent une salle ~[11].
au moins [omwɛ̃]	mindestens	Il faut avoir ~ 18 ans pour pouvoir entrer dans ce club.
le bulu [ləbulu]	Bulu *Sprache, die in Südkamerun gesprochen wird*	
le bassa [ləbasa]	Bassa *Sprache, die im Zentrum Kameruns gesprochen wird*	
le bamoun [ləbamun]	Bamoun *Sprache, die im Zentrum Kameruns gesprochen wird*	
pratiquer qc [pʀatike]	etw. praktizieren, ausüben	Mon grand-père ne ~[12] plus de sport.
la religion [laʀəliʒjɔ̃] 🇬🇧 religion	die Religion	Les chrétiens, les musulmans et les animistes ont tous des ~[13] différentes.
le chrétien / la chrétienne [ləkʀetjɛ̃/lakʀetjɛn]	der/die Christ/in	Ma grand-mère va souvent à l'église. Elle est ~[14].
le musulman / la musulmane [ləmyzylmɑ̃/lamyzylman]	der/die Muslim/in	Le vendredi, beaucoup de ~[15] vont à la mosquée.
l'animiste [lanimist] *m./f.*	der/die Animist/in	Les ~[16] croient qu'il y a des esprits dans chaque chose.
l'animisme [lanimism] *m.*	der Animismus	
particulier/particulière [paʀtikylje/paʀtikyljɛʀ] *adj.* = spécial 🇬🇧 particular	besonderer/besondere/besonderes, charakteristisch	Elle a une façon ~[17] de chanter.
les ancêtres [lezɑ̃sɛtʀ] *m./f. pl.*	die Vorfahren, die Ahnen	Mes grands-parents et leurs parents, ce sont mes ~.
l'être vivant [lɛtʀəvivɑ̃] *m.*	das Lebewesen	L'animal et l'homme sont des ~[18].
la terre [latɛʀ]	der Boden, die Erde, *auch:* die Welt	La ~ tourne autour du soleil.
le proverbe [ləpʀɔvɛʀb]	das Sprichwort	Ma tante trouve un ~ pour chaque situation.

DOSSIER D

la sagesse [lasaʒɛs]	die Weisheit	On dit que la ~ vient avec l'âge.
étudier qc [etydje] → les études	etw. studieren, etw. lernen	Il faut bien ~ pour avoir de bonnes notes.

1 sec 2 volcans 3 invoque 4 coule 5 régulier 6 public 7 colonies 8 dois ma vie à 9 lignes de chemin de fer 10 ethnies 11 commune 12 pratique 13 religions 14 chrétienne 15 musulmans 16 animistes 17 particulière 18 êtres vivants

Dossier D | Volet 1

le reportage [ləʀəpɔʀtaʒ] → le reporter	die Reportage, der Bericht	Lucile aime regarder des ~¹ sur la vie des animaux.
les quatre coins du monde [lekatʀəkwɛ̃dymɔ̃d]	alle Ecken der Welt	Maurice a voyagé aux ~.
emmener qn/qc [ãmne]	jdn/etw. mitnehmen	Je pars en vacances et cette fois, j'~² mon chien.
situé/située [situe] *adj.*	gelegen	La maison n'est pas bien ~. Elle est à 12 kilomètres du prochain village.
le rite de passage [ləʀitdəpasaʒ]	der Übergangsritus	
adulte [adylt] *adj. m./f.* 🇬🇧 adult	erwachsen	On en reparlera quand tu seras ~³!
la puberté [lapybɛʀte]	die Pubertät	La ~ est dure pour tous: les jeunes et les parents.
l'épreuve [lepʀœv] *f.*	die Prüfung, die Probe	La prof nous a expliqué les ~⁴.
symbolique [sɛ̃bɔlik] *m./f. adj.* → le symbole	symbolisch	Le président a fait un geste ~.
conduire qn [kɔ̃dɥiʀ]	jdn führen *wird wie* construire *konjugiert* ▶ Verbes, p. 132	Ma famille d'accueil m'a ~⁵ à plein d'endroits intéressants dans la région.
jusqu'à ce que [ʒyskaskə]	bis (dass)	Le père reste avec l'enfant ~⁶ il s'endorme.
laisser qn/qc [lese]	jdn/etw. zurücklassen	Mes copains m'ont ~⁷ seul avec Pauline.
marcher [maʀʃe]	gehen, laufen	Il faut ~ 20 minutes pour arriver à la plage.
⁽ê⁾**s'asseoir** [saswaʀ]	sich (hin)setzen ▶ Verbes, p. 132	Je ~⁸ toujours à ma place.
amer/amère [amɛʀ] *adj.*	bitter	Je déteste le café. C'est trop ~⁹.
il fait nuit [ilfɛnɥi]	es ist Nacht, es ist dunkel	Quand nous sommes sortis du cinéma, ~ déjà ~¹⁰.
communiquer (avec qn) [kɔmynike] 🇬🇧 communication	(mit jdm) kommunizieren, miteinander sprechen	Même entre amis, ce n'est pas toujours facile de ~.

DOSSIER D

le prénom [ləpʀenɔ̃]	der Vorname	Le ~ de Mme Bauer est Tina.
définitif/définitive [definitif/definitiv] *adj.*	definitiv, endgültig	On prendra la décision ~[11] lundi prochain.
le serpent [ləsɛʀpɑ̃]	die Schlange	En général, je n'ai pas peur des animaux, mais j'ai peur des ~[12].
protecteur/protectrice [pʀɔtɛktœʀ/pʀɔtɛktʀis] *adj.* → protéger 🇬🇧 protective	beschützend, Schutz-	Lara a toujours une pierre ~[13] sur elle.
mordre qn [mɔʀdʀ]	jdn beißen *wird wie* attendre *konjugiert* ▶ Verbes, p. 132	Quand j'étais petit, un chien m'a ~[14] à la jambe.
de retour à [dəʀətuʀa] + Ort	zurück, nach der Rückkehr	~ la maison, je me suis reposé.
l'aîné *m.* / **l'aînée** *f.* [lɛne]	der/die Älteste	Dans une famille avec plusieurs enfants, il y en a toujours un qui est l'~[15].
responsable (de qn/qc) [ʀɛspɔ̃sabl] *m./f. adj.* → la responsabilité 🇬🇧 responsable	(für jdn/etw.) verantwortlich	Les élèves sont ~[16] de ce projet. Ils décident de ce qu'ils font.
pour que [puʀkə]	damit	Faites moins de bruit ~ je puisse travailler.
être dans le besoin [ɛtʀədɑ̃ləbəzwɛ̃]	in Not sein	Nora espère que sa famille ne ~ jamais ~[17].
le parent [ləpaʀɑ̃] → les parents	*hier:* der/die Verwandte	J'ai des ~[18] aux États-Unis.
la première [lapʀəmjɛʀ]	*hier:* die vorletzte Jahrgangsstufe	Mon frère est entré en ~ l'année dernière.
être bon élève / bonne élève [ɛtʀəbɔnelɛv]	ein guter Schüler / eine gute Schülerin sein	Marc a toujours eu des bonnes notes à l'école. Il ~[19].
précis/précise [pʀesi/pʀesiz] *adj.*	genau, exakt, klar	Les élèves ont travaillé toute l'après-midi. Maintenant, ils ont une idée ~[20] du projet.
la médecine [lamedsin] → le médecin	die Medizin	Mon père a fait des études de ~.
la maladie [lamaladi] → malade	die Krankheit	Notre prof d'histoire a eu une ~ grave.
tropical/tropicale/tropicaux *m. pl.* [tʀɔpikal/tʀɔpiko] *adj.*	tropisch	Le climat ~[21] est un climat chaud et humide.
être sûr/sûre de soi [ɛtʀəsyʀdəswa]	selbstsicher sein	Rita ~[22]. Elle adore parler devant la classe.

DOSSIER D

être persuadé/persuadée [εtʁəpεʁsɥade]	überzeugt sein, sicher sein	Je ~[23] que la France va gagner.
⁽ᵉ⁾ **se réaliser** [səʁealize]	Wirklichkeit werden	Susanne espère que ses rêves vont ~.
pratiquement [pʁatikmɑ̃] adv. fam. = presque	praktisch, so gut wie	Le cours est ~ fini.
le camfranglais [ləkɑmfʁɑ̃glε]	das Camfranglais Mischung aus Französisch, Englisch und kamerunischen Nationalsprachen	Je ne parle pas le ~, mais je le comprends.
la banane plantain / ❗ les bananes plantain [labananplɑ̃tɛ̃/lebananplɑ̃tɛ̃]	die Kochbanane	Beaucoup de plats africains se mangent avec des ~[24].
l'activité [laktivite] f. → actif	die (Erwerbs-)Tätigkeit	L'~ de mon oncle lui permet de voyager aux quatre coins du monde.
populaire [populεʁ] m./f. adj. 🇬🇧 popular	populär, beliebt	Ma sœur est très ~ dans notre école.
la limonade [alimɔnad] 🇬🇧 lemonade	die Limonade	J'adore la ~ quand elle est bien froide et pas trop sucrée.
cultiver qc [kyltive] → la culture	etw. anbauen	Dans cette région, on ~[25] des fraises.
le manioc [ləmanjɔk]	der Maniok	On cultive le ~ dans plusieurs régions du Cameroun.
le palmier à huile [ləpalmjeaɥil]	die Ölpalme	On ne peut pas cultiver de ~[26] en Europe. Il fait trop froid.
alternativement [altεʁnativmɑ̃] adv.	abwechselnd	J'habite ~ chez mon père et chez ma mère.
bien que [bjɛ̃kə]	obwohl	Mon frère s'entraîne avec les joueurs adultes, ~[27] il soit encore trop jeune.
court/courte [kuʁ/kuʁt] adj. ≠ long	kurz	Les vacances étaient encore trop ~[28]!
parier [paʁje]	wetten	Hier, ma mère ~[29] avec moi et elle a perdu.
rattraper qn/qc [ʁatʁape]	jdn/etw. einholen, jdn/etw. einfangen	Noah n'arrive pas à ~ sa petite sœur. Elle est trop rapide.
la course [lakuʁs] → courir	der Lauf, das Rennen	Jill ne peut pas participer à la ~. Sa jambe lui fait mal.
épuisé/épuisée [epɥize] adj.	erschöpft	Le soir, Laurent est souvent ~[30] de sa journée.
le respect [ləʁεspε] → respecter	der Respekt	J'ai du ~ pour les gens qui s'engagent.
regretter qc [ʁəgʁete] 🇬🇧 to regret	etw. bedauern	Louis ~[31] sa décision de la semaine dernière.

les personnes âgées [lepɛʀsɔnzaʒe] *f. pl.*	die älteren Menschen, die Senioren	Dans les bus, il y a des places spéciales pour les ~.
le savoir [ləsavwaʀ] → savoir qc	das Wissen	Le féticheur a un ~ particulier.
^(ê) **transmettre qc de bouche à oreille** [tʀɑ̃smɛtʀdəbuʃaɔʀɛj]	etw. mündlich überliefern *wird wie mettre konjugiert* ▶ Verbes, p. 132	Avant l'écriture, on ~ les informations ~³².
le vieillard [ləvjɛjaʀ] → vieux	der alte Mann, der Greis	Il a 102 ans. C'est un ~.
^(ê) **mourir** [muʀiʀ] → la mort	sterben ▶ Verbes, p. 132	Napoléon est ~³³ à l'âge de 53 ans.
brûler (qc) [bʀyle]	(etw. ver-)brennen	Le feu ~³⁴ toute la nuit.

1 reportages 2 emmène 3 adulte 4 épreuves 5 conduit 6 jusqu'à ce qu' 7 laissé 8 m'assois 9 amer 10 il faisait déjà nuit 11 définitive 12 serpents 13 protectrice 14 mordu 15 aîné 16 responsables 17 ne sera jamais dans le besoin 18 parents 19 était bon élève 20 précise 21 tropical 22 est sûre d'elle 23 suis persuadé 24 bananes plantain 25 cultive 26 palmiers à huile 27 bien qu' 28 courtes 29 a parié 30 épuisé 31 regrette 32 transmettait les informations de bouche à oreille 33 mort 34 a brûlé

Dossier D | Volet 2

surnommer qn [syʀnɔme] → le nom	jdm einen Spitznamen geben	Nous avons ~¹ Yannik «le grand» parce qu'il est très grand.
indomptable [ɛ̃dɔ̃tabl] *m./f. adj.*	unzähmbar, nicht zu bändigen	Beaucoup d'animaux sont ~².
le quart de finale / ⚠ **les quarts de finale** [ləkaʀdəfinal/lekaʀdəfinal]	das Viertelfinale	La France a gagné en ~!
la Coupe du monde [lakupdymɔ̃d]	die Weltmeisterschaft	Mes amis et moi, on regarde les matchs de la ~ ensemble.
olympique [ɔlɛ̃pik] *m./f. adj.*	olympisch	J'aime regarder les jeux ~³.
remporter qc [ʀɑ̃pɔʀte] = gagner	etw. gewinnen	Louis a ~⁴ le match de tennis.
la CAN (Coupe d'Afrique des Nations) [lakan/lakupdafʀikdenasjɔ̃]	der Afrika-Cup ▶ Civilisation, p. 160	
la compétition [lakɔ̃petisjɔ̃] 🇬🇧 competition	der Wettkampf	Jan et Lucas se préparent pour la ~ de l'école.
l'attaquant *m.* / **l'attaquante** *f.* [latakɑ̃/latakɑ̃t] → l'attaque ≠ la défense	der/die Angreifer/in, der/die Stürmer/in	L'~⁵ de l'équipe de France court très vite.
annoncer qc [anɔ̃se] 🇬🇧 to announce	etw. ankündigen, mitteilen	Je peux vous ~ des bonnes nouvelles!

DOSSIER D

mettre fin à qc [mɛtʀəfɛ̃a] = arrêter	etw. beenden	Le directeur a ~[6] la discussion.
la carrière [lakaʀjɛʀ] 🇬🇧 career	die Karriere, die Laufbahn	Ma cousine a fait ~ dans la médecine.
certains/certaines [sɛʀtɛ̃/sɛʀtɛn]	gewisse, manche, bestimmte	~[7] amis n'ont pas bien réagi à la nouvelle.
le choc [ləʃɔk]	der Schock	L'accident a été un ~ pour Hélène.
en effet [ɑ̃nefɛ]	in der Tat, tatsächlich	-On se connaît, non? - ~, je me souviens de toi.
le buteur / la buteuse [ləbytœʀ/labytøz] → le but	der/die Torjäger/in	Il faut beaucoup s'entraîner pour devenir un bon ~.
la sélection [laselɛksjɔ̃] 🇬🇧 selection	die Auswahl, das Aufgebot	
le footballeur / la footballeuse [ləfutbolœʀ/lafutboløz]	der Fußballer/die Fußballerin	Lara va faire une belle carrière de ~[8].
le cœur [ləkœʀ]	das Herz	Son ~ battait très fort, il avait peur.
enlever qc (à qn) [ɑ̃lve]	(jdm) etw. wegnehmen	~[9] tes affaires de là, s'il te plaît.
lorsque [lɔʀskə] = quand	als, wenn	~[10] il fera beau, nous ferons un tour en ville.
le recruteur / la recruteuse [ləʀəkʀytœʀ/laʀəkʀytøz] m./f.	der Talentscout	Aujourd'hui, il y aura un ~ qui veut vous voir jouer.
convaincre qn [kɔ̃vɛ̃kʀ]	jdn überzeugen ▶Verbes, p. 132	Ça n'a pas été facile de ~ mes parents. Mais à la fin, ils ont été d'accord.
car [kaʀ]	denn	
le visa [ləviza] 🇬🇧 visa	das Visum	Il faut avoir un ~ pour entrer dans certains pays.
repartir [ʀəpaʀtiʀ] → partir	wieder aufbrechen, wieder zurückkehren *wird wie sortir konjugiert* ▶Verbes, p. 132	Après un long voyage en Afrique, Sara est ~[11] en France.
la condition [lakɔ̃disjɔ̃] 🇬🇧 condition	die Bedingung	Les ~[12] de travail sont dures.
la réalité [laʀealite] 🇬🇧 reality	die Realität, die Wirklichkeit	Un rêve n'est pas la ~.
différent/différente [difeʀɑ̃/difeʀɑ̃t] *adj.* → la différence 🇬🇧 different	unterschiedlich	Les enfants de ma classe viennent de ~[13] pays.
le scrupule [ləskʀypyl]	der Skrupel, das Bedenken	Le gangster agit sans ~[14].

la somme [lasɔm]	die Summe, der (Geld-)Betrag	Les grands-parents de Sophie ont payé une énorme ~ pour leur maison.
abandonner qn/qc [abɑ̃dɔne]	jdn/etw. verlassen, im Stich lassen	C'était un moment difficile pour moi. Et vous m'avez ~15!
abandonner qn à son triste sort [abɑ̃dɔneasɔ̃tʀistəsɔʀ]	jdn seinem (traurigen) Schicksal überlassen	Après avoir dit bonne chance à Tim, on l'a ~16.
eh bien [ebjɛ̃]	na, naja	– Quand est-ce que tu rentres? – ~, quand j'aurai fini!
être en règle [ɛtʀɑ̃ʀɛgl]	in Ordnung sein, gültig sein	La police veut savoir si les papiers ~17.
rendre qc à qn [ʀɑ̃dʀa]	jdm etw. zurückgeben *wird wie attendre konjugiert* ▶ Verbes, p. 132	Tu me ~18 mon livre d'anglais, s'il te plaît?
la honte [laɔ̃t]	die Schande	Pendant le concert d'été, on a vraiment mal chanté. Quelle ~!
futur/future [fytyʀ] *adj.* → le futur	zukünftig	Je suis sûr que Karla sera la ~19 championne de natation.
mineur/mineure [minœʀ] *adj.* 🇬🇧 minor	minderjährig	Les footballeurs ~20 jouent dans l'équipe U 17.
l'entraînement [lɑ̃tʀɛnmɑ̃] *m.* = s'entraîner	das Training, die Übung	Demain, l'~ commence à 15 heures! Soyez à l'heure.
divers/diverse [divɛʀ/divɛʀs] *adj.* = différent	unterschiedlich, verschieden	On va faire une liste de vos ~21 idées.
le trophée [lətʀɔfe] 🇬🇧 trophy	die Trophäe	L'équipe de Francine a gagné le ~.
l'industriel *m.* / **l'industrielle** *f.* [lɛ̃dystʀijɛl]	der/die Industrielle, der/die Großunternehmer/in	Les ~22 ont un pouvoir économique.
former qn [fɔʀme] → la formation	jdn ausbilden	Le Cours Florent est une école privée à Paris qui ~23 des acteurs.
ancien/ancienne [ɑ̃sjɛ̃/ɑ̃sjɛn] *adj.* 🇬🇧 ancient	ehemalig	Mon professeur est un ~24 footballeur.
importer qn/qc [ɛ̃pɔʀte] 🇬🇧 to import	jdn/etw. importieren, einführen	Beaucoup de pays ~25 des fruits exotiques.
fournir qc [fuʀniʀ]	etw. liefern, hervorbringen *wird wie réagir konjugiert* ▶ Verbes, p. 132	Mario a dû ~ des preuves à la police.
le talent [lətalɑ̃]	das Talent	Gina joue très bien du piano. Elle a beaucoup de ~.

1 surnommé 2 indomptables 3 olympiques 4 remporté 5 attaquant/e 6 mis fin à 7 Certains 8 footballeuse 9 Enlève 10 Lorsqu' 11 repartie 12 conditions 13 différents 14 scrupules 15 abandonné 16 abandonné à son triste sort 17 sont en règle 18 rends 19 future 20 mineurs 21 diverses 22 industriels 23 forme 24 ancien 25 importent

DOSSIER D

Dossier D | Volet 3

le conte [ləkɔ̃t] → raconter	die Erzählung, die Geschichte *auch:* das Märchen	C'est un ~ triste. Il finit mal.
endormir qn [ɑ̃dɔʁmiʁ] → dormir	jdn zum Einschlafen bringen *wird wie* sortir *konjugiert* ▶ Verbes, p. 132	Cette chanson calme va certainement ~ l'enfant.
la leçon [laləsɔ̃] 🇬🇧 lesson	die Lektion, die Lehre	C'est une ~ que je n'oublierai jamais.
l'araignée [laʁɛɲe] *f.*	die Spinne	Je n'ai pas peur des animaux. Même pas des ~[1].
c'est-à-dire [sɛtadiʁ]	das heißt, das bedeutet	Il faut que tu justifies ta réponse, ~ que tu donnes des exemples.
l'humain [lymɛ̃] *m.* 🇬🇧 human	der Mensch, das Menschliche *im Gegensatz zum Tier*	
l'être humain [lɛtʁymɛ̃] *m.* 🇬🇧 human being	der Mensch	
complètement [kɔ̃plɛtmɑ̃] *adv.* 🇬🇧 completely	vollständig, ganz	J'ai ~ oublié son anniversaire!
sourd/sourde [suʁ/suʁd] *adj.*	taub, schwerhörig	Mets le son moins fort, tu vas devenir ~.
le sol [ləsɔl]	der Boden	J'aime bien courir dans la forêt. Le ~ est agréable.
la présence [lapʁezɑ̃s] 🇬🇧 presence	die Anwesenheit	J'ai senti la ~ d'une personne derrière moi.
à vrai dire [avʁɛdiʁ]	offen gestanden, ehrlich gesagt	~, le film m'a déçu.
aveugle [avœgl] *m./f. adj.*	blind	Quand on ne voit rien on est ~.
dès que [dɛkə]	sobald	Dis-leur de m'appeler ~[2] ils arrivent.
tisser [tise] → le tissu	weben, spinnen	Ma grand-mère a ~[3] ce tissu à la main.
la toile [latwal]	das Gewebe, das Netz *auch:* das Internet	J'ai trouvé la réponse sur la ~.
attraper qn/qc [atʁape] → rattraper	jdn/etw. fangen, jdn/etw. erwischen	On peut ~ les souris avec du fromage.
l'insecte [lɛ̃sɛkt] *m.*	das Insekt	Les ~[4] sont des petits animaux.
⁽ê⁾ **se nourrir (de qc)** [sənuʁiʁ]	sich (von etw.) ernähren *wird wie* réagir *konjugiert* ▶ Verbes, p. 132	Tous les êtres vivants doivent ~.
se mettre à [səmɛtʁa] + *inf.* = commencer à	anfangen etw. zu tun, mit etw. anfangen	Lou ~[5] apprendre le chinois, il y a un an.
le corps [ləkɔʁ]	der Körper	Après le sport, tout mon ~ me fait mal.
⁽ê⁾ **se réveiller** [səʁeveje]	aufwachen	Abdel, ~[6], il est déjà tard!

recouvrir qn/qc [ʀəkuvʀiʀ]	jdn/etw. bedecken, auf jdn/etw. liegen *wird wie* offrir *konjugiert* ▶ Verbes, p.132	La neige ~[7] le sol.
avoir honte (de qn/qc) [avwaʀɔ̃t] → honteux	sich schämen (für jdn/etw.)	Il ~[8] parce que son portable a sonné en cours.
le dieu / ❗ **les dieux** [lədjø/ledjø]	der Gott	Nos footballeurs ont joué comme des ~[9].
être mort/morte de rire [ɛtʀəmɔʀdəʀiʀ/ɛtʀəmɔʀtdəʀiʀ]	sich totlachen	Quand mon cousin se met à raconter des blagues, je ~[10].
poursuivre [puʀsɥivʀ] → suivre	weitermachen, fortfahren *wird wie* suivre *konjugiert* ▶ Verbes, p.132	Mes parents s'inquiètent, parce que je ne veux pas ~ mes études.
le toit [lətwa]	das Dach	Nous vivons tous sous le même ~.
réapparaître [ʀeapaʀɛtʀ] ≠ disparaître 🇬🇧 to reappear	wieder auftauchen *wird wie* connaître *konjugiert* ▶ Verbes, p.132	En ce moment, il pleut, mais j'espère que le soleil va bientôt ~.
immédiatement [imedjatmɑ̃] *adv.* 🇬🇧 immediately	sofort	Quand j'appelle mon chien, il se retourne ~.
le chapeau / ❗ **les chapeaux** [ləʃapo/leʃapo]	der Hut	Les gens ont mis de l'argent dans le ~ de la musicienne.
conclure qc [kɔ̃klyʀ] = terminer qc 🇬🇧 to conclude	etw. beenden, etw. abschließen *wird wie* exclure *konjugiert* ▶ Verbes, p.132	Je vais ~ mon exposé par un poème.
stupide [stypid] *m./f. adj.* = idiot 🇬🇧 stupid	dumm	Je dois tout apprendre sans comprendre. C'est ~ !
apprécier qn/qc [apʀesje] = aimer qn/qc 🇬🇧 to appreciate	jdn/etw. schätzen, jdn/etw. mögen	Je n'~[11] pas la façon dont tu me parles.

1 araignées **2** dès qu' **3** tissé **4** insectes **5** s'est mise à **6** réveille-toi **7** recouvre **8** a eu honte **9** dieux **10** suis mort/morte de rire **11** apprécie

TEXTES

Dossier A

page 17, Volet 1

7 Comme-ci, comme-ça *de Zaz*

On veut faire de moi c'que j'suis pas
Mais j'poursuis ma route[1], j'me perdrai pas
C'est comme ça
Vouloir à tout prix[2] me changer
5 Et au fil du temps[3] m'ôter[4] ma liberté
Heureusement, j'ai pu faire autrement
J'ai choisi d'être moi tout simplement

Refrain:
Je suis comme ci
10 Et ça me va
Vous ne me changerez pas
Je suis comme ça
Et c'est tant pis[5]
Je vis sans vis-à-vis[6]
15 Comme ci comme ça
Sans interdit
On ne m'empêchera pas
De suivre mon chemin
Et de croire en mes mains

20 Écoute, écoute-la cette petite voix
Écoute-la bien, elle guide tes pas[7]
Avec elle tu peux échapper[8]
Aux rêves des autres qu'on voudrait t'imposer[9]
Ces mots-là ne mentent pas, non
25 C'est ton âme qui chante ta mélodie à toi

Refrain

Si c'est ça, c'est assez, c'est ainsi
C'est comme ci comme ça
Ça se sait, ça c'est sûr, on sait ça
30 C'est comme ça comme ci
Si c'est ça, c'est assez, c'est ainsi
C'est comme ci comme ça
Ça se sait, ça c'est sûr, on sait ça
C'est comme ça comme ci

35 *Refrain:*
Je suis comme ci
Et ça me va
Vous ne me changerez pas
Je suis comme ça
40 Et c'est ainsi
Je vis sans vis-à-vis
Comme ci comme ça
Sans peur de vos lois
On ne m'empêchera pas
45 De suivre mon chemin
Créer ce qui me fait du bien

Je suis comme ci
Comme si comme ça
Comme ça comme ci
50 Vous ne m'empêcherez pas
De suivre mon chemin
Créer ce qui me fait du bien
De suivre mon chemin
Et de croire en mes mains

55 Si c'est ça, c'est assez, c'est ainsi
C'est comme ci comme ça

---

1 poursuivre sa route seinen Weg gehen **2 à tout prix** um jeden Preis **3 au fil du temps** im Laufe der Zeit
4 ôter qc à qn jdm etw. wegnehmen **5 c'est tant pis** *hier:* so ist es eben **6 sans vis-à-vis** ohne Gegenüber
7 le pas der Schritt **8 échapper** entkommen **9 imposer qc à qn** jdm etw. aufzwingen

page 27, Volet 3

10 Encore un autre hiver *des Enfoirés*

Encore un autre hiver,
Un hiver ordinaire,
Des familles à la ramasse[1],
Et des soupes à la grimace[2].

5 Encore des mots sans cesse[3],
Des serments[4], des promesses,
Nos illusions qui s'envolent
Aux vents des belles paroles[5].

Sous notre bleu blanc rouge
10 Impuissant, rien ne bouge.

Encore un horizon,
Comme un mur de prison,
Les prophètes et les archanges[6]
Mais jamais rien ne change.

15 Encore toutes ces enfances,
Nées du côté de pas de chance,
Les parents qui démissionnent[7]
Et les écrans[8] qui fonctionnent.

Et qu'ils soient bleus, blancs, rouges;
20 Les vœux[9], les discours[10], rien ne bouge.

Il était[11] un pays qu'on citait en exemple[12],
Qui disait droits de l'homme, égalité des chances,
Un pays de bien vivre, autant que d'espérance.
Il était une fois mon beau pays de France.

25 Encore un autre hiver,
Et si peu de colère,
Les plus fragiles[13] qui cassent,
Et que veux-tu qu'on y fasse.

Encore un peu d'espoir[14],
30 De moins laid[15], de moins noir,
Partout des femmes et des hommes,
Qui se lèvent et qui donnent.

Encore une chanson
Qui dit simplement non,
35 Des notes qui rêvent encore,
Des restos contre le sort[16].

Et des gens qui bougent encore.
Et des gens qui rêvent encore
Pour inverser[17] les sorts
40 Et pour y croire encore.
Il en faudra encore.

Et nous on chante encore,
Et de plus en plus fort.
Et nous on chante encore,
45 Et de plus en plus fort.
Et nous on chante encore
Encore, encore, encore …

1 **être à la ramasse** *fam.* von der Rolle sein, überfordert sein 2 **la soupe à la grimace** *fam. hier:* saure Gesichter
3 **sans cesse** tout le temps 4 **le serment** ce qu'on jure à qn 5 **des belles paroles** *f. pl.* schöne Worte 6 **l'archange** *m.* der Erzengel 7 **démissionner** *hier:* aufgeben 8 **l'écran** *m.* der Bildschirm 9 **le vœu** der Wunsch 10 **le discours** die Rede
11 **il était (une fois)** es war einmal 12 **citer qn/qc en exemple** jdn/etw. als Beispiel anführen 13 **fragile** *adj. m./f.* zerbrechlich
14 **l'espoir** *m.* die Hoffnung 15 **moins laid** weniger hässlich 16 **le sort** das Schicksal 17 **inverser qc** etw. umkehren

TEXTES

Dossier C

page 65, Volet 2

12 Des fois *de Irie Révoltés*

Depuis cinq mois sur la route, il vient d'arriver,
Il s'approche [de] l'officier de frontière[1] et [le] prie:
«Aide-moi à passer la frontière – je me suis échappé de la galère[2]. S'il te plaît,
Aide-moi à passer la frontière – car dans mon pays, il y a la guerre. Je t'en prie,
5 Aide-moi à passer la frontière – je ne peux plus subir cette misère[3], Je t'en prie,
Aide-moi à passer cette frontière – je suis habitant de cette terre!!!»

Refrain (2x):
Des fois – il ne sait pas comment continuer sa vie,
Des fois – il se retrouve dans le désespoir[4],
10 Car en venant ici, il espérait avoir la paix
Mais chaque jour, il vit avec la peur de se faire expulser[5].

Er floh vor dem Krieg, war einsam, als er hier ankam,
Kam mit leeren Händen, weil sein Haus abgebrannt war,
Fühlte sich hier fremd, war von Beginn an gebrandmarkt.
15 Hoffnung war es, was er in diesem Land sah.
Die Leute fragten ihn: „Wo kommst du her, wann gehst du wieder?"
Sie sahen in ihm einen Dieb, Schmarotzer, Schmuggler, Drogendealer.
Statt frei zu sein, saß er nun drei Richtern gegenüber,
Sein Schicksal lag in ihrer Hand und er war der Verlierer.
20 Sein Asylantrag wurd' abgelehnt, er musste im Asylheim leben,
Durfte sich nicht frei bewegen, Residenzrecht sprach dagegen.
Keine Arbeit, keine Knete, Essenmarken, Fresspakete,
Eingepfercht auf wenig Meter,
Mütter, Kinder, Onkel, Väter.
25 Er hoffte, dieser Albtraum würde bald zu Ende gehen,
Doch die Behörden machten ihm das Leben unbequem.
Die Verzweiflung fraß ihn auf und ließ ihn untergehen.
Er wollte hier doch nur in Freiheit und in Frieden leben.
Doch die Behörden machten ihm das Leben unbequem.
30 Die Verzweiflung fraß ihn auf und ließ ihn untergehen.
Er wollte hier doch nur in Freiheit und in Frieden leben.

Refrain (2x)

Ça fait déjà un bon moment qu'il vit [dans] ce nouveau pays,
Mais il a toujours l'impression qu'il n'est pas bienvenu.
35 «Dis-moi, en tant que réfugié[6], pourquoi j'ai pas le droit de circuler librement[7]?
Dis-moi, en tant que réfugié, pourquoi j'ai pas le droit de travailler? (j'comprends pas)
Dis-moi, en tant que réfugié, pourquoi je dois rester dans un foyer[8] – enfermé[9]?
Dis-moi, en tant que réfugié, pourquoi ils veulent me renvoyer[10]?»

Refrain (4x)

… TEXTES

40 C'est pour Oury Jalloh – brûlé[11] par la police,
Pour Oury Jalloh – victime de la justice,
Pour Oury Jalloh – et tous les réfugiés.
Qu'on leur donne des papiers et la paix[12]! …

1 **l'officier de frontière** *m./f.* der/die Grenzbeamte/-in   2 **échapper de la galère** großen Schwierigkeiten entkommen
3 **subir cette misère** dieses Elend ertragen   4 **le désespoir** die Verzweiflung   5 **se faire expulser** ausgewiesen werden
6 **le/la réfugié/e** der Flüchtling   7 **le droit de circuler librement** das Recht sich frei zu bewegen   8 **le foyer** *hier:* Flüchtlingsheim
9 **enfermé/e** *adj.* eingesperrt   10 **renvoyer qn** jdn zurückschicken   11 **brûlé/e** *adj.* verbrannt   12 **la paix** der Frieden

page 69, Volet 3

6 Votre copain français prépare un exposé sur les relations franco-allemandes. Il a trouvé ce descriptif. Il voudrait savoir de quels thèmes parle le DVD. Écrivez-lui un mail pour le lui expliquer.

> „Geliebte Feinde – Die Deutschen und die Franzosen" (D 2013 – Deutsche Erstausstrahlung: 02.12.2013 arte – DVD-Titel: Geliebter Feind – 1000 Jahre Deutsche und Franzosen)
>
> Kaum ein Verhältnis ist so kompliziert und abwechslungsreich wie das von Franzosen und Deutschen: Allein in den vergangenen 200 Jahren führten sie fünf grausame Kriege gegeneinander. Doch seit dem Elysée-Vertrag spricht man von der deutsch-französischen Freundschaft.
> In zehn Kapiteln zeigt die Film-Dokumentation „Geliebte Feinde" die fesselnde Geschichte der deutsch-französischen Beziehungen: Seit wann kann überhaupt von Franzosen und Deutschen die Rede sein? Sind beide Völker tatsächlich so verschieden? Sind sie Feinde oder Freunde?
> Wie ist die Versöhnung zwischen Deutschen und Franzosen entstanden? Gab es schon in früheren Zeiten Momente des Austausches und der Freundschaft? Seit wann arbeiten Deutschland und Frankreich Hand in Hand auf wirtschaftlicher, politischer und kultureller Ebene zusammen? Warum werden beide EU-Mitgliedsstaaten häufig als der „Motor" der europäischen Einigung bezeichnet? Auf diese Fragen gibt die zehnteilige Reihe Antworten. „Geliebte Feinde" lädt ein zu einer unterhaltsamen Zeitreise durch zwölf Jahrhunderte, von den Kriegszügen Karls des Großen bis zur Eurokrise des 21. Jahrhunderts. Das Geschehen kommentieren zwei nicht ganz unparteiische „National-Heldinnen": Annette Frier alias Germania und Antonia de Rendinger alias Marianne nehmen gemeinsam – humorvoll, satirisch und manchmal boshaft – historische Klischees der Deutschen und Franzosen aufs Korn.

deux cent neuf **209**

SOLUTIONS

Dossier A

page 23, Volet 2

9 b Beispiellösung:
– Salut! Mais tu es toujours là? Il faudrait que tu arrêtes de ne rien faire, tu ne trouves pas? Il faut que tu fasses quelque chose. Tu ne fais rien! Moi, au moins, je travaille, je gagne de l'argent.
– Tu es pénible!
– Arrête tes affaires louches. J'ai un ami qui a du travail pour toi.
– N'importe quoi!
– Écoute. Je t'aime trop pour te voir souffrir. Crois-moi, tu es comme un frère pour moi. Demain matin à 8h, on se retrouve en bas de chez moi.

Dossier B

page 49, Volet 3

10 Beispiellösung:
Un proverbe qui illustre la morale de cette histoire, c'est «Kleider machen Leute».

Dossier C

page 65/108, Volet 2

10
1. «Unie dans la diversité» = devise de l'Union européenne
2. Bruxelles = capitale de la Belgique
3. Strasbourg = endroit qui symbolise la réconciliation en Europe
4. Bleu, blanc, rouge = couleurs du drapeau français
5. Le Rhin = frontière entre l'Allemagne et la France
6. De Gaulle et Adenauer = hommes politiques qui ont signé le traité de l'Élysée
7. L'OFAJ = organisation qui s'occupe des échanges franco-allemands
8. Karambolage = émission qui passe sur ARTE
9. L'échange Brigitte Sauzay = échange avec lequel on peut passer trois mois en France ou en Allemagne

Dossier D

page 79, Volet 1

7 Beispiellösung:
1. «Comment ça va?»
2. «Tu vas aller en Europe?»; «Tu as trop de chance!»
3. «Moi, je n'en sais rien.»
4. «À bientôt!»
5. «Il est extraordinaire!»
6. «Comment est-ce qu'on va faire»?

PAYS ET CAPITALES D'EUROPE

L'AFRIQUE

LE CAMEROUN

INDICATIONS POUR LES EXERCICES | OPERATOREN

À plus! Charnières verwendet in seinen Arbeitsanweisungen die gleichen Begriffe („Operatoren"), die auch in standardisierten Leistungsüberprüfungen, wie z. B. im Abitur verwendet werden.
Die folgende Liste soll Ihnen dazu dienen, sich mit diesen Operatoren vertraut zu machen und zu verstehen, was von Ihnen erwartet wird, wenn in einer Aufgabe ein bestimmter Operator vorkommt.

Anforderungsbereich I (*compréhension*) = den Text* verstehen; Textinhalte wiedergeben

Operator	Beispiel	Was ist zu tun?
décrire qn/qc	**Décrivez** la photo.	jdn/etw. beschreiben, z. B. eine Person, ein Bild oder eine Stimmung
exposer qc (brièvement)	Lisez le conte et **exposez** la situation. ≈ présenter qc	etw. (kurz) darstellen, erläutern
indiquer qc	**Indiquez** quelles sont, pour vous, les informations les plus intéressantes dans cet article.	etw. benennen, (auf)zeigen
présenter qc	Lisez l'article globalement, puis **présentez** son sujet en une ou deux phrases. ≈ exposer qc	etw. vorstellen, darstellen, z. B. eine Person, ein Thema, ein Land oder Ergebnisse
rédiger qc	**Rédigez** un texte sur ce pays africain d'après le modèle.	einen Text verfassen
résumer qc	Regardez le début du film et **résumez**-le.	wesentliche Informationen eines Textes (z. B. einer Geschichte oder eines Zeitungsartikels) zusammenfassen

Anforderungsbereich II (*analyse*) = Textinhalte nach bestimmten Aspekten auswählen, anordnen, verarbeiten und darstellen; Vergleiche ziehen

Operator	Beispiel	Was ist zu tun?
analyser qc	**Analysez** le comportement et la stratégie de Si Mahmoud et la réaction de Zaynab.	einzelne Aspekte im Text untersuchen, z. B. ein Verhalten oder eine Wirkungsabsicht
caractériser qn/qc	**Caractérisez** le personnage de Malika. ≈ faire le portrait de qn	jdn/etw. charakterisieren, detailliert beschreiben, z. B. eine Figur, eine Person oder Lebensumstände
comparer qn/qc	**Comparez** cette séquence à l'extrait de la nouvelle *Le jour où Malika ne s'est pas mariée*.	jdn/etw. vergleichen, Gemeinsamkeiten und Unterschiede herausarbeiten, z. B. zwischen Texten, Figuren oder Verhaltensweisen
dégager qc	**Dégagez** le message de la chanson.	etw. herausarbeiten, z. B. eine Aussage
étudier qc (de façon détaillée)	**Étudiez** de façon détaillée le texte et retracez les parcours possibles d'un/e jeune Africain/e qui voudrait devenir footballeur/euse professionnel/le. ≈ examiner (de plus près)	etw. im Detail untersuchen und darlegen

* Wenn von „Texten" die Rede ist, sind alle Text- und Medientypen gemeint (Sachtexte, literarische Texte, Film, Bild usw.).

INDICATIONS POUR LES EXERCICES | OPERATOREN

examiner qc (de plus près)	**Examinez** de plus près l'attitude du père envers ses enfants. ≈ **étudier qc (de façon détaillée)**	etw. im Detail untersuchen und erklären
expliquer qc	Lisez l'article d'encyclopédie et **expliquez** ce qu'est le verlan à votre prof d'allemand.	etw. erklären
faire le portrait de qn	**Faites le portrait** d'Isma. ≈ **caractériser qn**	jdn in Bezug auf Aussehen, Verhalten und Einstellungen charakterisieren
mettre qc en rapport / en relation avec qc	**Mettez** les caricatures **en relation** avec le titre du volet *Pour le meilleur et pour le pire?*.	zwei Dinge in Zusammenhang bringen, z. B. Statistiken und einen Sachtext oder ein Zitat und ein Bild
préciser qc	**Précisez** en quoi cette situation peut être négative et/ou positive.	etw. präzisieren, genau erläutern

Anforderungsbereich III (*commentaire*) = Textaussagen deuten; zu Fragestellungen, die von dem Text ausgehen, Stellung nehmen; den Text kreativ ergänzen

Operator	Beispiel	Was ist zu tun?
commenter qc	**Commentez** la citation suivante. ≈ **évaluer qc**	etw. kommentieren, seine persönliche Meinung zu etw. äußern, z. B. zu einer Aussage oder einer Verhaltensweise
discuter (de) qc	À votre avis, quelle est la phrase-clé de cet article? **Discutez.** ≈ **peser le pour et le contre de qc**	etw. erörtern, über etw. diskutieren
évaluer qc	**Évaluez** l'influence des nouvelles technologies sur la vie quotidienne des jeunes. ≈ **commenter qc**	etw. begutachten, zu etw. Stellung nehmen, z. B. zu einer Argumentation, einem Verhalten oder einer Situation
imaginer qc	**Imaginez** ce que Maya pense pendant le trajet en taxi de l'aéroport jusqu'à la maison de sa famille.	vom Text ausgehen und einen kreativen Text verfassen, z. B. einen inneren Monolog, eine Geschichte zu einem Bild oder die Fortsetzung zu einer Geschichte
juger qc	**Jugez** la réaction de la fille.	eine begründete Einschätzung zu etw. geben
justifier qc	**Justifiez** votre réponse à l'aide du texte.	etw. belegen, begründen, z. B. einen Standpunkt oder eine Auswahl
peser le pour et le contre de qc	Faut-il continuer le Marathon des sables? **Pesez le pour et le contre.** ≈ **discuter (de) qc**	Vor- und Nachteile von etw. abwägen
prendre position pour/contre qc	Porter un uniforme à l'école? **Prenez position.**	zu etw. Stellung nehmen, z. B. zu einer Aussage oder zu einem Verbot
se mettre d'accord sur qc	**Mettez-vous d'accord sur** le/s moment/s que vous voulez présenter.	sich auf etw. einigen

Fotos:

Cover *links* F1online/AGE/Jerónimo Alba; *rechts* Corbis/Science Photo Library/Ian Hooton – **S. 8** *A* LOOK-foto/Design Pics; *B* Image Source/Jonathan Gibson; *C* Image Source/Peter Muller – **S. 9** *D* mauritius images/Radius Images/Uwe Umstätter; *E* F1online/Gael Conrad; *F* Image Source/Claire Keeley; *G* imago/PanoramiC; *H* mauritius images/Mito Images/Robert Niedring – **S. 10** *oben* mauritius images/Photononstop/Massimo Rossi; *unten* laif/Leemage/Opale/Philippe Matsas – **S. 12** Sylvaine Jaoui/Sarah Jehan – **S. 17** laif/Allpix/Serge Benhamou – **S. 18** *rechts* Cornelsen Schulverlage/Matthias Höppener-Fidus; *links* mauritius images/Photo Alto – **S. 19** laif/JDD/Jean-Michel Turpin – **S. 21** action press/Collection Christophel – **S. 22** *oben links + rechts* Dictionnaire du Look – Une nouvelle science du jeune de Géraldine de Margerie, Photos: Olivier Marty. Avec l'aimable autorisation des Éditions Robert Laffont, Paris, France; *1 + 2* Glow Images/Blend Images; *3* F1online/Maskot; *4* Image Source/Claire Keeley; *5* mauritius images/Mito Images/Dreet Production; *6* F1online/Blend Images/Erik Isakson – **S. 23** *oben* Basile Morin; *unten* Glow Images/Eyecandy Images – **S. 24** *oben links* Image Source/Jose Azel; *oben rechts* Glow Images/Wave; *unten* Corbis/VIP Images/Eric Fougere – **S. 25** *oben links* Image Source/Craig Robinson; *oben rechts* Image Source/Britt Erlanson; *Mitte* mauritius images/Westend61/Uwe Umstätter; *unten* mauritius images/Image Source/Lena Mirisola – **S. 26** *links* Les Restaurants du Cœur; *Mitte* SOS Racisme – Touche pas à mon pote; *rechts* Collectif Éthique sur l'étiquette – **S. 27** Image Source/Shuntaro Hosokawa – **S. 29** *oben links* action press/Collection Christophel; *oben Mitte* imago/EntertainmentPictures; *Mitte links* Cornelsen Schulverlage + F1 online; *Mitte 2. von links* Il faut sauver Said/Brigitte Smadja/l'école des loisirs, 2003; *Mitte rechts* Un endroit pour vivre, Jean-Philippe Blondel © Actes Sud 2014; *unten* La rue des autres/Violaine Leroy/Editions de la Pastèque, 2009 – **S. 30** *A* A1PIX/Your_Photo_Today/Eric_Bach; *B* TOPICMedia/imageBROKER/Stefan Kiefer; *C* Juniors Bildarchiv Bildarchiv/AGF – **S. 31** *D* picture alliance/dpa/EPA/Abdelhak Senna; *E* Photoshot/Imagebroker/Wigbert Röth; *F* laif/hemis.fr/Gilles Rigoulet; *G* Corbis/Masterfile/F. Lukasseck; *H* mauritius images/Alamy/Stockimo/Vanya Bovajo – **S. 32** laif/hemis.fr/Gilles Rigoulet – **S. 33** Fotolia/filipbjorkman – **S. 34** *von oben nach unten: 1* Shutterstock/RONORMANJR; *2* Fotolia/ANTONPh; *3* Corbis/JAI/Julian Love; *4* TOPICMedia/imageBROKER/Fabian von Poser – **S. 35** *oben* Photoshot/Imagebroker/Wigbert Röth; *unten* laif/hemis.fr/Gilles Rigoulet – **S. 36** Shutterstock/RONORMANJR – **S. 37** *oben links* Corbis/Demotix/Marco Ciccolella; *oben rechts + unten rechts* Corbis/Reuters/Youssef Boudlal; *unten links* mauritius images/Alamy/Robert Fried – **S. 38** *oben* Shutterstock/Prometheus72; *unten* action press/Collection Christophel – **S. 40** *oben + unten* laif/GAMMA-RAPHO/Erik Sampers – **S. 41** *oben + unten* laif/GAMMA-RAPHO/Erik Sampers – **S. 44** *links* imago/Icon SMI; *2. von links* laif/Allpix/Mahu; *Mitte* action press/VISUAL AGENTUR; *2. von rechts* laif/GAMMA-RAPHO/Ulf Andersen; *rechts* Reuters/Rafael Marchante – **S. 48** action press/Courtesy Everett Collection/ARP Selection – **S. 49** Glow Images/Heritage Images – **S. 50** *links + rechts* laif/Le Figaro Magazine/Mazodier – **S. 51** *oben + unten* action press/Collection Christophel; *Mitte links* Cornelsen Schulverlage + GDKE/Ursula Rudischer; *Mitte rechts* Marathonien des sables. Lahcen Ahansal, enfant nomade et star du désert/Marie-Pierre Fonsny © Éditions l'Harmattan, 2012; *unten links* Les enfants du royaume/Jean-François Chanson/Nathalie Logié Manche/Les Éditions Alberti, 2013; *unten rechts* Aïcha K./Jean-François Chanson/Damien Cuvillier/Les Éditions Alberti, 2013 – **S. 52** *A* laif/Cira Moro; *B* Fotolia/kozini; *C* Fotolia/chairman – **S. 53** *D* Corbis/Juice Images; *E* SZ Photo/Süddeutsche Zeitung Photo; *F* TOPICMedia/imageBROKER/Fabian von Poser; *G* action press/Isopix/Paul Marnef; *H* picture alliance/dpa/Christian Charisius – **S. 54** Shutterstock/Oscity – **S. 56** *oben* Deutsche Bahn AG/Holger Peters; *unten* Alpes de Lumière – **S. 57** *oben* Interfoto/LatitudeStock/David Crossland; *unten* Alpes de Lumière – **S. 62** action press/Isopix/Paul Marnef – **S. 63** epd-bild/Gustavo Alabiso – **S. 65** *links* VISUM/Sintegi/M. Viegi; *rechts* Fotolia/striZh – **S. 66** Pierre Kroll; *oben rechts* Rainer Hachfeld; *Mitte von links nach rechts: 1* mauritius images/United Archives; *2* Interfoto/Leimer; *3* action press/IMA PRESS; *4* imago/Sommer; *5* action press/REX FEATURES LTD.; *6* laif/SZ Photo/Giribas Jose; *7* SZ Photo/Aris; *unten von links nach rechts: 1* mauritius images/United Archives; *2* imago/Sven Simon; *3* imago/ZUMA/Keystone; *4 + 5* VISUM/Wolfgang Steche; *6* imago/bonn-sequenz; *7* VISUM/Carsten Koall; *8* mauritius images/Alamy/Gonçalo Silva – **S. 67** *oben links* Burkhard Mohr, Remobilisation, 2013; *oben rechts* Cheyenne Olivier; *unten rechts* SZ Photo/dpa – **S. 68** Fritz Behrendt, Von höherer Warte aus betrachtet, Süddeutsche Zeitung, 09. 07. 1962 – **S. 71** *links + rechts oben* action press/Collection Christophel; *links 2. von oben* imago/Unimedia Images; *rechts 2. von oben + links 3. von oben* action press/Collection Christophel; *links 4. von oben* Otto – Autobiographie d'un ours en peluche/Tomi Ungerer/l'école des loisirs, 1999; *rechts 3. von oben* Cornelsen Schulverlage + Corbis/George Diebold; *rechts unten* ferryhouse productions – **S. 72** *A* shutterstock: 11.518466205: Shutterstock/edeantoine; *B + C* laif/Markus Kirchgessner – **S. 73** *D* Cornelsen Schulverlage/Verena Simon; *E* mauritius images/Alamy/Seth Lazar; *F* picture alliance/Bildagentur-o; *G* akg-images/De Agostini Picture Lib.; *H* F1online/AGF-Foto/Tips Images – **S. 74** *von oben nach unten: 1* Corbis/Sygma/Patrick Durand; *2* mauritius images/imageBROKER/ Fabian von Poser; *3* Cornelsen Schulverlage/Dirk Philipp; *4* picture alliance/dpa; *5* akg-images; *6* Corbis/Photononstop/Yvan Travert; *7* Fotolia/kubikactive – **S. 75** Colourbox – **S. 76** *oben* Cornelsen Schulverlage/Iris Gleimann; *unten* mauritius images/Alamy/Peter Treanor – **S. 77** *oben* mauritius images/Alamy/Peter Treanor; *unten* imago/imagebroker – **S. 79** Cornelsen Schulverlage/Verena Simon – **S. 81** *1* ALMO PRODUCTIONS; *2* Hope Music Group; *3* Jordan Balokob Photographe; *4* Photoshot/Gary Lee/TAYOU, Pascale Marthine, Boomerang © VG Bild-Kunst, Bonn 2016; *5* picture alliance/dpa/IP3/Marlene Awaad; *6* imago/Rau – **S. 82** *oben links* picture alliance/dpa; *oben Mitte* imago/Ulmer/Teamfoto; *oben rechts* Corbis/Liewig Media Sports/Christian Liewig; *unten* Confédération Africaine de Football – **S. 83** *oben links* Corbis/In Pictures/Anna Kari; *oben rechts* imago/Jan Huebner; *unten* KSA Kadji Sports Academy – **S. 84** *Mitte* Pyramide International / Geko Films; *unten links* mauritius images/Alamy/speedpix; *unten rechts* picture alliance/Sven Simon – **S. 85** *oben* seeklogo; *unten* Corbis/Reuters/Akintunde Akinleye – **S. 86** Corbis/In Pictures/Anna Kari – **S. 88/89** Stoffe & Accessoires Mougabi – **S. 92** Fotolia/DomLortha – **S. 93** *oben links* Philippe Arnaud, Indomptables © 2014 – Éditions Sarbacane; *oben rechts* Afropean Soul et autres nouvelles/Léonora Miano/Étonnants classiques/Flammarion 2008; *Mitte links* Samuel Eto'o Fils, tome 2, L'envol/Samuel Eto'o Fils/Joëlle Esso/Dagan Éditions 2013; *Mitte rechts* La Vie de Pahé, tome 1, Bitam/Pahé/Éditions Paquet, 2006; *unten links* Interfoto/MNG Collection; *unten rechts* ddp images – **S. 94** *oben* imago/Blickwinkel; *Mitte* mauritius images/Africa Media Online/Ariadne Van Zandbergen; *unten* Cornelsen Schulverlage/Lennart Fischer – **S. 95** mauritius images / Photononstop / Massimo Rossi – **S. 96** *oben* Shutterstock/rnl; *2. von oben* Shutterstock/Maridav; *2. von unten* Fotolia/Photographee.eu; *unten* Shutterstock/bikeriderlondon – **S. 97** imago/Panoramic – **S. 98** Photoshot/Mary Evans Picture Library 2007 – **S. 99** Shutterstock/Helder Almeida – **S. 100** *oben* Fotolia/rasstock; *unten* imago/Sebastian Geisler – **S. 101** Fotolia/kentoh – **S. 102** *oben links + rechts* Dictionnaire du Look – Une nouvelle science du jeune de Géraldine de Margerie, Photos: Olivier Marty. Avec l'aimable autorisation des Éditions Robert Laffont, Paris, France; *1* mauritius images/corbis; *2* Image Source/Albert Van Rosendaal; *3* Image Source/Carl Glover; *4* Glow Images/Blend Images; *5* Image Source/Rebecca Van Ommen; *6* F1online/Maskot; *unten links* 1000 fontaines; *unten Mitte* Unis-Cité; *unten rechts* Diambars – **S. 103** *oben* Colourbox; *unten* Fotolia/dalaprod – **S. 107** Fotolia/striZh – **S. 108** Cornelsen Schulverlage/Verena Simon – **S. 109** Interfoto/MNG Collection – **S. 114** Fotolia/drubig-photo – **S. 118** laif/GAMMA/A.O.I.-PETIT-POULET – **S. 119** akg-images/De Agostini Picture Lib. – **S. 123** Fotolia/nezezon – **S. 126** Shutterstock/Lilu2005 – **S. 127** Cornelsen Schulverlage/Verena Simon – **S. 131** Fotolia/olly – **S. 143** Fotolia/Photographee.eu – **S. 147** Cornelsen Schulverlage/Martins-Walter – **S. 153** imago/Michael Schick – **S. 154** Fritz Behrendt, Von höherer Warte aus betrachtet, Süddeutsche Zeitung, 09. 07. 1962 – **S. 160** *links* Corbis/For Picture/Stephane Reix; *rechts* akg-images/Erich Lessing – **S. 161** *oben links* Juniors Bildarchiv/AGF; *unten links* mauritius images/imageBROKER/Martin Moxter; *unten rechts* Corbis/Hemis/Franck Guiziou – **S. 162** *oben* mauritius images/Alamy/Arcaid Images; *unten* LOOK-foto/age fotostock – **S. 163** picture alliance/Frank May – **S. 180** *links* Fotolia/Ildi; *rechts* Fotolia/PhotoKD – **S. 211** Cornelsen Schulverlage/Dr. Volkardt Binder – **S. 212, 213** Cornelsen Schulverlage/Lennart Fischer

Liedtexte

S. 206 Text: Barsony, Maya Capucine Violette/Geffroy, Isabelle Veronique/Copyright: Play on 911/Sony/ATV Music Publishing LLC/Sony/ATV Music Publishing France/Sony/ATV Music Publishing (Germany) GmbH, Berlin – **S. 207** „Encore un autre hiver" Les Enfoirés/Grégoire Boissenet, Jean-Jacques Goldmann (paroles)/Les Restaurants du Cœur, 2012 – **S. 208/209** Text: Charlemoine, Carlos/Charlemoine, Pablo/Rebel One/Copyright: EMI Music Publishing Germany GmbH, Berlin/Hanseatic/Musikverlag GmbH & Co. KG, Hamburg/Phlexton Edition/Stylehead Gesellschaft für Entertainment mbH

PENSE-BÊTE

subjonctif	imparfait	conditionnel présent	futur simple
-e	-ais	-ais	-ai
-es	-ais	-ais	-as
-e	-ait	-ait	-a
-ions	-ions	-ions	-ons
-iez	-iez	-iez	-ez
-ent	-aient	-aient	-ont

Der Stamm wird abgeleitet vom:

présent: 3. Person Plural:	présent: 1. Person Plural:	infinitif:
ils **parl**ent	nous **parl**ons	**parler**
ils **réagiss**ent	nous **réagiss**ons	**réagir**
ils **perd**ent	nous **perd**ons	**perdr**e̶

Ausnahmen:

acheter	que j'achète, que nous achetions
ebenso: amener, harceler, se lever	
aller	que j'aille, que nous allions
appeler	que j'appelle, que nous appelions
avoir	que j'aie, qu'il ait, que nous ayons
boire	que je boive, que nous buvions
croire	que je croie, que nous croyions
devoir	que je doive, que nous devions
envoyer	que j'envoie, que nous envoyions
ebenso: nettoyer, s'ennuyer	
essayer	que j'essaie, que nous essayions
ebenso: payer	
être	que je sois, qu'il soit, que nous soyons
faire	que je fasse, que nous fassions
falloir	qu'il faille
jeter	que je jette, que nous jetions
mourir	que je meure, que nous mourions
pleuvoir	qu'il pleuve
pouvoir	que je puisse, que nous puissions
préférer	que je préfère, que nous préférions
ebenso: espérer, exagérer, s'inquiéter, récupérer, répéter	
prendre	que je prenne, que nous prenions
ebenso: apprendre, comprendre	
protéger	que je protège, que nous protégions
recevoir	que je reçoive, que nous recevions
ebenso: décevoir	
savoir	que je sache, que nous sachions
tenir	que je tienne, que nous tenions
venir	que je vienne, que nous venions
ebenso: devenir, prévenir	
voir	que je voie, que nous voyions
vouloir	que je veuille, que nous voulions

Ausnahme:

être	j'étais

Ausnahmen *(conditionnel présent, futur simple):*

acheter	j'achèterais	j'achèterai
aller	j'irais	j'irai
amener	j'amènerais	j'amènerai
appeler	j'appellerais	j'appellerai
avoir	j'aurais	j'aurai
courir	je courrais	je courrai
décevoir	je décevrais	je décevrai
devenir	je deviendrais	je deviendrai
devoir	je devrais	je devrai
être	je serais	je serai
s'ennuyer	je m'ennuierais	je m'ennuierai
envoyer	j'enverrais	j'enverrai
essayer	j'essaierais	j'essaierai
faire	je ferais	je ferai
falloir	il faudrait	il faudra
harceler	je harcèlerais	je harcèlerai
jeter	je jetterais	je jetterai
se lever	je me lèverais	je me lèverai
mourir	je mourrais	je mourrai
nettoyer	je nettoierais	je nettoierai
payer	je paierais	je paierai
pleuvoir	il pleuvrait	il pleuvra
pouvoir	je pourrais	je pourrai
prévenir	je préviendrais	je préviendrai
recevoir	je recevrais	je recevrai
savoir	je saurais	je saurai
tenir	je tiendrais	je tiendrai
venir	je viendrais	je viendrai
voir	je verrais	je verrai
vouloir	je voudrais	je voudrai

> *We can't 'inform' you into a millionaire. We can only 'transform' you into a millionaire.'*
>
> — Mark Victor Hansen & Robert Allen

www.ingramcontent.com/pod-product-compliance
Lightning Source LLC
LaVergne TN
LVHW081539070526
838199LV00056B/3712